コトラーの
ソーシャル・
マーケティング

Philip Kotler
フィリップ・コトラー
ダグ・マッケンジー＝モーア／
ナンシー・R. リー／
P. ウェスリー・シュルツ ………［著］

松野 弘 …………………………［監訳］

地球環境を守るために

ミネルヴァ書房

Social Marketing to Protect the Environment
What Works
by
Doug McKenzie-Mohr
Nancy R. Lee
P. Wesley Schultz
Philip Kotler
Copyright © 2012 by SAGE Publications, Inc.
All rights reserved

Japanese Translation rights arranged with
SAGE PUBLICATIONS, INC.
through Japan UNI Agency, Inc., Tokyo

推薦の言葉

高岡浩三
ネスレ日本株式会社
代表取締役社長兼 CEO

　がっちりとした体格の老紳士が私の目の前に現れました。それはネスレ日本創業100周年である2013年，周年の記念イベントでマーケティングの大家コトラー教授を日本に招聘したときのことです。偉大なマーケターであり，理論家であるコトラー教授との初の対面でした。

　その契機となったのは，ネスレ日本のキットカットのマーケティング施策である受験生応援キャンペーンがコトラー教授の『マーケティング・マネジメント第13版』でとり上げられたことにあります。学生時代から学んでいたコトラー教授のマーケティング論の教科書に自らのマーケティングの実践事例が紹介されたことは非常に光栄であり，また事業を推進するうえで，必ず中核にマーケティングを据えてきたわが社にとってコトラー教授は象徴的存在でもあったからです。

　マーケティングの重要性に着目してきた私の考えや取組みに共感を示されたコトラー教授からは，絶大な支持と信頼を得ました。以来日本におけるワールド・マーケティング・サミットの開催を筆頭に，コトラー教授とはビジネス・パートナーとしてお付き合いをしています。

　コトラー教授は，日本がまだバブル真っ盛りの80年代，自らの理論を実践する日本企業を絶賛されていました。いわゆるコトラー教授のいうマーケティング1.0ないしは2.0（製品や顧客がターゲット）の時代です。

　しかし失われた20年といわれる時代になると，様相は一変します。日本においてマーケティング不在の時代に突入したのです。私は，わが社をマーケティング中心の経営にするために，全社員にいかにわかりやすく伝えるかを考えました。私は，マーケティングを「顧客の問題解決のプロセス」と定義しました。マーケティングはマーケティング部門のみならず全部門に必要だと考えています。いかなる部門にも顧客がいます。自分自身のビジネスの中で，顧客が誰かを定義した

上で，顧客を取り巻く新しい現実を捉え，その新しい現実から生まれる顧客の問題を発見し，それに対する答えを見つけて実行することがマーケティングだと考えています。

　ではイノベーションとはなんでしょうか。理解しているつもりでも，漠然としていて曖昧で一言で説明がつかないのがこの概念です。私は，イノベーションとは，顧客が気づいていない問題から生まれるものだと定義しています。

　例えば扇風機の発明はイノベーションでしょうか。団扇や扇子であおいでいた時代に，モーターとファンで送風する機械を作ったのは革新的です。顧客が思いもよらない形で暑さをしのげる仕組みをつくった，つまり世の中に存在しなかったものを生み出したということであり，イノベーションになるのです。では，首を振る扇風機やタイマー付きの扇風機はどうでしょうか。これはリノベーションです。顧客への調査で，こんな機能もあったら便利という回答を基につくることが可能です。

　有名なクリステンセン教授の『イノベーションのジレンマ』の言葉を引いて説明しましょう。クリステンセン教授が「破壊的なイノベーション」と呼んでいるものが私のいう「イノベーション」であり，「持続的なイノベーション」と呼んでいるものが「リノベーション」です。わたしたち企業人に求められるイノベーションは，こうした市場調査では得られない価値を提供することなのです。

　いっぽうでネスレの事業戦略であり，また経営戦略において，ハーバード大のマイケル・ポーター教授が提唱した CSV（Creating shared value）のアプローチがますます重要な時代です。経済が急速にグローバル化し，インターネットの出現によりグローバルに情報が流通するなか，社会問題や顧客の問題もグローバル化しています。また，2015年に国連で採択された SDGs（Sustainable Development Goals）の達成に向けて，先進国・新興国，官民問わず取り組んでいます。企業はその社会問題の解決への貢献が求められています。その実践にマーケティングが重要なのです。企業だけではありません，政府，政治家，そして NGO／NPO にもマーケティングが必要です。

　ところでマズローの欲求5段階説のトップに位置するものを覚えておられるでしょうか。それは「自己実現欲求」です。コトラー教授のいうマーケティング4.0は，この「自己実現の欲求」を満たす製品やサービスを提供することです。わが社の「ネスカフェ　アンバサダー」のビジネスモデルはマーケティング4.0の

事例として挙げられます。このモデルは，職場の代表のアンバサダーがコーヒーマシンを職場に無料で導入し，同僚から代金を集めてコーヒーを購入し，手軽な価格で淹れ立てのコーヒーを提供するというもの。報酬なしでご協力をいただいているアンバサダーのインセンティブは，仲間からの「ありがとう」の言葉，つまり自己実現欲求を満たすことにあります。

　日本企業はいまだコトラー教授のいうマーケティング2.0〜3.0のフェーズで停滞しています。この状況から抜け出すためには，上述したCSVのアプローチやマズローの理論を今一度思い起こすときに来ています。

　最後に本書は上述した「マーケティングとは顧客の問題解決のプロセス」という定義と通底する思想が流れていることを指摘しておきます。社会問題への貢献が問われている日本企業やビジネスパーソンにとって，その実践のためのマーケティング思考を学べる本でしょう。本書では，コミュニティ基点型のソーシャル・マーケティング（CBSM）は，環境を守るためのプログラムを実践する手法として提案されています。CBSMには5段階あり，平易に表現しますと，まず「行動プランの策定」，つぎにその行動プランに対応した「障害」と「便益」の洗い出し，3段階目は便益を最大化するための「戦略の構築」，以上の準備を終えたら「実施」，最後は実施規模の拡大と継続的評価となります。なかでも，「障害」と「便益」の洗い出しと「実施」が重要だと考えます。言い換えれば，私のいう「顧客の問題」を捉えること，そして，考えたプログラムをまず小規模のパイロットテストで検証することが，プログラムを成功に導くプロセスとして重要だと考えます。

　本書にはコトラー教授の最新の理論に基づいたソーシャル・マーケティングの実践例が数多く示されています。きっと読者諸兄姉の参考に供するものと私は考えます。

推薦の言葉

田中　洋
中央大学ビジネススクール教授
日本マーケティング学会前会長（現副会長）

　ソーシャル・マーケティングとは，マーケティングの手法を社会の問題の解決に応用することを指している。それでは環境問題をソーシャル・マーケティングによって解決するにはどうしたらよいだろうか。本書はこうした課題を，理論的枠組みとさまざまな環境問題別に，豊富な実際例とともに解き明かしている。

　本書が興味深いのは，それぞれの環境対策行動を理論的枠組みによって説明したうえで詳細な説明が提示されている点である。まずターゲットを定め，環境対策のための行動を最小単位に分割し，その行動を「障害」と「便益」に分けて評価し，具体的な行動プログラムを策定している。人々は推奨された行動に対して，実行しにくい点や，メリットになる点を「知覚」する。こうした知覚を調査によって明るみに出し，どうしたら環境への行動が実行可能なものになるか，そのプロセスを明らかにしていく。

　例えば，今日多くのアニマルコンパニオン（ペット）が自宅で飼われているが，こうした動物の排せつ物が小川のバクテリアを増加させ健康被害をもたらすなどの，環境に負の影響を与えることは意外と知られていない。そのために米国テキサス州オースティン市は，公園に動物を連れて来る人に排せつ物の処理をさせるという課題に取り組んだ。調査によって障害になっている点が明らかになった。動物の汚物を処理するための適切なツールがないためであったのだ。そのためにオースティン市は分解処理が可能であり，かつ手を保護するビニール袋，マット・ミトンを開発して，動物を連れて散歩する人たちに配布し，汚物に対する罰金の周知を徹底した。さらには川の水質へのインパクトの測定を通して，活動の成果を評価し，結果大きな成果を獲得することができた。

　本書は環境問題が実は徹頭徹尾ヒトの問題であることをわれわれにわからせてくれる。また人々に環境問題への取組を促進するためには，人々の行動を観察し

推薦の言葉

そこに潜む環境への障害を発見し解決するという微細な積み重ねが重要であることを教えている。環境に関心をもつあらゆる人たちに本書を読んでいただくことを勧めたい。

コトラー教授から寄せられた
日本語版への序文

　私と本書の共著者ダグ・マッケンジー＝モーア（Doug McKenzie-Mohr），ナンシー・R. リー（Nancy R. Lee），P. ウェズレイ・シュルツ（P. Wesley Schultz）は日本語版『コトラーのソーシャル・マーケティング――地球環境を守るために』（*Social Marketing to Protect the Environment*）が刊行されるのを大変楽しみにしています。日本は自然環境の保護を維持していくための行動に対して，特別な関心をもって対処してきた世界でも主要な国の１つです。日本の人たちは美しい自然環境を守るために驚くべき能力をもっています。例えば，日本の庭園や盆栽の素晴らしさ，高いレベルのフローラルアート，などがそうです。日本の人たちは原生自然を愛しているばかりでなく，自然をより一層美しく保護していくために不断の努力をしてきたといってもいいでしょう。

　同時に，日本はこれまで自然環境へのさまざまな災害，例えば，竜巻・地震・洪水，などを乗り越えてきました。さらに，日本は自然環境へのいろいろな問題を克服すべく，卓越した技術で建物・道路・橋計を計画し，建設してきました。

　他方，島国としての日本はさまざまな商品やサービスをどのようにして生産・流通・廃棄していくかということに対して，慎重に検討しなければなりません。包装した廃棄物や使い古しの商品を周辺の川などに捨てることはできません。これらのモノは安全に焼却，ないし，埋蔵しなければなりません。日本人は若者から高齢者まで「賢明な消費と廃棄物管理」（smart consumption and waste management）を行うために十分に教育される必要がありましたし，無駄がなく，廃棄処分可能な商品を求めなければなりません。世界各地で水不足が起きているということで，日本の人たちは水の使用を最小限にするように努めなければなりません。さらに，再生可能なエネルギー資源，例えば，太陽光や風力などのエネルギー，を求めていくとともに，適正な範囲の漁業活動や木材の供給活動を支援していかなければなりません。

　本書では，私たちは環境にやさしい行動のための意思決定を積極的に行ってもらうために，労働者・消費者・一般市民といった方々の問題を特に取り上げています。本書の目的は一般の人々の環境問題に対する意識や態度を変革させること

日本語版への序文

だけではなく，行動に移していただくことにあります。さらに，これらの人々に持続可能な行動を積極的に行うためのモティベーションを高めてもらうことにもあります。一部の市民や企業が誤った水・エネルギー・包装を行った場合には，「コミュニティ基点型のソーシャル・マーケター」（community-based social marketers）は地域的にもビジネス的にも環境に被害をもたらすような行動を効果的に変えさせるためのパイロットテストを計画・実施していく必要があります。私たちは「ソーシャル・マーケティング」（Social Marketing）について，環境に有害な行動を無視したり，あるいは，そうした行動を阻止したりするために，警察や刑罰を利用するための代替的な方法として捉えています。ソーシャル・マーケターは環境に有害な人間の行動の原因や環境によりよい行動をさせるためのモティベーションづくりのための手段を分析することができます。さらに，ソーシャル・マーケターは自らの提案するソーシャル・マーケティング活動に関する小規模のパイロットテストに着手することを常に好んでいます。もし，このパイロットテストがいい結果に終われば，そのテストはさらに大規模の市民を対象としたレベルまで拡大されます。ソーシャル・マーケターは最初の解決策から学び，改善するためのフィードバック情報を常に収集しています。

　日本の皆さんは環境を持続させるべく，周到に配慮することに迅速に対応する学習者です。「ソーシャル・マーケティング・プロジェクトが地球の持続可能性を発展させるような積極的な方向へと人間の行動を変革させることができる」ということを明確な論拠をもって，本書を通じて読者の皆様にお伝えできると私たちは信じています。

　最後に，拙著の『ソーシャル・マーケティング（初版）』の共訳者であり，本書の翻訳を企画し，刊行へと尽力された，日本有数の経営学者であり，環境学者でもある松野弘博士（元千葉大学大学院教授）に心より感謝を申し上げます。また，本書の企画の意義を理解された（株）ミネルヴァ書房の杉田啓三社長，翻訳原稿の編集にあたられた担当編集者の本田康広氏に謝意を表したいと思います。

2019年7月

フィリップ・コトラー
ノースウェスタン大学
ケロッグ経営大学院名誉教授

刊行によせて

　世界の人口規模が急速に70億人に達しようとする趨勢の中で，人々やコミュニティ，国をより持続可能なライフスタイルへと導く必要性がこれまで以上に高まっている。私たちの多くは最終的には，技術革新が安価でクリーンな再生可能エネルギーを実現し，農業生産力を飛躍的に改善し，地球上の水質を浄化し続ける方法を生み出すだろうと期待している。しかし，今のところその多くは，短期的に実現可能なものというよりも，長期的なビジョンとなっているように思われる。

　技術者で慈善家のビル・ゲイツ（Bill Gates）は，――2007年のハーバード大学卒業式でのスピーチの折りに――人類文明の持続可能ではないライフスタイルがもたらした耐えがたい問題を解決する方法を見つけるためのプロセスは予測可能な４つの段階を踏む，と述べている。それは，①目的の設定，②目的を達成するために最も効果的なアプローチの発見，③そのアプローチに対する理想的な技術の創出，④そうしている間に，「――薬のようにいくらか洗練されているものであろうと，蚊帳のようにいくらか単純なものであろうと――すでにもっている技術をもっともうまく使うこと」である。この，「持続可能性」（sustainability）という課題を解決するために私たちがすでにもっている技術を最もうまく使うための方法について，その最も役立つ考え方を提供しているのが本書，『コトラーのソーシャル・マーケティング――地球環境を守るために』である。

　「ソーシャル・マーケティング」（Social Marketing）は，1971年に２人の若きマーケティング論担当の教授，フィリップ・コトラー（Philip Kotler）とジェラルド・ザルトマン（Gerald Zaltman）が初めて提起してから，――少なくともコンセプトという点では――およそ40年を経ている。残念ながら，40年を経た今でも，ソーシャル・マーケティングへの理解は乏しく，また，私たちをより持続可能なライフスタイルへと導くことのできる行動といった，人々や社会の最も大きな関心事となるような行動を人々が採用するのを支援するうえで，ソーシャル・マーケティングは十分に活用されている手法でもない。『コトラーのソーシャル・

マーケティング——地球環境を守るために』は少なくともより持続可能なライフスタイルを促すという点で，ソーシャル・マーケティングをより広範に適用していくことがきわめて重要であることを証明してくれると強く願っている。

　チップ・ハース（Chip Heath）とダン・ハース（Dan Heath）は，『アイデアの力』（*Made to Stick*）という大変すばらしい本の中で，役に立つアイデアを「スティッキー（記憶に残る）」にさせるような事例を提供している。特に，彼らによれば，スティッキーなアイデアは頭に残りやすく，それを役立てるときにより採用されやすいという。アイデアをスティッキーにする方法は，成功する方法（SUCCESsful way）として説明されている。つまり，「単純さ」（simple），「意外性」（unexpected），「具体性」（concrete），「信憑性」（credible），「情緒性」（emotional）を備えてすぐれた「物語性」（story）が基盤にあるということである。ダグ・マッケンジー＝モーア（Doung McKenzie-Mohr），ナンシー・R・リー（Nancy R. Lee），ウェスリー・シュルツ（Wesley Schultz），フィリップ・コトラーは本書，『コトラーのソーシャル・マーケティング——地球環境を守るために』の中で，まさに成功する方法で環境的なソーシャル・マーケティングの概念を描写している。彼らは「コミュニティ基点型のソーシャル・マーケティング」（community-based social marketing）のコンセプト——持続可能な行動の促進という分野にダグ・マッケンジー＝モーアがソーシャル・マーケティングの技法を独自に，かつ，鋭く適用したもの——を他の人たちが理解して使えるように，そのプロセスの本質的なステップをありのままに単純，かつ，明快に描きだしている。具体的な事例研究——それぞれがそれ自体，説得力に富む事例であるが——の全般にわたって，他の人たちが自らの家庭や仕事において持続可能な行動を促進するための，思いがけないほどに効果的な方法を特定するために，これらの原理を用いるやり方を提供している。他に比肩するもののない著者たちの信頼性——彼らはみな，ソーシャル・マーケティングの世界，および／ないし，社会的影響力という面で正真正銘のロックスターである——が生んだ本書は，単なる権威のオーラをまとった本ではなく，並外れた専門知識と経験や知恵を備えたものである。そして，何よりも，本書はある大切な感情を喚起させる。それは「希望」（hope）である。具体的にいえば，本書で述べられている手法を用いれば，持続可能性という課題の多くを機会へと変えることが私たちにはできるのだという期待感を与えてくれているのだ。

本書は，持続可能なプログラムを開発する現在の世代と次代の人たちのどちら
にとっても愛読書となるだろう。しかし，持続可能性の分野についていえば，本
書の最高の贈り物は，実践家にとってのまさに教育的価値以上の価値を与えてく
れるかもしれない。本書は，連邦政府や州政府，地方政府と慈善家の資金提供者
への提言で締めくくられているが，彼らは環境問題に理解のあるソーシャル・
マーケターにとって，大規模の経済効果を生む可能性を秘めている。一般大衆を
対象とした調査や資材の開発，パイロットテストの計画という分野において本書
が提言している投資はそれが実行されれば，持続可能性プログラムのためのソー
シャル・エコロジーを変革させ，プログラムのマネジャーが持続可能な行動への
効果的な変革プログラムを実施しやすくさせるだろうし，また，コストとリスク
も低下させるだろう。要するに，ダグ・マッケンジー＝モーアと本書の共同執筆
者たちはソーシャル・マーケティングの前途有望な「立ち上げ」構想を提示して
いるのである。より持続可能なコミュニティの発展について，本書がソーシャ
ル・マーケティングの本当の力をついに発揮させることを祈りたい。

エドワード・マイバッハ

Edward Maibach　MPH, PhD

ジョージ・メイソン大学

気候変動コミュニケーション・センター長

米国バージニア州フェアファックス

はしがき

　英国，ブライトンにあるホテルの小さなカフェに，本書の執筆に参加した３人（ダグ・マッケンジー＝モーア，ナンシー・リー，フィリップ・コトラー）と「刊行によせて」の執筆者（エド・マイバッハ）が同じ熱意と共通のビジョンについて語り合うために集まったのは，2008年９月29日のことだった。私たちは，第１回「世界ソーシャル・マーケティング会議」に出席して，大きく「足りないもの」が２つあることに衝撃を受けていた。１つは，この２日間のイベントでは，環境保護に向けた行動を促すことに関するプレゼンテーションが比較的少なかったということである。議題の多くを占めていたのはもろもろのソーシャル・マーケティング会議やこれまでの出版物と同じように，公衆衛生についての話題や事例であった。２つ目に私たちは，同僚がその会議の席で，「足もとをみよう」（back home）というように呼びかけていたのを互いに聞いていた。これは環境保護のための行動を促進するために，ソーシャル・マーケティングの手法を用いた，信頼性のあるさまざまな事例——とくに，一般の人々を調査に巻き込んだり，コミュニケーションや広告以上のものとして用いたり，成功を裏打ちする厳密な評価を含んでいたりするもの——を見つけて，それを参照するよう呼びかけていたのであった。本書はこれらの隙間を埋めたり，ニーズに応えたりするために執筆されたものである。私たちはその後，P. ウェスリー・シュルツを執筆陣に加えた。彼は，「コミュニティ基点型のソーシャル・マーケティング」（Community-Based Social Marketing：CBSM）と社会心理学，プログラム評価の専門家である。

　本書はこの種の本としては最初のものである。多くの読者が「コミュニティ基点型のソーシャル・マーケティング」に親しんでいるかもしれないし，また，他方では，伝統的なソーシャル・マーケティングの手法については，もっと精通している人たちもいるかもしれない。私たちはこの２つのモデルを組み合わせて，それらが相互に補完・強化し合うということを指摘している。世界中の成功事例も取り上げている。これらの事例は人間の気づきや態度の変化よりも行動を促すことに焦点を当てているものを選んでいる。ターゲット（標的）となる対象者が

抱える「障害」と「便益」を見抜いて，それを解決するためにいろいろなツールを使いながら戦略を構築している事例を探した。私たちが求めたものは，本格的に実施する前に試験的に取り組まれ，正式な評価が行われた事例である。

目次を一瞥するとわかるように，本書で取り上げているケースは次の通りである。「廃棄物の削減」（第2章・第8章），「水質保全」（第3章・第9章），「有害排出ガスの削減」（第4章・第10章），「水使用量の削減」（第5章・第11章），「エネルギー使用量の削減」（第6章・第12章），そして，「魚類と野生生物の生息環境の保護」（第7章）である。これらの事例の半数ほどが，家庭部門における生活行動の促進についてのものであり，残りの事例は商業部門を対象にしている。グローバルな事例としては，オーストラリアとカナダ，西ヨーロッパ，アイルランド，ヨルダン，オランダ，ニュージーランド，スペイン，英国，米国，ベトナム等を取り上げている。

このように，本書で取り上げている事例はグローバルな範囲に及んでいるし，また，商業部門と家庭部門にまで及んでいる。しかし，以下のような一定のわかりやすいフォーマットを通じて，それぞれの章を展開するように努めている。

- いずれの章でも，まず，さまざまな環境問題を提示して，その問題の本質と関連する環境面でのトレンドについて検討することからはじめている。
- 次に，それぞれの章では，問題解決に活用可能な将来性のある行動のための解決策を探っている。
- 対象となる特定の環境問題を解決するために，「有効性のある」事例を明確にするために，各章に2～3の事例研究を盛り込んでいる。これらの事例研究では，次のことを読者に提示している。
- 分析対象となる組織へのプログラム導入の背景に関する情報とソーシャル・マーケティングに対するその熱意
- ターゲット層とその望ましい行動についての評価
- 解決対象となる環境問題に特有の「障害」と「便益」についての説明
- 実践されたプログラムの内容
- そのプログラム結果についての論評
- その章で検討した原理を分析対象となった特定の事例を超えて拡大適用する方法を明確にするために，その他にもすぐれたプログラムをすべての章で取

り上げている。

- 各章の最後には，その章で分析された事例の間の関連を読者が理解しやすく なるように，要旨が〔まとめ〕として集約されている。
- 事例について検討するために，また，それぞれの原理を他の環境的な状況に 適用する方法を探るために，〔演習問題〕を設けている。

　私たちの狙いは環境保護のための行動を促進しようと奮闘している現在の実践家，また，奮闘しようとする将来の実践家たちにとって，これらの事例やその批判的な検討が有益なものとなり，教訓となり，刺激となることである。次の私たちの願いは潜在的な成功物語のリストを「とても長く」なるほどに積み重ねていくことである。

　南メイン大学のナンシー・アーツ，ルーラ・コンサルティングのケン・ドネリー，デンバー州立メトロポリタン大学のダリン・C. デュバー・スミス，サンタ・クレア大学のゲイル・H. カービー，トリード大学のトーマス・A. クライン，ウォータールー大学のジェニファー・リネス，マッカレスター大学のクリスティ・マニング，グリーン・マウンテン大学のキース・マクデイド，ナチュラル・リゾース・カナダのキャサリン・レイ，キング郡天然資源・公園部水・土壌資源局のダグ・ライス，NYSERDA のマーシャ・L. ウォルトン，スノーホーミシュ地区公共事業のデイブ・ワード，米国・環境保護庁（EPA）のドン・ウェイ，タフツ大学のティナ・ウルストンの諸氏は査読者として，私たちの原稿を検討する手助けをしてくれた。この場を借りて感謝し，お礼を述べたい。

　その他にも，本書の内容をよりよきものにしていくために，事例研究の情報を提供してくれたり，自らの研究を教えてくれたり，各章について示唆を与えてくれたりした多くの方々にも謝意を申し上げたい。

　最後に，この本を執筆している間，私たちの取り組みを支えてくれた，アマンダ・キルバーン，ナンシー・コトラー，テリー・リー，スー・マッケンジー＝モーア，ロリ・シュルツ，そして，太陽の恵みに心より感謝の気持ちを捧げたい。

ダグ・マッケンジー＝モーア

ナンシー・R. リー

P. ウェスリー・シュルツ

フィリップ・コトラー

[凡例]

一，原書の注は，各章末にまとめた。

一，訳者の注は，本文の必要と思われる箇所に入れた。

一，原文のイタリック（強調を示す）は，傍点ないしはゴシックの表記とした。

一，固有名詞（人名，組織名等）の各章の初出には，原則的に「　」を付し，
　　続けて（　）内に原語を入れた。

一，本文で重要と思われる用語には「　」を付した。

コトラーのソーシャル・マーケティング
地球環境を守るために

目　次

推薦の言葉

日本語版への序文　フィリップ・コトラー

刊行によせて

はしがき

凡　　例

第 I 部　序　　論

第 1 章　持続可能な行動の促進 ……………………………………………2

1　ステップ 1 ——行動の選択 ………………………………………4

2　ステップ 2 ——「障害」と「便益」の識別 ……………………11

3　ステップ 3 ——戦略の構築 ……………………………………15

4　ステップ 4 ——パイロットテストの実施 ……………………24

5　ステップ 5 ——広範囲な実施についての評価 ………………26

6　まとめ ……………………………………………………………26

第 II 部　家庭部門の行動への影響力

第 2 章　廃棄物の削減 ……………………………………………………32

1　問題の所在 ………………………………………………………32

2　問題解決を可能にするための行動 ……………………………33

ケース 1　「ノー・ジャンク・メール」（迷惑郵便物の拒否運動）：
　　　　　オーストラリア，ベイサイド

ケース 2　レジ袋の削減とマイバッグの利用促進：アイルランド

ケース 3　有機廃棄物のカーブサイド型リサイクル：カナダ，
　　　　　ノバスコシア州ハリファックス

3　その他のすぐれたプログラム ……………………………………50

4　まとめ ……………………………………………………………53

演習問題／参考文献

目　次

第3章　水質保全 ……………………………………………………… 56

1　問題の所在 ……………………………………………………… 56

2　問題解決を可能にするための行動 ……………………………… 57

ケース1　自然な庭づくりへの働きかけ：米国ワシントン州，キング郡

ケース2　「スクーピング・ザ・プープ（犬の糞処理運動)」：

米国テキサス州，オースティン

3　その他のすぐれたプログラム ………………………………… 76

4　まとめ ………………………………………………………… 81

演習問題／参考文献

第4章　有害排出ガスの削減 …………………………………………… 84

1　問題の所在 ……………………………………………………… 84

2　問題解決を可能にするための行動 ……………………………… 84

ケース1　アイドリング反対運動：カナダ・トロント市

ケース2　トラベルスマート：南オーストラリア，アデレード

3　その他のすぐれたプログラム ………………………………… 96

4　まとめ ………………………………………………………… 98

演習問題／参考文献

第5章　水使用量の削減 ………………………………………………… 101

1　問題の所在 ……………………………………………………… 101

2　問題解決を可能にするための行動 ……………………………… 102

ケース1　水使用量の削減：カナダ，ダーラム地方

ケース2　エコチーム：米国，オランダ，英国

3　その他のすぐれたプログラム ………………………………… 112

4　まとめ ………………………………………………………… 113

演習問題／注／参考文献

第6章　エネルギー使用量の削減 ……………………………………… 116

1　問題の所在 ……………………………………………………… 116

2　問題解決を可能にするための行動 ……………………………… 117

xvii

ケース1　温室効果ガス 1 トン削減運動：カナダ

ケース2　家庭のエネルギー効率向上のための環境エネルギー：カナダ

　3　その他のすぐれたプログラム ……………………………………… 133

　4　まとめ ……………………………………………………………… 139

演習問題／参考文献

第7章　魚類と野生生物の生息環境の保護 …………………………… 144

　1　問題の所在 ………………………………………………………… 144

　2　問題解決を可能にするための行動 ……………………………… 146

ケース1　シーフード・ウォッチ（Seafood Watch）——持続可能な
　　　　　海産物選択への影響：カリフォルニア州モントレー

ケース2　故意による野火の削減：英国・ウェールズ

　3　その他のすぐれたプログラム ……………………………………… 171

　4　まとめ ……………………………………………………………… 175

演習問題／参考文献

第Ⅲ部　商業部門の行動への影響力

第8章　廃棄物の削減 ………………………………………………… 180

　1　問題の所在 ………………………………………………………… 180

　2　問題解決を可能にするための行動 ……………………………… 180

ケース1　グリーン・ドット®（Green Dot®）——ヨーロッパにおける
　　　　　包装廃棄物削減の試み：EU

ケース2　「フォーク・イット・オーバー！」（Fork It Over!）
　　　　　——食べ残しの再利用：米国オレゴン州ポートランド

ケース3　アンハイザー・ブッシュ社——米国・環境保護庁の「ウェイスト
　　　　　ワイズ・プログラム」リサイクルの殿堂の一員：米国

　3　その他のすぐれたプログラム ……………………………………… 201

　4　まとめ ……………………………………………………………… 203

演習問題／参考文献

目　次

第9章　水質保全……………………………………………………………206

1　問題の所在………………………………………………………………206

2　問題解決を可能にするための行動……………………………………208

　ケース1　「Chuyen Que Minh」（私の祖国の物語）——コメ農家における
　　　　　殺虫剤使用の削減：ベトナム

　ケース2　「汚染された酪農場」（Dirty Dairying）：ニュージーランド

3　その他のすぐれたプログラム…………………………………………220

4　まとめ……………………………………………………………………224

演習問題／参考文献

第10章　有害排出ガスの削減………………………………………………229

1　問題の所在………………………………………………………………229

2　問題解決を可能にするための行動……………………………………229

　ケース1　バイク・シェアリング運動

　ケース2　AT&T とノーテル（Nortel）における在宅勤務の取り組み：
　　　　　米国，カナダ

3　その他のすぐれたプログラム…………………………………………240

4　まとめ……………………………………………………………………241

演習問題／参考文献

第11章　水使用量の削減……………………………………………………244

1　問題の所在………………………………………………………………244

2　問題解決を可能にするための行動……………………………………245

　ケース1　ホテルでの水の節約：米国ワシントン州シアトル

　ケース2　水不足撲滅運動：ヨルダン

3　まとめ……………………………………………………………………266

演習問題／参考文献

第12章　エネルギー使用量の削減…………………………………………269

1　問題の所在………………………………………………………………269

2　問題解決を可能にするための行動……………………………………271

xix

ケース1　消灯を促す表示の利用：スペイン，マドリッド

ケース2　ホテルでのタオルの再利用を促す規範ベースのメッセージ：
カリフォルニア州

　3　その他のすぐれたプログラム …………………………………283

　4　まとめ………………………………………………………………288

演習問題／参考文献

第Ⅳ部　将来への展望

第13章　総括と戦略的提案………………………………………………294

　1　行動の選択…………………………………………………………294

　2　「障害」と「便益」の洗い出し …………………………………295

　3　戦略の構築…………………………………………………………295

　4　パイロットテストとその広範囲な実施…………………………296

　5　戦略的提案のまとめ………………………………………………297

　6　投資収益率（ROI）………………………………………………298

　7　ソーシャル・メディア …………………………………………299

　8　結　論……………………………………………………………300

　注／引用・参考文献

監訳者あとがきにかえて

索　　引

第I部

序　論

持続可能な行動の促進[(1)]

第1章

　「持続可能性」（sustainability）の基盤は行動変革にある。「持続可能性」は，われわれが飲料水の供給やエネルギー効率の増大，水質や種の多様性の保全，ゴミの削減，輸送手段の選択の変更など，種々の目的に取り組むことを必要とする。もし，われわれが持続可能な未来への移行を推進するつもりであるならば，これらの目的を支持するような種々の行動の選択を加速させなければならない。これまで，持続可能な行動を促進させるための行動計画の大半は主として，持続可能な活動の選択を奨励するための教育と（あるいは）広告を利用した大規模な情報キャンペーンに依存してきた。確かに，教育と広告は人々の意識を芽生えさせ，取り組む姿勢を変えさせるのに効果的であるが，その一方で，行動変革は単独情報のような情報の提供のみでは起こらないということを示す膨大な研究データがあり，そうした情報のみでは多くの持続可能な行動に立ちはだかる多様な「障害」を説明することはできないことがわかっている（カナダ環境省，2006年；Geller, 1981；Geller, Erickson, & Buttram, 1983；Jordan, Hungerford, & Tomera, 1986；Midden, Meter, Weening, & Zieverink, 1983；Schultz, 2002；Tedeschi, Cann, & Siegfried, 1982）。それに対して，「コミュニティ基点型のソーシャル・マーケティング」（Community-Based Social Marketing：CBSM）は持続可能な行動を促進するためのプログラムをデザインするための，情報集約的な運動であることが実証されてきた（McKenzie-Mohr, 2011）。現在，数千ものプログラムがこの方法論を用いており，その多くがすぐれた成果を上げている。「コミュニティ基点型のソーシャル・マーケティング」に関してさらに見識を深めたい場合は，『持続可能な行動の促進——コミュニティ基点型のソーシャル・マーケティング入門』（McKenzie-Mohr, 2011；McKenzie-Mohr & Smith, 1999）を参照されたい。さらに「コミュニティ基点型のソーシャル・マーケティング」のウェブサイト（www.cbsm.com）にアクセスすれば，持続可能な行動の促進に関する記事，事例研究，および，

第1章 持続可能な行動の促進

ディスカッション・フォーラムを見つけることができるだろう。

「コミュニティ基点型のソーシャル・マーケティング」はある活動に対する「障害」を取り除きつつ，自然にその活動の「便益」を向上させるようなコミュニティ・レベルで生じた行動計画を通じて，行動変革がしばしば最も有効的に達成されるということを実証する，社会科学的な研究に基づいている。「コミュニティ基点型のソーシャル・マーケティング」は社会科学の知見とソーシャル・マーケティング分野の知見とを融合させたものである（例えば，Andreasen, 2006；Kotler & Lee, 2008 を参照）。ソーシャル・マーケティングはこの数十年間，主として，公衆衛生の改善やケガの予防といった行動変革に影響を及ぼすために利用されてきた。ソーシャル・マーケティングとは，「ターゲット層（標的層）自身と同様に社会（公衆衛生，安全性，環境，および，コミュニティ）にも便益をもたらすようなターゲット層の行動に影響を及ぼすために，マーケティングの原理と技法を，その価値の創造，伝達，実行に応用するプロセス」と定義されている（P. Kotler, N. R. Lee, & M. Rothschild, 私信にもとづく, 2006）。「コミュニティ基点型のソーシャル・マーケティング」はソーシャル・マーケティングに倣い，プログラムの広範囲な導入に先立って，プログラムを使いこなすことの重要性とともに，何がターゲット層の行動を抑制し，何が動機づけるかを理解する点を強調する。「コミュニティ基点型のソーシャル・マーケティング」は社会科学，特に社会心理学，および，環境心理学から，行動変革を醸成するために利用することができる，さまざまな行動変革の"ツール（手段）"を受け継いでいる。

「コミュニティ基点型のソーシャル・マーケティング」は以下の5つのステップを含んでいる。

1　ターゲット（標的）とすべき行動を選択する。
2　選択された行動への「障害」(barriers)，および，「便益」(benefits) を識別する。
3　行動への「障害」を減らしつつ，行動の「便益」が目にみえる形で自然と増えてくるような戦略を構築する。
4　3の戦略を実施する。
5　その戦略が広範囲に実施される場合には，広範囲な実施・継続的評価の査定を行う。

3

第 I 部　序　　論

さて，以下に，これらのステップの詳細についてみていきたい。

1　ステップ1──行動の選択

どのような行動を促進していくかを選択する前に，どのような層がターゲット
として適切かを最初に考える必要がある。例えば，CO_2 の放出を削減するため
に，エネルギー効率を向上させようとするプログラムが開発されているとイメー
ジしてほしい。どのような層がターゲットとされるべきかを判断するために，プ
ログラム開発は産業部門ごとのエネルギー消費の比較により始められる必要があ
る。カナダでのエネルギー消費は部門ごとに著しく異なり，特に，工業，運輸，
家庭部門におけるエネルギー消費量は非常に高い（カナダ天然資源省，2010）。さ[(2)]
らに，これらのうち，家庭部門が家庭用エネルギーの使用と輸送手段の選択の両
方に取り組む機会を提供するという理由で選択されてきたとイメージしてみよう
（但し，この例においては，家庭用エネルギーの消費のみに注目したい）。

持続可能性を促進するために活動している団体が数多くの行動の選択肢をもっ
ているというのはほぼ間違いない。それは家庭用エネルギーの消費に関しても全
く同様である。例えば，家庭のエネルギー効率を向上させるプログラムを実行す
る際に，われわれは低流量シャワー・ヘッドを使用することもできるし，プログ
ラム可能なサーモスタットを設置することもできる。あるいは，屋根裏に断熱材
を追加することもできるし，明かりをこまめに消すという選択もできるだろう。
実際，オーストラリア，クィーンズランドでのあるプログラムでは，1人の住宅
所有者が家庭用エネルギー効率を向上させるために講ずることができる活動とし
て200以上が確認されている（C. Hargroves, C. Desha, D. MacKenzie-Mohr, 私信にも
とづく，2009）。他の地域でも同様であり，ゴミの削減，流域保護，生物多様性保
護，および，節水など，潜在的な行動を促進可能にさせる事象は枚挙にいとまが
ない。すべての行動がどれも重要だとは限らない。では，われわれはどの行動を
促進していくかということをどのように決めればよいのだろうか。まずは，われ
われの抱える問題（例えば，ゴミ処理場のゴミ，水質汚染，生物多様性損失，大気汚染
など）がどの部門によって，どのように影響を受けているかを評価することから
始めるのがよいだろう。家庭用エネルギー消費の場合であれば，エネルギーが家
庭内において，どのように利用されているかを調べることから始めるということ

第1章 持続可能な行動の促進

図1-1 インパクト性・浸透性・確率性の比較

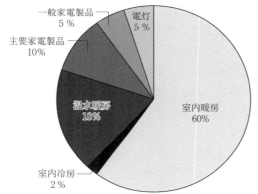

出所：カナダ天然資源省（2010年）カナダの部門，消費者，サブ部門による2次エネルギー使用，利用可能なオンライン：http://oee.nrcan-rncan.gc.ca/corporate/statistics/neud/dpa/tableshandbook2/aaa_ca_2_e_4.cf m?attr=0

になるだろう。

　図1-1に示されるように，室内暖房はカナダの家庭用エネルギー消費の大多数を占めている（60％）が，その一方で，室内冷房はわずか2％しか消費されていない。明らかに，家庭用エネルギーの消費，および，それに関連するCO_2放出のより大きな削減は冷房ではなく，暖房に注目することにより実現可能となる。また，図1-1をみると，温水暖房がエネルギー消費の18％を占めていることがわかるが，カナダにおける数多くのエネルギー効率向上運動の大部分は室内暖房とエネルギー効率のよい家電製品（全体の10％で，3番目に重要な項目である）の購入に注目する一方で温水暖房には気を留めておらず，これは興味深い事実である。

　この種の分析は，あなたが実施しようとするプログラムにとって，どのような行動が最も望ましいかを判断する際に大変参考になる。図1-1に基づくならば，われわれは室内暖房，温水暖房，そして，主要家電製品の順で，それらのエネルギー消費の削減と関連した行動に関心をもつべきである。では，われわれはどのようにして，これらの各々の領域における行動を選択するか。われわれの行動をリストアップする際に，われわれは以下の2つの基準を参考にすべきである。
（1）すべての行動は最小単位に分けるべきである。（2）各々の行動は目標到達

第 I 部　序　論

段階（end-state）であるべきである。その名の通り，最小単位の行動とは，より多くの特別な行動にさらに細分化した活動のことである。例えば，家庭に補助の断熱材を加えることは最小単位の行動である。住宅所有者は断熱材を住居の屋根裏に設置してもよいし，基礎部分に設置しても，あるいは，外壁に設置してもよい。これらの行動はそれぞれ別々であり，「障害」もあれば，「便益」もある。持続可能な行動への「障害」の多くは独特のものであるので，最小単位の行動のリストアップから始めることが重要である。もしそうしなければ，プログラムの立案者はそれらに関連する「障害」，および，「便益」においてしばしば，著しく異なる行動のカテゴリーを保有することになるだろう。

　最小単位の行動を確認することに加えて，われわれはさらに，それが目標到達段階であることを確認する必要がある。例えば，われわれの主要な関心は人々に高効率シャワー・ヘッドを購入してもらうことにではなく，それらを設置してもらうことにある。あまりにも頻繁に，持続可能な行動を促進するための行動計画はより先の行動に注目してしまうために，行動変革が重要な目標到達段階には決して達しない。ある行動が目標到達段階かどうかを判断する際には，「私が促進したい行動に先んじた活動に，誰かが従事することを私は望んでいるか」と単に問うだけでよい。もし答えが「はい」であるならば，あなたは目標到達段階の行動を選択していないことになる。あなたが促進したいと思う目標到達段階の行動に，誰かが実際に従事するという保証がない場合，目標到達段階に先行する活動をリストアップしないことが重要である。最後に，最小単位の目標到達段階の行動をリストアップする際に，リスト上の項目がないということが 1 つの戦略となりうるということを理解する必要がある。例えば，ある家族に，エネルギー監査に参加してもらうことは，目標到達段階の行動ではなく，屋根裏に補足の断熱材を設置してもらうような，目標到達段階の行動に導く可能性のある戦略である。われわれはある行動に対しての「障害」，および，「便益」をまず見極めてから，その行動の選択を促進する戦略を考慮し始めるべきである。

　最小単位の目標到達段階の行動のリストを作成したならば，われわれはどのような行動が促進的な価値があるかということを判断するために，これらの行動を比較したいと思うだろう。それらを比較するにあたって，われわれは各々の行動に関して 3 つのタイプの情報が必要である。それは，（A）その行動にはどれほどの「インパクト性」（影響力度）があるのか（impactful），（B）その行動の「浸

6

第1章 持続可能な行動の促進

透性」(penetration) のレベルがすでにどれくらいあるのか（例えば，どれくらいの人々がすでにその行動を行っているか），（C）その行動をまだ行っていない人々がそれをどのくらい選択する「確率性」があるのか (probable)，の3つである。

A．「インパクト性」を見極める：さまざまな行動のインパクトを識別するには，2つの選択肢がある。最初の，かつ，望ましい選択肢は，さまざまな行動があなたの関心のある課題にもたらすインパクトに関しての正確なデータを集めることである。家庭用エネルギー効率の場合であれば，われわれは，さまざまな行動がエネルギー消費にどのように関係するかということを比較し，精査したいであろう。すなわち，われわれは屋根裏に断熱材を加えたり，高効率シャワー・ヘッドを設置したり，温水ヒーターで温度を下げたりするような行動がエネルギー消費にそれぞれどれくらい関係しているかについての比較情報を収集するだろう。しばしば，この情報は国，および，州，地方自治体から利用可能である。そのようなデータが存在しない場合は，われわれは第2の選択肢を採用する必要がある。それは関心領域において技術的専門知識をもっている個人を調査することである。これらの専門家は0から4までの5段階評価で，各行動の格付けをするように依頼される（0は「インパクトなし」で，4は「インパクトが大きい」）。専門家の格付けはまず個別に申請され，それから平均化されるべきである。すなわち，専門家グループを一緒に評価させず，行動のリストに関連した家庭用エネルギー消費について議論させず，また，彼らにその活動の格付けをさせないということである。独立した個別の格付けはすぐれた精神測定学的特性を有しており，グループにもとづいた格付けで起こりうるエラーが少ない（McKenzie-Mohr, 2011）。

B．「浸透性」を見極める：「浸透性」を見極めるのにも，2つの選択肢がある。最初の，そして，最も信頼できる選択肢はさまざまな行動におけるターゲット層の現在の関与レベルを測定するために，目立たないように彼らを観察することである。このアプローチは，カーブサイド型リサイクル，自転車通勤（通学），カーシェアのような，容易に観察される行動にはよく機能するが，高効率シャワー・ヘッドの設置のように容易に観察されない行動には役立たない。行動が容易に観察されない場合は，ターゲット層を調査して，彼らがリストに上げられている行動にどれくらい従事したかを尋ねるという第2の選択肢を利用することに

7

第Ⅰ部　序　　論

なる。もし行動が高効率シャワー・ヘッドを設置するような一度だけの行為であるならば，彼らがその行為を行ったかどうか単に尋ねるだけでよい。一方，もし行動が冷水で衣服を洗うように反復の行為である場合は，彼らがその活動に何％くらい時間を割くかを尋ねてみる。「確率性」の格付けであるために，これらの数字は信頼性に欠けるであろう。結果として，それは，われわれが注意を払う絶対的な数字ではなく，むしろ価値の幅を表している。例えば，50％の世帯が高効率シャワー・ヘッドを設置したことを示し，20％が温水ヒーターを絶縁型に変えたということを示す場合，それは絶対数（50％対20％）ではなく，むしろわれわれが関心を示すべき数字の範囲である。すなわち，われわれは，建設的な環境行動が過剰報告される傾向があるために，50％の世帯が高効率シャワー・ヘッドを設置したと確信をもって言うことはできないが，高効率シャワー・ヘッドが絶縁型温水ヒーターより設置された可能性が高いということは確信をもって言うことができるのである。最後に，われわれが「浸透性」の低い行動を探しているということを忘れてはならない。すなわち，われわれは潜在的に変化する可能性をもっていながら，少数の人しか従事していない行動を探しているのである。

C．「確率性」を見極める：「確率性」（probability）を見極めるのにもまた，2つの選択肢がある。最も正確で，かつ，最も望ましい選択肢はあなたのリストにある各々の行動を促進するために実行されてきた評価プログラムをじっくりと探すことである。そのようなプログラムに関するいくつかの課題に注目することは重要である。最初に，プログラムの一般化可能性を考慮する必要がある。われわれがあるプログラムを実行する環境と背景にぴったりと適合するプログラムだけが考慮されるべきである。例えば，オーストラリアの水不足は非常に差し迫った問題であり，カナダでの水不足よりもはるかに多くの関心が全国的に広がった。さらに，各プログラムの「投資効率」（ROI）が計算可能なように，各プログラムを実行するのにかかる1人当たりのコストに関する情報が得られるべきである。行動に関する長いリストを作成するために詳細な事例研究情報を集めるには，莫大なコストと時間を要する。行動のリストが多い場合，われわれは各行動にターゲット層が従事する可能性に関して，まず調査したいと思うかもしれない（この調査には，前述の「浸透性」の格付けも含まれている）。家庭用エネルギー効率の場合であれば，世帯主が各行動に従事する可能性について，0から4までの5段階評

価（0は「可能性がない」，4は「高い可能性」）で格付けすることを依頼されるべきである。回答を意味あるものにするために，あなたは何らかの背景を準備しなければならない（例えば，「シャワー・ヘッドを自らで購入し設置しなければならない時，高効率シャワー・ヘッドを設置する可能性はどれくらいか」という場合と，「われわれがあなたにシャワー・ヘッドを提供し，それを自らで設置しなければならない時，高効率シャワー・ヘッドを設置する可能性はどれくらいか」という場合など）。「浸透性」の格付けと同様に，回答者はある行動に従事する可能性を"誇張させる"傾向が強くあるために，この調査から得られた数値は世帯主がこれらの行動に実際に従事する可能性とは一致しないことに注目すべきである。とは言うものの，調査を通じて得られた数値の範囲は，ターゲット層がこれらの行動に従事する相対的な可能性のよい指標となる。最小単位の目標達成段階の行動のリストが多い場合，事例研究情報（例えば，選択肢1）がそのために収集可能な，より管理しやすい数にまでリストを抜粋していくためにこの調査を始めることは非常に有益である。さらに，最も大きなインパクトを及ぼすようなカテゴリーに注目することにより，われわれはしばしば本質的にリストの長さを縮小することができるということにも注意を払うべきであろう。カナダでの家庭用エネルギー消費の削減の場合で言えば，それは室内暖房，温水暖房，そして，主要家電製品などを指している。

　あなたの行動のリストを比較するために，**表1-1**のような表が利用できる。理想的には，われわれは高い「インパクト性」と「確率性」はあるものの，「浸透性」は低レベルにある行動を探している。われわれは，ある行動が保有しているインパクトを増殖させることによって，あるいは，その浸透のレベルによって，また，ターゲット層がある行動の重要度（われわれは最大の重要度を保有する行動を求めている）を増殖させるためにその行動に従事するという可能性によって，さまざまな行動を比較することができる。われわれは現在，低レベルの選択を行っている行動を探しているので，その3つを増殖させる前に，「浸透性」の数値を逆の視点で考える必要がある。高効率シャワー・ヘッドを設置するために，われわれが現実的に奨励することができる人々（40％）の数を得るためには，現在の選択レベルを1から単に引くだけでよい（例えば，60％の世帯が高効率シャワー・ヘッドを設置している場合，1から0.60を引けばよい）。以下の表は，2つの住居のエネルギー効率向上行動を互いにどのように比較するかを例示するために，いくつ

第Ⅰ部 序　　論

表1-1　インパクト性・浸透性・確率性の比較

行　　動	インパクト性(世帯当たり1年間のCO2排出量)	浸透性	確率性	重要性
高効率シャワー・ヘッド	400	0.40	2.2	352
電球型省エネ蛍光灯（CFL）を5つ設置	100	0.20	3.4	68

かの架空の値を示したものである。この表が示すように，電球型省エネ蛍光灯（CFL）を設置する可能性は高効率シャワー・ヘッドを設置する可能性よりかなり高いにもかかわらず，シャワー・ヘッドのインパクトがより高く，その「浸透性」レベルがより低いために，CFLよりも価値があるものとして普及している。

公式：重要性＝インパクト性×（1－浸透性）×確率性

　あなたのプログラムにどの行動を選ぶかを決定する際，あなたは2つのタイプの行動に引き寄せられるだろう。もしあなたが1つの活動の促進のみに関心があるなら，その時，あなたは，「インパクト性」，「浸透性」，および，「確率性」の間に最良の相互作用を表すような，最も重要度の高い行動を選びたいと思うだろう。一方，もしあなたが，長期間にわたって，さまざまな活動を促進することに関心があるなら，「インパクト性」は少ないが，あなたのターゲット層が活動に従事する可能性が高く，また現在，選択のレベルが低い行動を選択したいかもしれない。うまく設計されたプログラムでは，そのような媒介行動は後々選択される，より本質的な活動への踏み石として利用される。

　要約すると，まず，関心のある問題に対して，相対的に重要な，さまざまな部門を決定することから始める（例えば，水質汚染，大気汚染物質，水の使用）。次に，最も重要な部門に関して，それらがあなたの問題にどのように影響を及ぼしているかを確かめる（例えば，家庭の水使用に関して，トイレ，シャワー，皿洗い，洗濯，芝生と庭の水撒きに，それぞれどれくらいの割合で使用されているか）。第3に，これらの各々の領域に関係する行動を決定する（例えば，シャワーに使われる水の節約には，シャワーを浴びる時間を短くする方法，あるいは，高効率シャワー・ヘッドを設置する方法がありうる）。第4に，あなたのプログラムの中でターゲットとするべき最も重

要な行動を決定するために、「インパクト性」、「浸透性」、および、「確率性」に関して、これらの行動を比較する。このプロセスは広くさまざまな環境問題に利用することができ、また、目標に対して最も適切な行動を選択したというあなたの確信を大いに深めることになるだろう。

2 ステップ2——「障害」と「便益」の識別

持続可能な行動は、形式ごとにそれぞれ「障害」(barriers)、および、「便益」(benefits) をもっているということが研究で明らかになっている (Oskamp et al. 1991 ; MacKenzie-Mohr, Nemiroff, Beers, & Desmarais, 1995 ; Tracy & Oskamp, 1983/1984)。例えば、個人から堆肥化することを遠ざける要因はより持続可能な輸送手段の形式を除外する要因とは全く異なる。再利用、堆肥化、および、省資源のような、明らかに関連する行動にでさえ、「障害」と「便益」の異なるセットが重要であるとわかっている。さらに、「障害」と「便益」は、個人、あるいは、"セグメント"のグループによっても異なる。これらのセグメントの識別が、「コミュニティ基点型のソーシャル・マーケティング」の第1と第2の両方のステップの間で生じる。行動を選択する際、どの部門が非常に重要であるかを決定すること（例えば、家庭部門用か、商業部門用か）が、広くターゲット層を定義する。第2のステップにおいて、ある部門内の異なるセグメントによって、「障害」と「便益」がいかに異なるかということを明らかにすることにより、あなたは、より有効的に異なる層をターゲットにすることができるだろう。例えば、低所得世帯は、より経済的に豊かな世帯よりも高効率シャワー・ヘッドを購入する余裕はないだろう。したがって、低所得世帯に対して、高効率シャワー・ヘッドの設置を促そうとする戦略はより経済力のある世帯に対して、その設置を促進してきた戦略とは異なるということである。

持続可能な行動への「障害」は人の知識不足、非支持的な姿勢、あるいは、動機づけの欠如のように、個人に内的なものかもしれない (Stern & Oskamp, 1987)。一方、行動がより便利（例えば、カーブサイドで有機廃棄物の回収を行う）であったり、手頃な費用（例えば、公共輸送や堆肥化ユニットに助成金を交付する）であったりした場合、「障害」は外部に存在するかもしれない。多くの「障害」はすべての持続可能な行動に存在するかもしれない。結果として、われわれは「インパクト

第Ⅰ部　序　論

性」，「浸透性」，および，「確率性」の最良の組み合わせをもつ行動を選択したら
すぐに，次にその「障害」と「便益」を識別する必要がある。

　「障害」と「便益」を明らかにするには４つのステップを必要とする。まず，
関連記事とレポートを再考察することから始める。次に，観察とフォーカスグ
ループ（少人数の討議グループ）を通じて定性的な情報を得る。そして，あなたが
潜在的な「障害」と「便益」の"リスト"を識別するのに役立つと思われる方法
論に着目する。最後に，あなたのターゲット層に対してランダムに標本調査を行
う。「障害」と「便益」を明らかにし，ランク付けをするために，いくつかの異
なる方法論を使用することを「三角測量」（triangulation）と呼んでいる。この
「三角測量」は，１つのアプローチの弱点（例えば，フォーカスグループの参加者が
少なく，参加率が低いために，その一般化可能性が低い，など）が別のアプローチの強
さ（例えば，調査結果が，フォーカスグループが提供するような詳細な情報をしばしば提
供はしないが，より容易にあなたのターゲット層に一般化されうる，など）によって補
完されることを可能にする。

文献レビュー

　文献レビューを行う際は，以下の５つの情報源を調べる。(1)業界誌，および，
ニュースレター，(2)報告書，(3)学術的な記事，(4)あなたが特に有益であると感じ
た報告書，および，記事，(5)あなたを支援することができる仲間を識別するのに
役立つリスト。

観　察

　個々の行動の観察研究もまた，有益な手段である。直接に人々を観察すること
によって，われわれは既存の行動に報いるために，既存の仕事にある技術不足，
連続性，および，誘因をより容易に識別することができる。また，観察研究は，
自己申告データの問題をほぼ解消し，それにより研究者はコミュニティと行動に
対してより接近することができる。さらに，観察は行動のコンプライアンス（法
令遵守），特に，人々が新しい技術を学び，それを維持するように求められてい
る行動にとっては，それを評価することにも役立つ。

フォーカスグループ

　文献レビューと観察は，あなたがフォーカスグループと調査を通じて，ターゲット層とさらに探索する課題を識別するのに役立つだろう。（訳注：定性調査の1つで，市場調査のため，グループインタビューを行うことを意図して集められた集団のこと）フォーカスグループの人数は6〜8人くらいに抑え，また参加者を以前，行動に従事したことがあるかどうかということで異なるグループに分ける（例えば，プログラム可能なサーモスタットを設置したことがあるかどうかなど）。さらに，保育や交通手段のサービスなどを提供することによって，人々が参加しやすいようにする。そして，文献レビューと観察によって知り得た，一連の明確な質問を用意してフォーカスグループに参加する。フォーカスグループの司会者は円滑に議論を誘導し，参加者すべてが気持ちよく発言できるように努めなければならない。セッションは録音するか，アシスタントをつけてミーティング中，ノートを取ってもらう。もしあなたのプログラムに関する情報をフォーカスグループに事前に提供してしまうと，その情報が参加者から受け取られる情報に影響を及ぼしてしまうので，それをしてはならない。フォーカスグループが終了したら，回答を一覧表にして，多くの参加者によって言及された「障害」，および，「便益」を識別する（さらに詳細な情報に関しては，Morgan & Krueger, *Focus Group Kit*, 1998, を参照のこと）。

　フォーカスグループは詳細な情報を得るのに役立つが，全体を反映させる情報としては参加者人数が少なすぎるということ，および，グループ自体，各メンバーが発言しやすいかどうかなどによって制約を受ける。標本調査はこれらの2つの制約を克服する方法である。

アンケート調査

　アンケート調査（surveys）は7つの段階から構成される。まず第1に，調査の目的を明確にする。調査計画書を作成し，調査の目的を示す。これを容易に進めるには，「私がこの調査で容易に導き出したい意思決定とはどのようなものか」と問うてみるとよい。この計画書は調査を始める前に仲間の支援を確保するために利用することができる。また，この計画書は後に潜在的な調査項目の関連づけを行う際に，参考資料として利用することもできる。第2に，調査予定の項目をリストアップする。ここでは，われわれの関心は質問を書くことではなく，アン

ケート調査で取り扱われる"主題（テーマ）"，あるいは，"話題"を識別すること
に向けられるよう注意する。第3に，調査開発に熟練している人物に調査票を書
かせる。第4に，調査票が完成したのであれば，10〜15人でそれを予備調査に運
用する。調査の予備的運用は質問の言葉遣い，および，調査の長さを精査するの
に役立つ。なお，実際の調査から得られたデータに，テスト運用から得られた
データを含めてはならない。第5に，サンプルを選ぶ。回答者がターゲット層か
らランダムに選ばれる場合，その調査は非常に有益である。サンプルをランダム
に選択すると，ターゲット層のすべての成人に参加の機会が等しくなる。この基
準が用いられるのであれば，調査結果はより確実に，コミュニティ全体のものと
して一般化することができる。フォーカスグループの時と同様に，調査サンプル
は2つのサブグループ，すなわち，すでにその行動を実行した人々，および，ま
だ実行していない人々から構成されるべきである——これは，時に"実行者対非
実行者"分析（doer versus nondoer analysis）と呼ばれる。第6に，調査を実行す
る。現実の世界での出来事があなたの調査結果に影響を与える可能性を減少させ
るために，調査をできるだけ迅速に行う努力をする（例えば，ブリティッシュ・ペ
トローリアム［BP］社のメキシコ湾原油流出事故）。第7に，データを分析する。も
し統計に詳しいスタッフがいなければ，第三者に調査データの分析を依頼する。
データを分析してもらう際に，活動に従事していない人々はもちろんのこと，活
動に従事している個々人の詳細な記述も求める（記述統計［descriptive statistics]）。
さらに，堆肥化のような行動をしている人々を，それをしていない人々から識別
する要因，および，これらの要因の相対的重要度を求める（多変量統計［multi
statistics]）。

　時間や配置スタッフの制約のような大きな圧力，またプロジェクト費用がかさ
むことにより，しばしばこの第2のステップ——「障害」と「便益」の識別——
はスキップされがちである。確かに，これらの圧力は現実的で重要であるが，
「障害」を識別しなければ，インパクトが少なくなるか，あるいは，まったくイ
ンパクトのないプログラムになってしまうだろう。「障害」と「便益」の識別は
本来の「コミュニティ基点型のソーシャル・マーケティング」戦略の構築におい
て必要不可欠のステップである。文献レビュー，フォーカスグループ，観察，お
よび，アンケート調査を行うことにより，あなたは有効な戦略をうまく構築する
態勢を整えることになるだろう。

3　ステップ 3 ——戦略の構築

　「コミュニティ基点型のソーシャル・マーケティング」は，われわれが促進し
たい行動，および，われわれが阻止したい行動の両方に取り組む戦略を構築する。
促進したい行動に対して，われわれはその「便益」を増加させるとともに，同時
に，その「障害」を少なくしたい。それとは対照的に，われわれは阻止したい行
動に対しては，逆のことをしたい——すなわち，その便益を少なくする一方で，
その「障害」を増やしたい（例えば，1 人乗り運転を阻止したい場合，相乗り車両専用
車線を導入するという戦略は，1 人乗り運転への「障害」を増やし，その「便益」を減ら
すことになる）。行動変革を促すさまざまなツールはこのタスクで支援することが
できる。マーケティングにおいて，4P という伝統的なツールがあり（Product：
製品，Price：価格，Place：流通，Promotion：プロモーション），このうちの 3 つは，
「コミュニティ基点型のソーシャル・マーケティング」ツールに類似している
（誘因＝価格，利便性＝流通，コミュニケーション＝プロモーション）。伝統的なツール
に対して，新しいツールはコミットメント，プロンプト（刺激による促進），社会
的規範，および，社会的拡散である。これらのツールに関する詳細は，
McKenzie-Mohr, *Fostering Sustainable Behavior : An Introduction to
Community-Based Social Marketing (3rd ed.),* 2011を参照されたい。

コミットメント

　さまざまな状況において，「リサイクル含有量」（recycled content）の認証付き
の製品の購入を支援すると言ってボタンをつけるというように，最初に小さなリ
クエストに同意した人々が，続いて，大きなリクエストに同意する可能性が非常
に高いということがわかり，実際に，それらの製品を購入している（McKenzie-
Mohr, 2011）。

　では，なぜ，最初の小さなリクエストへのコミットメント（積極的な関与）を
求めることがそのような行動につながるのだろうか。おそらく，それには 2 つの
理由がある（Cialdini, 1993）。まず，人々が最初のリクエストに対応した時，彼ら
はそれにより，しばしば自分自身の認識の仕方を変える。すなわち，彼らは，自
分自身を，例えば，「リサイクル含有量」の認証付きの製品を購入することが重

第 I 部　序　論

要であると信じるタイプの人間だとみなすようになる。次に，われわれには，他者から一貫した人間であるとみられたいという強い欲求がある。事実，われわれの社会は一貫性を強調する。また，一貫していない人々はしばしば否定的にみられる。その結果，われわれが「リサイクル含有量」の認証付きの製品の購入を支援しながらボタンをつけることに合意すれば，われわれが買い物をする際，これらの製品を購入しないことは一貫した行動をとらないことになるのである。

　コミットメントはさまざまな研究において行動変革ツールとして活用されてきたが，その多くは劇的な結果を伴っている。あなたがコミットメントを利用する際には，以下のガイドラインに従うとよい。

- **書面，あるいは，口頭でのコミットメントを強調すること**：公開（例えば，無農薬の芝生に，無農薬であると掲示する）は，長期的な行動変革を引き起こすのにより効果的であるということがわかっている（Pallak, Cook, & Sullivan, 1980）。
- **グループ内のコミットメントを求めること**：可能であるならば，教会グループのような非常に団結力の強い人々のグループからのコミットメントを求めるのがよい。一貫しているということを重視することでつながっているこれらの個々人の密接な絆により，人々はコミットメントをより貫くようになるだろう（Wang & Katzev, 1990）
- **積極的に人々を巻き込むこと**：断熱材の量をみるために屋根裏を覗き込んだり，あるいは，シャワーの流量を測るために容器を保持したりすることを求められるなど，人々が積極的に深く関与させられるようになると，彼らは自分自身を活動にコミットされるものとしてみなす傾向がより強くなる（Gonzales, Aronson, & Costanzo, 1988）
- **コミットメントを得るために，既存の接点を利用すること**：自然な接触がどこに生じても，コミットメントを求める機会を捜す必要がある。例えば，人々がペンキを購入する時，彼らが余ったペンキを適切に処理するというコミットメントに署名してくれるよう依頼する，あるいは，もっとよいのはもしそういうものがあれば，ペンキ交換にそれをもっていくように依頼するのがよい。
- **人々に環境と関わっているものとして，自分自身をみるように促すこと**：われわれは彼らの過去の活動に関して言及することにより，人々が環境と関わっ

ているものとして，その結果，他の持続可能な活動に，よりコミットするものとして，自分自身をみるように促すことができる（McKenzie-Mohr, 2011）。例えば，誰かがコンポスター（生ゴミ堆肥化容器）を取りにくる時，彼らが再利用するかどうか尋ねてみる。もし彼らがそれを行うならば，彼らのリサイクル活動は，彼らが環境に関与していることの証であり，堆肥化を始めることが，より多くゴミを削減するための自然な方法であることに留意すべきである。

- **無理強いをしないこと**：この行動変革ツールを効果的に活用するために，コミットメントは自由，かつ，自発的（ボランタリー）なものでなければならず，すなわち，人々が活動に興味を示した時にのみ，コミットメントを求める（McKenzie-Mohr, 2011）。

プロンプト

　持続可能性を支援するために，多くの行動に最も起こりやすい特徴，それは「忘れる」ということである。人々は灯を消し，自動車の空気圧をチェックし，誰かをピックアップするために待っている時にエンジンを切り，クーラーの設定温度を下げ，「リサイクル含有物」の認証付きのアイテムを選択する，といったことを忘れてはならない。幸運にも，「プロンプト」（prompts）（訳注：ソーシャル・マーケティングで使用される用語で，顧客の刺激を促進するための視覚的・聴覚的な展示物，スローガン・ステッカー・目印等のシンボル的な物財のこと）はこれらの活動をわれわれに想起させるのに非常に有効になり得る。「プロンプト」は，われわれがそうでなければ忘れる活動の実行をわれわれに想起させる，視覚的，あるいは，聴覚的な補助機能である。あなたが「プロンプト」を利用する際，以下のガイドラインに従うとよい（McKenzie-Mohr, 2011）。

- 「プロンプト」は容易に気づかれるようなものでなければならない。「プロンプト」が効果を発するには，まずそれが目立つようなものでなくてはならない。あなたの「プロンプト」が鮮明（明るい色），かつ，目に止まるものであるかどうかが大切である。
- 「プロンプト」は一目で理解できるものでなくてはならない。人が適切な活動を行うために必要な情報はすべて「プロンプト」の形で伝えられるべきで

第Ⅰ部　序　　論

ある。例えば，われわれがもし奇数番号の通りに住む人々に，奇数の日（逆の場合も同様に）だけに芝生に給水する活動を促進させるために「プロンプト」を利用する場合，庭の蛇口に「プロンプト」を取り付ければ，それは効果を発揮するだろう（奇数日にのみあなたは芝生に給水する）。

- 活動を促したい場所のできるだけ近くに「プロンプト」を示すようにする。例えば，もしわれわれが部屋を出る時に灯を消すように人々に奨励したいのであれば，われわれはスイッチ板のすぐそばか，あるいは，直接，スイッチ板の上に「プロンプト」を貼るのがよい。

- 人々に積極的に活動に従事してもらうために，「プロンプト」を利用する。可能な限り建設的な活動を促進することは重要である。もし，人々に買い物の時に，環境に配慮した製品を購入してもらいたい場合，店の至る所に「プロンプト」を置き，使用を回避すべき製品に意識を向けさせるのではなく，環境配慮型製品に注意をもたらすようにする。そうした行動を積極的に奨励することで，小売店（そのほとんどは否定の「プロンプト」を載せないだろう）に支援される可能性をより高めるだけでなく，そのような活動を通じて人々をよい気分にさせるために，今後，そのような行動が行われる可能性を増加させることになるだろう。

規　範

　現在まで，コミュニティの「規範」（norms）の開発を強調したプログラムはほとんどないが，それは持続可能な行動に従事する人々を支援する。規範が行動に与えるインパクトを考えると，規範への注意の欠如は不幸としか言いようがない。規範は，われわれがどのように行動すべきかを示してくれる（Mckenzie-Mohr, 2011）。もし他者が水を非効率的に使用するような，反持続可能な行動をしているのをみると，われわれは類似した行動をとる可能性がより高くなる。一方，もしコミュニティのメンバーが持続可能な行動をしているのをみると，われわれは全く同じ行動をとる可能性がより高くなる。あなたが開発するプログラムに規範を利用する際，以下のガイドラインに従うとよい（McKenzie-Mohr, 2011）。

- 規範を可視化すること：規範が他者の行動に影響を及ぼすには，彼らが規範に気づかなければならない。例えば，カーブサイドにリサイクル品を持って

いく行為はまさに，リサイクルの重要性についてのコミュニティ規範を要する。しかし，多くの持続可能な活動は，リサイクルのコミュニティへの可視性やそのような活動を支援する規範をもっておらず，したがって，それらはより積極的に促進されなければならない。家庭で水を効率的に使用することによって節約された水の量に関する継続的なコミュニティの反応を提供するような，持続可能な活動への関与を公表する方法を見つける必要がある。

• **規範を強化するために個人的な接触を利用すること**：個人的接触の結果，規範の内面化が生じる可能性が高くなる，という研究がある。したがって，持続可能な行動を支援する規範を強化する機会として，個人的接触を利用するのがよい。

社会的拡散

新しい行動は友人，仲間，あるいは，家族によって選択されるために，あちこちで頻繁に選択されることになる——これは「社会的拡散」(social diffusion) として知られるプロセスである (Rogers, 1993)。「社会的拡散」は例えば，プログラム可能なサーモスタットの設置，および，太陽熱温水器を含む，多種多様な持続可能な行動の選択に関係しているということがわかっている (Darley & Beniger, 1981)。社会的拡散を通じて新しい行動の選択を促進するには，2つの方法がある。

• **コミットメントを公的，永続的なものにすること**：われわれが人々に選択してもらいたいような持続可能な活動の多くはコミュニティにおいて可視的ではない (McKenzie-Mohr, 2011)。例えば，もしある家庭が高効率シャワー・ヘッドを設置しても，コミュニティの誰もこの行動が起こったことに気づいていない。高効率シャワー・ヘッドの設置をカーブサイド型リサイクルと対比させてみるとよい。カーブサイド型リサイクルでは，舗道に置かれている容器を見れば，その行動への参加が一目瞭然である。目に見えない行動の可視性を増加させる，1つの有効な方法はリサイクル容器の横にステッカーを貼るように，家庭で高効率シャワー・ヘッドを設置したことを示す公的なコミットメントを求めることである。可能であるならば，これらの公的なコミットメントは永続的であるべきである。すなわち，芝生に掲示することを

第 I 部　序　論

誰かに頼むよりも，リサイクル容器の横にステッカーを貼り付けることを推進する方がよいということである。なぜならば，掲示はほんの数週間しか続かないのに対して，ステッカーは数年間続くかもしれないからである。公的，永続的なコミットメントはこうした行動に関する交流を促進することによって，社会的拡散を増強する。

- **有名で多くの人から尊敬されている人々を採用すること**：有名で，かつ，多くの人から尊敬されている人は新しい行動の選択に対して多大な影響を及ぼす。例えば，有名で多くの人から尊敬されている農家は，それほど有名でなく，それほど尊敬されていない農家よりも，他の農家たちの行動に影響を及ぼす可能性が高い（Rogers, 1993）。これらの人々を識別するためには，有名で多くの人から尊敬されているターゲット層の多くのメンバーに尋ねるだけでよい。

財とサービス（製品[3]）

有効なプログラムはしばしばわれわれのターゲット層にサービス（家庭のエネルギー監査），あるいは，新製品（高効率シャワー・ヘッド）を提供することを含んでいる。もしプログラムが有効であっても，プログラムが取り組む必要のあるサービス（例えば，利用可能な場合の監査のコスト），および，製品（例えば，製品の購入，製品知識，製品の利用可能性に関わるコスト）の提供には「障害」が存在することに注意する必要がある。新しいサービス（リサイクル品の路上での収集）の普及や新製品（路上型リサイクルで用いるリサイクル・カート）の供給はしばしば劇的に行動への「障害」に影響し，その急速な選択を促進することができる。

コミュニケーション（プロモーション）

持続可能な行動を促進するほとんどのプログラムはコミュニケーションを構成要素として含んでいる。行動へのコミュニケーションのインパクトは，コミュニケーションがどのように開発されているかによって，劇的に変わりうる。あなたが効果的なコミュニケーションを開発するためには，以下の要素を考慮するとよい。

- **魅惑的な情報を使用すること**：すべての説得は注目を引き付けることに依存

すること（Stern & Aronson, 1984）。注目なくして，説得は不可能である。コミュニケーションは，それらが確実に，鮮明，かつ，直接的で，具体的であれば，より効果的になることができる（Gonzales et al., 1988）。

- **ターゲット層を知ること**：コミュニケーションはすべて心の中のあなたのターゲット層とともに開発されているはずである。コミュニケーションを開発する前に，あなたは対象となるターゲット層の姿勢，信条，および，行動について，しっかりと認識すべきである。

- **信頼できる情報源を使用すること**：あなたのメッセージを伝える個人，あるいは，組織が，そのメッセージがどのように受け取られ，事後的な行動につながるかについて劇的なインパクトを及ぼす可能性がある（Eagly & Chaiken, 1975）。したがって，あなたのメッセージを伝える人に信憑性があるかどうかをあなたは確認する必要がある。個人，あるいは，組織は，彼らが専門的知識をもっている，あるいは，信頼できるとみなされた場合に，信憑性があるとみられる傾向がある。

- **メッセージを組み立てること**：どのように表現するか，あるいは，"組み立てる"（frame）かという，あなたの活動は，人々がそれに従事する可能性にインパクトを与えることができる（Davis, 1995）。概して，あなたは活動（例えば，断熱処理をすること）から生じる節約ではなく，何もしないこと（例えば，断熱処理をしないこと）から生じる損失を強調すべきである。

- **脅威に関するメッセージは注意深く考慮すること**：環境問題は脅威に関するメッセージを容易に役立てることができるが，それを使用する場合は注意を要する。人々は地球温暖化，有毒廃棄物，あるいは，オゾン層の破壊のような深刻な問題の含意を理解する必要がある一方で，もし脅威に関する情報が有益であるなら，彼らはまた，どのような積極的活動をとり得るのかを伝える必要がある。つまり，脅威に関するメッセージを使用することを検討する場合は常に，その脅威を縮小するために個人が講ずることができる具体的な活動をあなたが同時に示すことができるかどうか考える必要がある（Lazarus & Folkman, 1984）。

- **メッセージは記憶しやすい形にすること**：すべての持続可能な活動は記憶に依存する。人々は，何を行うべきか，いつそれをやるべきか，また，それをどのようにしてやるかを記憶に留めておかなければならない（Heckler, 1994）。

第Ⅰ部　序　論

人々の記憶を支援するにはプロンプトを利用するのがよい。さらに，わかりやすく，具体的なメッセージを開発するようにする。

- 個人的，あるいは，コミュニティの目標を提供すること：家庭やコミュニティにおいて達成すべき目標を提供することは，持続可能な行動に対する動機づけを提供する一助となりうる（Folz, 1991）。

- 個人的接触を強調すること：われわれの態度と行動への主たる影響はメディアではなく，一緒に対話する人々であるということが説得の研究によって実証されている（Aronson & Gonzales, 1990）。地域リーダーたち——堆肥化のような持続可能な活動をすでに経験している近隣住民——が近所に住んでいる人々に自分の経験を話すようなプログラムを通じて，人々が対話を行う機会をつくる。個人的接触を通じて，人々が隙間充填材を設置するように，互いのための持続可能な行動をモデル化し，かつ，あなたのコミュニティにおいて進行中の議論が新しい行動の社会的拡散を生じさせることを促進する機会を提供するのである。

- 効果的，かつ，効率的な方法であなたのターゲット層に連絡する伝達経路を選ぶこと：伝達経路の技術に関する追加情報は，Kotler & Lee, *Socail Marketing : Influencing Behaviors for Good* (4th ed.), 2011, を参照されたい。

- フィードバックを行うこと：コミュニティのメンバーに対して，彼らの活動の有効性に関するフィードバックを必ず提供するようにする。フィードバックは持続可能な行動の選択や維持に肯定的な影響を及ぼすことがわかっている。

誘因と反誘因（価格）

「誘因」（incentives）と「反誘因」（disincentives）はゴミの削減，エネルギーの効率化，および，輸送を含む，さまざまな持続可能な活動に大きな影響を及ぼすということがこれまで示されてきている。それらは活動に従事する動機づけが低い，あるいは，人々が可能な限り効果的に活動をしようとしない場合に，特に役立つ。ガードナー（Gardner）とスターン（Stern）（1996）は，「誘因」，および，「反誘因」の利用に関して，以下のガイドラインを示している。

- 緊密に，「誘因」と行動を組み合わせること：「誘因」が影響を及ぼすことが期

待される行動に示される時間が緊密であるほど，それが効果的になる可能性はより高くなる。

- 建設的な行動に報いるような「誘因」を利用すること：可能であれば，ゴミを散らかすような否定的な活動に従事したことで人々に罰金を科するのではなく，飲料容器を返却するような建設的な活動を行ったことに対して人々に報酬を与えるといった「誘因」を利用するのがよい。

- 「誘因」を可視化する：「誘因」を効果的に使用するには，その「誘因」に対して，人々の注意を向けさせる必要がある。「誘因」を目立たせるために，誰にでもわかるように工夫しなければならない。さらに，「誘因」は人々に有料ゴミ処理プログラムにおいて，ゴミ袋を回収してもらうためにそれにタグを貼ってもらうように，それが影響を及ぼす行動と密接に関連を持たせることにより，より可視化されことが可能である。

- 「誘因」の除去には注意を払うこと：「誘因」は行動を動機づける強力な梃子になり得る。しかし，それはまた，活動に従事する上で，人々がもつ内的動機づけを弱めることもできる。持続可能な行動を促進する「誘因」を利用しようとする場合，もしあなたが後でその「誘因」を除去すれば，「誘因」の導入に先立って存在した動機づけのレベルがもはや存在しなくなるかもしれないということを忘れてはならない。

- 「誘因」を回避しようとする人々への対処を準備しておくこと：相乗り車両専用車線のような「誘因」は行動に対して，重要なインパクトをもつことができる。しかし，これらの「誘因」がある1つの行動（相乗り）に強く報いて，別の行動（単身運転）を罰するために，その「誘因」を"ごまかす"行動をとり，持続可能な行動に従事しようとしない強い動機づけがある（例えば，相乗り車両専用車線を通るために，乗員として生身の人間ではなく，マネキンを使うなど）。「誘因」を準備する際には，「誘因」を回避しようとする人々への十分な考慮が必要であり，それにしたがって計画を立てるべきである。

- 注意深く，「誘因」の大きさを考慮すること：利用する「誘因」の大きさを決める場合には，時には，同様の行動を動機づけるための「誘因」を適応した，他のコミュニティの経験を研究する。

- 非金銭的「誘因」を利用すること：ほとんどの「誘因」が金銭的であるが，社会的承認のような非金銭的「誘因」もまた，行動に対して強い影響を及ぼ

第Ⅰ部　序　論

す場合がある。社会的承認，および，他の非金銭的「誘因」をあなたのプログラムに統合できる方法を考慮してみるとよいだろう。

利便性（流通）

　前述の行動変革戦略は持続可能な行動の選択や維持に大きく影響を及ぼす。しかし，もしあなたが促進したい行動に大きな外的「障害」が存在すれば，それは何の効果もないだろう（McKenzie-Mohr, 2011）。こうした外的「障害」を把握し，あなたがいかにしてそれらを克服するかについての計画を立てることは重要である。それらがどのようにして同様の「障害」を克服したかを知るには，他のコミュニティを研究するのがよい。例えば，いくつかのコミュニティは適切な廃棄の利便性を劇的に増強して，現在，使用済みモーターオイルの「カーブサイド・ピックアップ」（訳注：路上での商品の受け取りサービス［curbside pickup］）を提供している。あなたが把握する外的「障害」を克服するための資源をもっているかどうかを査定し，もしもっていない場合は，あなたがこれらの「障害」に効果的に対処できるまで，プログラムを実行したいかどうかを注意深く考えなければならない。

4　ステップ 4 ──パイロットテストの実施

　前述のように，「コミュニティ基点型のソーシャル・マーケティング」戦略のデザインはまず，ターゲット層を識別しながら注意深く行動を選択し，次に，あなたが影響を及ぼしたい活動に認知された「障害」，および，「便益」を識別することから始まる。これらの「障害」と「便益」についての知識は特に重要である。この情報がなければ，効果的なプログラムを設計することはできない。「障害」を識別する際は，「障害」と「便益」に優先順位をつけるような統計分析を必ず用いるようにする。それらの相対的な重要度を知ることにより，限りある資源がその最も大きな「便益」に利用されうる。ターゲット層の「障害」と「便益」を識別し，優先順位をつけたらすぐに，あなたが克服しようとしている「障害」に合った行動変革ツールを選択し，認知された「便益」をつくり出すか，もしくは，強調するようにするか，のいずれかを行う。あなたがプログラムの設計にたどり着いたならば，いくつかのフォーカスグループから，計画に関するフィードバッ

クを得るのがよいだろう。彼らの言及において繰り返しみられるテーマを探せば，それらはあなたが計画したプログラムのデザインで変更する必要のある部分を示すかもしれない。

あなたのプログラムが行動に影響するに違いないと確信したらすぐに，そのプログラムをまず，試験的にやってみる。多くの「パイロットテスト」では，まず，プロセスの機能性測定データを収集し，戦略を実行に移し，その後，追跡測定データの収集を行う（訳注：「パイロットテスト」とは本調査前のプリテストの最終段階の調査のこと）。これがパイロットテストの最も一般的な形式であるが，この方法は使用しないほうがいい。バス利用者数を増やすためのプログラムを開発中であると想像してみてほしい。われわれは戦略を実行に移す前にバスの乗客者に関するデータを集めるが，その後，著しい増加に気づく。だが，われわれが戦略を実行に移したまさにその時に，ガソリンのコストが急激に高くなった。結局，われわれは，バスの乗客数に著しい増加をもたらしたものが，戦略だったのか，ガソリンのコストだったのか，あるいは，その２つが相互連関したものだったのかはわからないのである。この問題を回避するために，パイロットテストでは必ず少なくとも２つのグループをもつようにする。１つは，あなたが開発した戦略を実施されるグループであり，もう１つは，比較，あるいは，対照グループとしての役割を果たすグループである。あなたが２つ以上の戦略を開発していれば，２つ以上の戦略グループをもっているかもしれない。小さな規模で互いにいくつかの戦略を検討することは行動変革に影響を与える，最もコスト効率のよい方法を識別する上で効果的な方法である。可能であるならば，あなたの戦略を実施するグループの各々にランダムにターゲット層を割り当てる。ランダムに割り当てをすると，２つのグループ間の違いにより，そのグループが戦略を実施されたのか，対象グループの役割を果たしたのかがわかる。パイロットテストの有効性を査定する際には，意識的な手段，あるいは，態度の変化よりも行動変革に着目するようにする。さらに，自己報告書は誇張しがちであるので，自己報告に頼るのではなく，行動変革を直接測定するようにするべきである。パイロットテストが行動を変化させることに成功しない場合には，戦略を改定し，再びそれを試してみる。パイロットテストがうまくいかなかった理由を知っていると仮定したり，また，コミュニティ全体に実行するために必要とされる情報を今もっていると仮定したりすることは非常に大きな誤りかもしれない。

第Ⅰ部　序　　論

最後に，パイロットテストを行う場合は，あなたが行うことのできるプログラムの要素を広範囲に展開するようにする。あなたがこの規則を破り，広範囲な実施のためのプログラムの要素をはぎ取るようなパイロットテストを行えば，あなたの広範囲な展開は成功しないかもしれない。

5　ステップ5——広範囲な実施についての評価

パイロットテストが行動変革に効果的である場合，われわれはコミュニティを横断して戦略を実施する準備ができている。実施に先立って，活動への基本的な関与に関する情報を獲得することによって，コミュニティ全体にわたる実施を評価し，後に点数化するようにする。この情報は，継続的な資金支援のための基盤を提供したり，コミュニティに対して重要なフィードバックを提供したりするだけでなく，戦略を一新するためにも使用することができる。

6　まとめ

「コミュニティ基点型のソーシャル・マーケティング」（注意深く行動を選択し，選択された行動の「障害」と「便益」を識別し，これらの「障害」と「便益」に着目した戦略を開発し，戦略のパイロットテストを行い，そして，最後に，それが効果的であると示されるとすぐにそれを広く実施すること）のプロセスは環境面での行動変革プログラムが行われる方法を一変させている。以下の章では，「コミュニティ基点型のソーシャル・マーケティング」に直接基づいた，あるいは，「コミュニティ基点型のソーシャル・マーケティング」を部分的に使用した，持続可能な行動を促進するための広範囲なプログラムについて示すことにしている。各章は，(1)ある特定の問題（例えば水流域の汚染のような），(2)その問題を扱うために促進可能な目標達成段階，(3)最小単位の行動を示すことから始まる。そして，いくつかのプログラムは「コミュニティ基点型のソーシャル・マーケティング」の観点からレビューされ，批判的に評価される。最後に，特定の問題を扱う際に「コミュニティ基点型のソーシャル・マーケティング」を利用する方法に関して，より一般的な解説が各章末に示されている。

26

注

(1) ここで示す「コミュニティ基点型のソーシャル・マーケティング」の概要は，McKenzie-Mohr & Smith, *Fostering Sustainable Behavior : An Introduction to Community-Based Social Marketing* (2nd ed.), 1999, の付録の"Quick Reference"に記載されている。なお，McKenzie-Mohr, *International Journal of Sustainability*, 2008, でその概念を修正しており，本書ではそれをさらに最新のものに修正している。

(2) エネルギー生産の形態はさまざまであり，それらは CO_2 排出の点で劇的に異なるため，エネルギー消費のみをみることはできないということに注意されたい（例えば，石炭対水力発電）。

(3) 明瞭にするために，従来のマーケティング，および，何人かのソーシャル・マーケターたちによって使用される用語を行動変革ツールの後ろの括弧内に示している。「製品」についての詳細は，Kotler & Lee, 2008, を参照されたい。

参考文献

Andreasen, A. (2006). *Social marketing in the 21st century*. Thousand Oaks, CA : Sage.

Aronson, E., & Gonzales, M. H. (1990). Alternative social influence processes applied to energy conservation. In J. Edwards, R. S. Tindale, L. Heath, & E. J. Posaval (Eds.), *Social influences, processes and prevention* (pp. 301-325). New York : Plenum.

Cialdini, R. B. (1993). *Influence : Science and practice*. New York, NY : HarperCollins College Publishers. (社会行動研究会訳［2007］，『影響力の武器——なぜ，人は動かされるのか（第2版）』誠信書房)

Darley, J. M., & Beniger, J. R. (1981). *Diffusion of energy-conserving innovations. Journal of Social Issues, 37,* 150-171.

Davis, J. J. (1995). The effects of message framing on response to environmental communications. *Journalism and Mass Communication Quarterly, 72,* 285-299.

Eagly, A. H., & Chaiken, S. (1975). An attributional analysis of the effect of communicator characteristics on opinion change : The case of communicator attractiveness. *Journal of Personality and Social Psychology, 32,* 136-144.

Environment Canada. (2006). *Evaluation of the one-tonne challenge program*. Retrieved from http://www.ec.gc.ca/ae-ve/F2F5FD59-3DDA-46BC-A62E-C29FDD61E2C5/EvaluationReport-OTC-Eng.doc

Folz, D. H. (1991). Recycling program design, management, and participation : A national survey of municipal experience. *Public Administration Review, 51,*

222-231.

Gardner, G. T., & Stern, P. C. (1996), *Environmental problems and human behavior.* Boston: Allyn & Bacon.

Geller, E. S. (1981). Evaluating energy conservation programs: Is verbal report enough? *Journal of Consumer Research, 8,* 331-335.

Geller, E. S., Erickson, J. B., & Buttram, B. A. (1983). Attempts to promote residential water conservation with educational, behavioral and engineering strategies. *Population and Environment Behavioral and Social Issues,* 6(2), 96-112.

Gonzales, M. H., Aronson, E., & Costanzo, M. A. (1988). Using social cognition and persuasion to promote energy conservation: A quasi-experiment. *Journal of Applied Social Psychology, 18* (12), 1049-1066.

Heckler, S. E. (1994). The role of memory in understanding and encouraging recycling behavior. Special issue: Psychology, marketing, and recycling. *Psychology and Marketing, 11,* 375-392.

Jordan, J. R., Hungerford, H. R., & Tomera, A. N. (1986). Effects of two residential environmental workshops on high school students. *Journal of Environmental Education, 18* (1), 15-22.

Kotler, P., & Lee, N. R. (2008). *Social marketing: Influencing behaviors for good* (3rd ed.). Thousand Oaks, CA: Sage.

Kotler, P., & Lee, N. R. (2011). *Social marketing: Influencing behaviors for good* (4th ed.). Thousand Oaks, CA: Sage.

Lazarus, R., & Folkman, S. (1984). *Stress, appraisal, and coping.* New York: Springer. (本明寛・春木豊・織田正美監訳［1991］,『ストレスの心理学——認知的評価と対処の研究』実務教育出版社)

McKenzie-Mohr, D. (2008). Fostering sustainable behavior: Beyond brochures. *International Journal of Sustainability Communication, 3,* 108-118.

McKenzie-Mohr, D. (2011). *Fostering sustainable behavior: An introduction to community-based social marketing* (3rd ed.). Gabriola Island, BC: New Society.

McKenzie-Mohr, D., Nemiroff, L. S., Beers, L., & Desmarais, S. (1995), Determinants of responsible environmental behavior. *Journal of Social Issues, 51,* 139-156,

McKenzie-Mohr, D., & Smith, W. (1999). *Fostering sustainable behavior: An introduction to community-based social marketing* (2nd ed.). Gabriola Island, BC: New Society.

Midden, C. J., Meter, J. E., Weenig, M. H., & Zieverink, H. J. (1983). Using feedback, reinforcement and information to reduce energy consumption in households: A field-experiment. *Journal of Economic Psychology, 3,* 65-86.

Morgan, D. L., & Krueger, R. A. (1998). *The focus group kit.* Thousand Oaks, CA : Sage.

Natural Resources Canada. (2010). Total end-use sector. Energy use analysis. Retrieved from http://oee.nrcan-rncan.gc.ca/corporate/statistics/neud/dpa/table sanalysis2/aaa_ca_1_e_4.cfrn?attr=0

Oskamp, S., Harrington, M. J., Edwards, T. C., Sherwood, D. L., Okuda, S. M., & Swanson, D. C. (1991). Factors influencing household recycling behavior. *Environment and Behavior, 23* (4), 494-519.

Pallak, M. S., Cook, D. A., & Sullivan, J. J. (1980). Commitment and energy conservation. In L. Bickman (Ed.), Applied social psychology annual (pp. 235-253). Beverly Hills, CA : sage.

Rogers, E. M. (1993). Diffusion of innovations (6th ed.). New York : Free press. (三藤 利雄訳 [2007]，『イノベーションの普及』翔泳社)

Schultz, P. W. (2002). Knowledge, education, and household recycling : Examining the knowledge-deficit model of behavior change. In T. Dietz & P. stern (Eds.), *New tools for environmental protection* (pp. 67-82). Washington, DC : National Academy of science.

Stern, P. C., & Aronson, E. (Ed.). (1984). *Energy use : The human dimension.* New York : Freeman.

Stern, P. C., & Oskamp, S. (1987). Managing scarce environmental resources. In D. Stokols, & I. Altrnan (Eds.), *Handbook of environmental psychology* (pp. 1043-1088). New York : Wiley.

Tedeschi, R. G., Cann, A., & Siegfried, W. D. (1982). Participation in voluntary auto emissions inspection. *Journal of Social psychology, 117,* 309-310.

Tracy, A. P., & Oskamp, S. (1983/1984). Relationships among ecologically responsible behaviors. *Journal of Environmental Systems 13* (2), 115-126.

Wang, T. H., & Katzev, R. D. (1990). Group commitment and resource conservation : Two field experiments on promoting recycling. *Journal of Applied social psychology, 20,* 265-275.

第II部

家庭部門の行動への影響力

第2章 廃棄物の削減

　本章では，住宅部門によってつくり出された廃棄物について考察していく。故意，あるいは，偶然にかかわらず，戸建て，あるいは，集合住宅に住む人々がゴミとして廃棄するものが“ゴミ捨て場”に捨てられるか，散らかされている。場合によっては，これらのゴミはリサイクル，リユースされ，“より長い寿命”を与えられ，それどころか，そもそもゴミとはならないようにすることが可能なのである。

1　問題の所在

　廃棄物に関する問題は，製品の製造，流通，小売，および，消費が地球の天然資源——その多くは再生不可能——を使用するということである。また，これらの製品の処理はゴミ処理場においてさえも，メタン・ガス，浸出液，地下水汚染物質からのものを含め，環境に大きな悪影響を及ぼす可能性がある。

　廃棄物削減のための市場の潜在力を説明するために，米国・環境保護庁（EPA）は，その機会と同様に都市廃棄物問題の大きさの推定値をレポートで提供している。都市廃棄物には，家庭用ゴミ，商業用ゴミ，公共施設廃棄物が含まれており，2008年には約5000億ポンドの廃棄物が出たとされている（但し，ここに産業廃棄物，有害廃棄物，建設廃材は含まれていない）。表2-1からは，廃棄された食品廃棄物の97％，プラスチック容器と梱包材の87％，ガラス製容器の72％，および，アルミニウム容器の62％がリサイクルか，リユース可能であったか，ということがわかる。また，この問題の潜在性は1960年から2008年にかけて上昇し続けており，それはEPAの推計（2010年）で，米国内での1人当たりの1日のゴミ廃棄量が2.7ポンドから4.5ポンドへとほぼ2倍になっている。

32

第2章　廃棄物の削減

表2-1　都市固形廃棄物（MSW）中の製品の生成と回収

資　源	2008年に生成された766億ポンドのMSW	MSW 全体の割合（5000億ポンド）	リサイクル，もしくは，リユースの割合	（リサイクル，もしくは，リユースが可能であった）廃棄の割合
容器・梱包材				
アルミニウム	38億	8 %	38%	62%
ガラス	201億	4 %	28%	72%
紙・板紙	766億	15%	66%	34%
プラスチック	260億	5 %	13%	87%
有機廃棄物				
食　品	636億	13%	3 %	97%
庭ゴミ	658億	13%	65%	35%

出所：米国・環境保護庁（2008年），米国における MSW の生成，リサイクル，廃棄——2008年の事実と数字, http://www.epa.gov/epawaste/nonhaz/municipal/index.htm からの検索

2　問題解決を可能にするための行動

　廃棄物管理体系システムのトップ3は，「リデュース」（Reduce：廃棄物の減少），「リユース」（Reuse：廃棄物の再利用），「リサイクル」（Recycle：廃棄物の有効活用）であり，廃棄物削減オプションの相対的な環境上の「便益」に対しての経験則ガイドが提供されている。各々の簡潔な説明に続き，**表2-2**には関連する潜在的な行動一覧も提供されている。

リデュース

　廃棄物の流れを抑える最良の方法は第1に，廃棄物を出さないことである。これによって，われわれはゴミ処理場の数，大きさ，および，環境へのインパクト性を減少させるだけでなく，当該製品をつくり，流通させるために使用された天然資源，エネルギー，時間の浪費もまた，減少させる。人々は自らの購買行動を改め――一括購入をしたり，より少ない包装のものを購入したり，オンライン決済をしたり，プレゼントにモノではなく，経験を伝えたり，新規の購入を延期するなど――，消費を最大限削減するようになるだろう。

第Ⅱ部　家庭部門の行動への影響力

表2-2　廃棄物削減に役立つ家庭における行動

焦点の対象となる分野	選択可能な目標達成段階の行動の一例
リデュース	• 再製品化されたトナーカートリッジを購入する。 • 使い捨てコーヒーフィルターの代わりに，再使用可能なコーヒーフィルターを購入する。 • 職場に再使用可能なマグカップを持参する。 • 補充可能な水筒を使う。 • マットレスをより長持ちさせるために，1年に2回，裏返しにして使う。 • プレゼントとして，再充電可能な充電池付きの充電器を贈る。 • 芝生に刈り取った草を残す。 • 包装は最低限にして，製品を購入する。 • オンライン決済をする。 • 郵便受けか，郵便投入口，のいずれかに「迷惑郵便物お断り」のテープをはる。 • プレゼントに（製品ではなく）経験を贈る。
リユース	• 慈善団体に不要にはなったが，有用なものを寄贈する。 • グリーティングカードの表面を切り離し，それをポストカードとして再使用する。 • 漫画雑誌を使ってプレゼントを包装する。 • 食料雑貨品を購入するのに，再使用可能な布，あるいは，ズック袋を使う。 • ネット，ガレージセール，リセールショップで，中古品を購入する。 • 高齢者センターに不要になった雑誌を持っていく。 • 紙のテーブルナプキンの代わりに，洗濯可能なナプキンを使う。 • 近所でガレッジセールを行う。 • 家電製品を長く使えるように定期点検を行う。 • 不要になった眼鏡を必要とする人たちに届けるような慈善団体に寄贈する。 • クリーニング店に不要なハンガーを返す。
リサイクル	• クリスマスツリーを地域の"ツリーサイクル"に持っていく。 • 食べ残しの廃棄物と汚れたナプキンや紙皿のような紙製のゴミとを分別して，このサービスを行っているコミュニティの庭ゴミ廃棄容器に入れる。 • 使い古した運動靴をバスケットコートと運動場に転換させる団体に提供する。 • 使い古した衣類，あるいは，カーテンのような織物をリサイクルするような大きな古着屋に持っていく。 • 使い古した携帯電話を"電子機器リサイクル"，あるいは，電子機器収集センターに持っていく。 • カーブサイド型リサイクル（各家庭の道路脇での分別収集）に登録する。 • 食料雑貨店でよく見かけるリサイクルコーナーに，プラスチックの食品容器を持っていく。 • 使い古したタイヤをタイヤ販売店，あるいは，地域の他の収集センターに持っていく。 • 使用済みのプリンターカートリッジを再利用のために事務用品販売店に持っていく。

第2章　廃棄物の削減

リユース

　"残されたある寿命"をもつ製品の「リユース」は，新しい資源の使用や古い資源の処分を遅らせ，削減さえする。ソーシャル・マーケターとして，われわれは衣類，家具，おもちゃ，本，雑誌，自転車，携帯電話，眼鏡，園芸道具，家電，それにリフォームした時の再使用可能な材料など，不要になった家財道具を寄贈したり，売ったりする迅速な便利なオプションを開発したり，促進したり，動機づけになるようにしたい。さらに，われわれは自動車と部品の寿命を長引かせるために，それらの適時のメンテナンスを促進したい。

リサイクル

　リサイクルは，使い古されたものから新しい製品をつくるという点で，多くの国々で最もよく利用されている"R（リ）"である。これまで，リサイクル可能な，家庭でよく出される資源は郵便物，新聞，ガラス類，アルミニウム，プラスチック，ボール紙／段ボール紙などである。最近では，電子製品，園芸廃材，食品廃棄物，古くなった家具，衣類，靴などもみられる。多くの従来製品の材料はプラスチックのミルク瓶からデッキ板，また，使い古したテニスシューズから運動場の地面など，リサイクルに利用されている。

　以下に，家庭で3R活動（1．リデュース，2．リユース，3．リサイクル）に取り組む上で非常に参考になる，3つの成功事例を紹介しよう。

CASE #1	「ノー・ジャンク・メール」（迷惑郵便物の拒否運動）：オーストラリア，ベイサイド

プログラム導入の背景

　世界的に見て，毎年，迷惑郵便物を作成するために1億本の木が切られているという推計がある。オーストラリアだけで，毎年，82億世帯分の迷惑郵便物が，さらに，6億5,000万通の宣伝用の郵便物が発送されている。この類の郵便物のほとんどは読まれることさえない。たとえ迷惑郵便物が再利用されるとしても，インク，染料，光沢コーティングを処理・除去するために，かなりの資源が必要となる（ラトローブ市議会，2010年）。

　2007年，オーストラリア・ポートフィリップ湾沿いのメルボルン市南東の閑静

第Ⅱ部　家庭部門の行動への影響力

な住宅地，ベイサイド市に住む2組の地元住民が政府の確固たる活動を擁護し，かつ，環境にやさしい行動を選択するよう他の住民を説得するために，「ベイサイド気候変動活動委員会」（BCCAG）を組織した（L. Allison & C. Forcey，私信にもとづく，2007）。迷惑郵便物の削減は彼らの最初のミッションの1つで，5人のボランティア・メンバーがそれを実現させるために，見事な地域密着型の取り組みを設計し，実行に移した。

　このケースでは，BCCAGの戦略的マーケティング・アプローチが強調されており，まず，年間に各家庭に配送されている迷惑郵便物の量を測定するために基準データの収集から始め，12カ月後，全世帯の3分の1（1万戸以上）にとって望ましい行動——郵便受けに「迷惑郵便物お断り」のステッカーを貼る——が選択された，と結論づけている。

ターゲット層と望ましい行動

　最近の国勢調査（2007年）によると，ベイサイド市は37平方kmの広さの中に，3万5,000世帯，9万2,801名の人々が住んでいる。住民の約43％は，35歳から64歳の間にある。この運動は活動的な環境保護論者ではなく，企図された世帯主に関して，その研究と戦略を集中させた。活動的な環境保護論者のセグメントに含まれる人々は擁護とボランティア活動に参加した。

　目標とされた行動はただ1つ，シンプルで，誰にでもできること——家庭の郵便受けに「迷惑郵便物お断り」のステッカーを貼ること——であった。誰もがすぐに気づくようなこの活動は予想通りの効果が表れるだろうと期待された。

「障害」と「便益」

　プロジェクト・チームは潜在的な「障害」を理解するために考えを出し合い，それから，ターゲット層の理解を深めるために，20人の友人や同僚にインタビューした。そして，彼らは以下のことを確認した。

- 何人かの人たちは迷惑郵便物を受け取ることが好きであった。それは値引き商品の値引き具合や食べ物のレシピ，製品情報などを知ることができるからであった。
- 「迷惑郵便物お断り」を希望することは2つの無料の週刊ローカル新聞の配

第 2 章　廃棄物の削減

達を止めることと関連性があった。

• 迷惑郵便物の配達は地元のティーンエイジャーや退職者たちの収入源であった。

• 数社の地元中小企業は顧客を誘導するために迷惑郵便物という媒体を重要なチャネルとみなしており，そのためにこの運動を無視するか，先延ばしにするかもしれない。

• すべての発送業者が「迷惑郵便物お断り」のステッカーの要望を尊重するとは限らない。

• ステッカーは攻撃的でないデザインでそれなりの体裁を整え，耐久性があり，防水機能のある材料でつくる必要があるだろう。

　この"企図された"ターゲット層にとって，「便益」は郵便受けを片づけるのと同様に木を保存する機会を含んでいた。

プログラムの内容

　「迷惑郵便物お断り」のステッカーは，郵便受けに貼れるほどの小さなもの（3インチ×1インチ）で，大抵の場合，玄関の入口の見えるところに貼られた（図2-1を参照）。200以上の配達箱が開発され，1万枚のステッカーで満たされ，コーヒーショップ，パン屋，薬局，診療所，スポーツ・クラブ，学校，託児所，若者の集まるホール，地元の図書館，および，地方会議のオフィスなどベイサイド中の店に，ボランティアのチームによって置かれた（流通）。配達箱は廃棄された栄養補助食品の箱から作られ，「迷惑郵便物お断り」運動の装飾で覆われていた。メッセージでは，潜在的な木の保護を浮き立たせ，ステッカーが無料であることを強調し，家庭の郵便受けにそれを貼ってもらいたいという説明も含まれていた（プロモーション）。配達箱のカバーには，カタログと支援のためのウェブサイト，追加希望と質問のための電話番号，そして，BCCAGへのリンク先がリストアップされていた。子どもたちも，ステッカーの配布に参加し，家に持って帰ってもらうために学校でそれを配ったり，ボーイスカウト隊でもその配布に協力した（流通）。

　いくつかの迷惑郵便物（例えば，割引券付きのチラシ）を読みたがる数人の個人によって明らかになった障害を調整するために，BCCAGのウェブサイトでは，

第Ⅱ部　家庭部門の行動への影響力

図2-1　家庭が迷惑郵便物を拒否することを郵便配達人に知らせるためのステッカーサイン

出所：ベイサイド気候変動活動委員会（BCCAG）の共同ディレクター，L. アリンソン

興味深いような郵送物へリンクを張ることにした。さらに，図書館やコーヒーショップなどでは，これらの出版物のコピーに同意し，顧客が読んだり，使ったりできるようにした。

　ステッカーは無料であったが（価格），配達箱のメッセージでは，寄付が期待され，追加のステッカーの印刷に資金提供することを示唆した。結局，合計350オーストラリアドルが寄付で集められ，1万枚のステッカー各々の第2の実行と同様に，最初の実行にも十分な資金が提供された。住民が環境に対し責任ある行動をとることに誇りを感じてもらうことがBCCAGの方針と信念であった。

　このキャンペーン活動は時間をかけて地域コミュニティの積極的な参加とBCCAGへの理解を得られるようにてこ入れされ，BCCAGが近年，地元海岸で行った公害防止の「ヒューマンサイン」（人文字）の記事を主要メディアが報道した。この「ヒューマンサイン」はコミュニティに気候変動阻止の支援活動の声を上げてもらうために行った楽しい方法であり，集まってもらった人たちに文字の形を作ってもらい，「今，気候変動を阻止しなければ」というメッセージを伝え，そして，上から写真が撮られた。また，学校の放送プログラムを通じてもコミュニケーションが図られ，同様のBCCAGの取り組みと連動して促進された。例えば，ソーラー・チャレンジに関連するイベントで，参加者はステッカーを配布され，それを友人や隣人に広めるように進められた。アル・ゴアの『不都合な真実』(*Inconvenient Truth*) に関連する現地のイベントでは，個人が活動可能な明瞭，かつ，直接的な行動の象徴として，ステッカーが手渡された。さらに，地元メディアへの報道発表により，その取り組みが世間に知られるようになり，また，BCCAGのウェブサイト

（http://www.baysideclimatechange.com/）では，迷惑郵便物のインパクトに関する付加的な情報やステッカーを得ることのできる場所とその方法が提供された。

　ベイサイドにある，ランダムに選ばれた2つの通りにある25軒の家を対象としたパイロットテストでは，望ましい結果を得ることができた。

- 24軒にアプローチし，ステッカーを申し入れた。
- 15軒がステッカーに同意した。
- 7軒がステッカーを断った。
- 2軒が意思を決めかねた。

　このキャンペーン活動は2007年10月から2008年9月までの12ヵ月間にわたって行われた。この運動の有効性はベイサイド市内のランダムに選択された8つの通りを監査するボランティアによって評価された。全体として，全世帯の3分の1（1万戸）が利用可能であった2万枚のステッカーのうちの1つを掲示したと推測された。「インパクト性」を評価するある監査では，毎年平均的世帯が5,000ページ以上の迷惑郵便物を受け取ると報告している（例えば，カタログや新聞に挟まっているチラシなど）。郵便の配達スタッフが「迷惑郵便物お断り」のリクエストをみたとすれば，5,000万もの迷惑郵便物が届けられなかったことになる。

　ネガティブな反応や意図しない結果，特に企業関連のものにはさまざまな方法で取り組まれた。ウェブサイトによる販売促進など，迷惑郵便物に替わる有効な方策を小規模企業に提案したり，ステッカーを無視した企業に個別に接触したり，また，ステッカーの配布がほとんどできていない店（例えば，子どもが夜にステッカーを無駄に浪費していた24時間営業のファストフード店など）を解除したりした。

　BCCAGは2010年現在，他の仲間たちにこのモデルを促す計画をしている。

論　評

　こうした活動の努力は，マーガレット・ミード（Margaret Mead）が自身の有名な言葉の中で次のように表現したことを確実に裏づけている。「小さな市民グループでも，思慮深く熱心に取り組めば，世界を変えることができるということを疑わないでください。確かにそれは紛れもない事実です」と。5人のボランティアと350オーストラリアドルがオーストラリアの1つの都市の世帯の3分の

第Ⅱ部　家庭部門の行動への影響力

1（1万軒）に配達されていた迷惑郵便物の量を減らしたのである。

　しかし，われわれがもっと知りたいのは，これが迷惑郵便物を開発し，資金を投入し，生産するといった，上流階層の組織にインパクトを及ぼしたかどうかということである。郵便局（中流階層の組織）はこれらの迷惑郵送物を送り手に返送したか，それとも，それらを"単に"再利用しただけなのか，ということである。もし後者であるならば，われわれは生産される紙の量の削減に何もインパクトを与えていないのではないかと思う。郵便受けにステッカーを貼るという，この最終状態の行動は，影響力のある市民が彼らのメーリングリストから除外された組織と連絡をとるような代替的行動と比較すると，より高い潜在的な「インパクト性」，「確率性」，「浸透性」に基づいて選択されたのであり，これがあるべき姿であると思われる。

| CASE #2 | レジ袋の削減とマイバッグの利用促進：アイルランド |

プログラム導入の背景

　1999年，アイルランドにおいて，毎年約12億6000万枚のレジ袋が無料で手渡されていたと推計された。その大部分は家庭ゴミの一部としてゴミ処理場で処理されることになる（AEA Technology PLC, 2009）。レジ袋の割合は徐々に増え，結局はゴミとなっていったが，アイルランド人でさえそれを自分たちの国旗と呼んだ。小売り業者の中には，レジ袋のリユース，あるいは，布やズック袋の使用を促進しようとするものもいたが，現在まで成功には至っていない。大抵は消費者の無関心が非難された。また，ゴミのポイ捨てを取り締まるために，適所で厳しい立法措置がなされたが，違反者の取り締まりを強化することは当然，困難であった。

　アイルランド政府は当初，レジ袋の生産者や輸入業者に対して税金を上流で課することを考えたが，消費者行動を変えさせる下流戦略に焦点を変更する決定を下した。2002年，彼らは消費者のこれまでの行動を思いとどまらせるために，また，消費者がマイバッグをもっと頻繁に持ち歩くように奨励するために，レジ袋に対して，十分高いと思われる0.15ユーロの課税（レジ袋税）を導入した（Convery, McDonnell, & Ferreira, 2006）。その効果は劇的に表れ，当時90％以上の消費者が利用していたレジ袋は1999年には，36％削減，2003年には，90％削減さ

れた（BBC ニュース，2007）。

ターゲット層と望ましい行動

　アイルランド政府は，消費者が小売店で買い物をする際にマイバッグを持参することを望み，それによって，レジ袋の量を削減し，究極的に，その生産とゴミの量を削減することを狙いとしていた。

「障害」と「便益」

　それに最終的な成功をもたらすのは，その課税によって影響を受けるステイクホルダー（利害関係者）に対して政府が行う，広範囲な調査と協議であった。次に挙げるものは，顕れる「障害」の主要なものである（Convery et al., 2006）。

- 多くの消費者は，増税が小売店に利益をもたらし，かつ，政府の収入を増やす第1の方法であると信じたために，消費者の"反発"が心配された。消費者もまた，過去にマイバッグをよく忘れた経験があったために，それを持参するのを忘れることを懸念していた。
- 小売業界の指導者たちは，消費者が"不当利得行為"ということで小売り業者を非難し，課税により万引きが増えることを懸念していた。顧客が商品をいとも簡単にマイバッグにしまい込んでしまえるからである。肉屋は肉を含むさまざまな商品の購入を衛生上の理由から別々に包む必要があると警告を発して，すべてのレジ袋に適応される，あらゆる課税に反対した。
- 国税庁検査官や地方自治体は，これが取り締まり，収入を監視し，資金を適切に割り当てるために必要な追加の時間，そのための努力やコストのことを心配していた。

　このケースをより挑戦的にするために，これらのグループすべての「便益」を識別することはおそらく難しかったと思われる。

プログラムの内容

　主要ターゲット層の「障害」に取り組み，かつ，「誘因」を提供するために，さまざまな方法がとられた。その特徴については**表2-3**に示している。プログ

第Ⅱ部　家庭部門の行動への影響力

表 2-3　主要ターゲット層の「障害」への取り組み方法とマイバッグの使用を促す「誘因」について

主要ターゲット層	方　　法
消費者	・**動機づけと非誘因要因（価格）** 0.15ユーロの課税は積極的に行われたが，レジ袋のためにいくらかでも出さなければならないことによる消費者の買い控えを考えれば，政策策定者たちはレジ袋の流通は減るだろうと確信していた。アイルランド地方自治省（環境・遺産省や地方自治省）が委任した，18歳以上の1,003人のアイルランド成人を対象とした，2000年の調査により，提案された課税額は消費者が快く支払うという平均額（約0.024ユーロ）の6倍以上高く，また，消費者のうちたった8％だけしかレジ袋に代金を払う価値があるとは考えていないことがわかった（Convery et al., 2006）。 ・**新商品，あるいは，改良品とサービス（製品）** 小売り業者は再使用可能なレジ袋を購入可能にし，彼らが定期的に使ってきた，リサイクルされたダンボール箱を無料で使用できるようにした。 ・**説得的コミュニケーション（プロモーション）** 各店舗では，消費者に再使用可能なレジ袋の使用を促進するだけでなく，課税を彼らに想起させるようなメッセージを表記した。
小売業界	・**新商品あるいは改良品とサービス（製品）** 実施に関する広範囲な個別相談が主要小売業界団体や大手の小売り業者によって行われた。 ・**動機づけと非誘因要因（価格）** ある一定のサイズ以下のレジ袋には，それが衛生面と食品安全性の理由で食品を分けるために使用される場合，適用が除外された。 ・**説得的コミュニケーション（プロモーション）** 市民と一体となった強力な宣伝活動が地方自治省によって約束され，実行された。小売り業者がレジ袋税から利益を得ているという懸念を払拭するために，環境上の「便益」が強調され，税が明らかに環境を保護するためのプロジェクトの資金として使われるということが説明された。
国税庁検査官	・**アクセスの利便性（流通）** アイルランドのシステムは現在のオンライン徴税システムの利用に代わって以降，わずかなコストをプラスすることで，比較的簡単に小売り業者を管理しやすくなったように思える。それは内国歳入庁のデータベースの現行システムに，別の指揮命令系統を加えることを意味した。 ・**動機づけと非誘因要因（価格）** 国税庁検査官は新しいコンピュータ・システムを設置するための初期コストを提供され，レジ袋税を管理するための資源を増やした（AEA Technology PLC, 2009）。

ラムの評価は次のようになっている。

- **配布レジ袋の削減**：課税が行われるようになった最初の年，配布されたレジ袋の90％，すなわち，10億枚のレジ袋が削減された。レジ袋の配布数は1人当たり328枚から21枚にまで減った。ここで関心が向くのがその時に，"ゴミ用ポリ袋"の購入とその使用が大きく増加したかどうかということである。小売りデータでは，確かに，ゴミ用ポリ袋の購入が77％増加したが，それは7,000万枚ほどしかなかった。実際のインパクトはもっと大きく，全体で9億3,000万枚のレジ袋の使用が削減された（Evidence, 2005）。
- **コストの回収**：最初の年にかかったコストは約190万ユーロで，その内訳は立ち上げに必要とされた，新しいコンピュータ・システムと管理上の資源に120万ユーロ，年間の運営に35万ユーロ，また，レジ袋税を始めるための販売促進運動に35万8,000ユーロであった。そして，最初の年のプログラムからの収入は1,200万ユーロであり，これにかかったコストの6倍以上であった（2006年）。
- **環境関連プロジェクトの資金の増加**：最初の年，その収入のうち約1,000万ユーロが環境関係のプロジェクトに割り当てられた。
- **ゴミの削減**：ゴミに関する調査で，2002年春のレジ袋税が開始される前，アイルランドでは，レジ袋がゴミ全体の5％を占めていることがわかった。それが2003年8月で，0.25％，そして，2004年8月には，0.22％までに減った。
- **消費者の態度**：レジ袋税開始から1年後，ダブリンで，ランダムに100戸の世帯を選び出して電話インタビューが行われた。表2-4に示されているように，このインタビュー結果で明らかになったことは，回答者の大多数がレジ袋への経費に中立か，賛成であり，実質的に全員が環境へのインパクトをきちんと捉えているということであった（Convery et al., 2006）。
- **小売り業者の態度**：小売業者に関する調査はレジ袋税導入の1年後に行われた。研究者たちは7人の小売り担当責任者に自己記入質問書に記入してもらい，それに従って，対面インタビューを行った。その小売り業者たちの累積市場占有率はアイルランドの小売り全体の50％を占めた。その結果により，小売り業者にとっては，レジ袋を購入する必要がないことによって生じる貯蓄の方が導入の追加コストよりも重要だったために，課税の効果を中立的か，

第Ⅱ部　家庭部門の行動への影響力

表2-4　レジ袋への課税1年後の消費者の態度

	経　費	環境へのインパクト
賛　成	14%	90%
中　立	60%	10%
反　対	26%	0 %

注：有効回答率は43%で，回答の許容誤差はプラス9.8%である。

それ以上であるか，と考えていることがわかった。また，万引きが生じたのは最初だけで，その後，それがなくなったことがわかった（Convery et al., 2006）。

2006年8月までの状況をみてみると，ゴミ全体の0.52%がレジ袋であり，それは2003年の0.22%から上昇していた。また，レジ袋の数は1人当たり30枚に増加しており，それもまた，2003年の21枚から上昇していた。2007年7月，アイルランドの環境大臣からのプレスリリースで，課税額を0.15ユーロから0.22ユーロへと引き上げると発表された。それはレジ袋税導入後初めての引き上げであった。「われわれには，サクセスストーリーを将来へと継続させることを保証する必要がある……。レジ袋税の導入以来その増額はしてこなかった。私はそのインパクトが縮小されないことを切望している」（BBC ニュース，2007）。

論　評

　一見したところ，この取り組みに関しての全体的な戦略は，望ましくない行動に対して法的強制力をもった税金という，非常に“非誘因的”な方法を用いているように思えるかもしれない。実際，この取り組みへの強さは，これが望ましい行動をもたらすために必要だったものであり，また，この取り組みは小売業界に受け入れられ，地元の出先機関が実行に移すのに使い勝手がよく，効率的なプログラムが開発されるに至った。もしこの上流階層や中流階層の協力や支援がなければ，このプログラムが成功したかどうかはわからない。

　前述のように，この取り組みの開始3年後に，レジ袋の使用はわずかに増加した。年間使用率（1人当たり30枚）は，前運動中の使用（1人当たり328枚）とはかけ離れているが，50%近く増加した理由を見出すために，新しい調査研究が行われる必要があるかもしれない。誰がマイバッグを持ち，また，誰が持たないのか。もし再使用可能なバッグを想起させることが重要だとすれば，それを促すには，家の中，車の中，および，（あるいは）店の駐車場に，一目でわかるような工夫をする必要がある。もし，マイバッグの規範を徹底化させたいのであれば，レジの店員に「今日はマイバッグを持参していますか？」と顧客に尋ねさせることを日

44

常化すればよい。また，試しに，顧客が再使用可能なバッグの使用を約束するような誓いを立ててもらうようにすることも有益かもしれない。

| CASE #3 | 有機廃棄物のカーブサイド型リサイクル：カナダ，ノバスコシア州ハリファックス |

プログラム導入の背景

　ハリファックス広域自治体（HRM）は４つの市町村（旧ハリファックス市とダートマス市，旧ベッドフォード町，および，旧ハリファックス郡）が合併してできた，地理的に大きな海岸沿いのコミュニティである。人口は37万5,000人（2006年国勢調査）で，ハリファックス湾を囲んで市街地が広がり，それをさらに取り囲むように田園地帯が大きく広がっている。HRM はノバスコシア州の州都であり，ノバスコシア州民の約40％は HRM に住んでいる。

　1990年代全般を通じて，HRM は都市ゴミの新しい処理方法を模索していた。焼却炉の開発計画は失敗に終わり（このプロジェクトは環境アセスメントの承認を得ることができなかった），その結果，新しいゴミ処理場の探索が行われた。ユニークなコミュニティ主導のプロセスを通じて，新しい廃棄物管理システムが地域のために開発された。

　新しい廃棄物管理戦略の重要な構成要素は台所や庭の有機廃棄物の「住宅の道路脇での分別収集プログラム」（curbside collection program）であった。これは，ノバスコシアのほとんどの人々がそれまでに聞いたことのない，新しいシステムであった。廃棄物管理システム全般にわたって，情報交換がこれを導入する上で不可欠な要素であったが，この収集プログラムを成功させるには，より多くの要素が必要とされた。これから述べるように，選択に対しての「障害」は重要であり，また，人々によって知覚された「便益」は非常に小さく，不明瞭であった。

　このプログラムが実施されると，各家庭は無料の車輪付き有機廃棄物収集カート，残飯を集めるための台所容器，および，その容器の中に何を入れるべきであり，何を入れてはいけないか，また，収集したものをいつ住宅の道路脇のコミ収集場（at the curbside）に運んだらよいか，などを示した取扱い説明書を受け取った。

第Ⅱ部　家庭部門の行動への影響力

ターゲット層と望ましい行動

このプログラムのターゲット層は大家族から独身まで，HRM に住むすべての居住者であった。これには高層アパート，コンドミニアム，および，タウンハウスも含まれていた。全部で，約12万5,000世帯あった。目標とされる行動は台所や庭の有機廃棄物を新しい有機廃棄物収集容器に入れることであった。

「障害」と「便益」　選択に対するいくつかの「障害」が認識され，その後，パイロットテスト中に検証された。それらは以下の通りである。

「『不快な』要因」　ほとんどの住民は，その生活において，ビニール袋の並んだ容器に家庭の廃棄物を入れて，それらを密閉し，ゴミの収集日にそれらを住宅の道路脇の収集場に持っていっていた。当時，彼らは台所で二度以上，有機廃棄物を処理することを求められていた。まず，バケツの中に残飯を入れて，次に，そのバケツを車輪の付いたカートへ入れる。さらに，それが住宅の道路脇の収集場で空になった後，彼らはその汚れたカートを再使用するために，車道を押して家まで帰らなければならなかった。カートには有機廃棄物が残って，腐食し続けていた。それは，収集日後に生ゴミを見ることに慣れていなかった人々にはうんざりするものであった。さらに，人々が想像するほどではないが，カートは悪臭を放っていた。多くの種類のハエがたかっていたが，最も多かったのはイエバエとミバエであった。イエバエは卵を生み，また，住民がカートの蓋を上げると，多くのウジがカートのまわりを這っていた。

「操作が困難」　カートは操作が困難であるということがわかった。多くの高齢者や身体的にハンディキャップをもった人々が車道を下ってカートを押していくことは困難に思えたし，また，その他の多くの人も，冬の氷雪の上でカートを動かすのは難しいと考えられた。

「カートを置くスペース」　庭にカートを置くスペースがないと感じる人々もいた。特に，人の密度が高く，庭が小さいか，あるいは，全くないという大家族世帯にそう感じる人が多かった。

第2章　廃棄物の削減

「変化への抵抗」　多くの住民は有機ゴミを一般のゴミと分けて取り扱う必要性を理解していなかった。彼らは有機ゴミを不快に感じるだけでなく，その「便益」にも着目せず，新しいプログラムを不便で，自分自身やコミュニティに何も「便益」をもたらさないと感じていた。

プログラムの立案者たちは以下に記されているように，カートを使用することのいくつかの利点を強調したが，目に見えるような便益は識別されなかった。

プログラムの内容

カーブサイド型有機廃棄物収集プログラム，台所容器プログラム，および，カートプログラム（製品）は，次に示すようないくつかの理由で，有機廃棄物をゴミ処理場で処理するよりもよい代替案として位置づけられた。

1．それは，永久に失われる代わりに堆肥をつくり出すために使われる有益な資源を回収する。
2．それは，ゴミ処理場で発生する，メタンや深刻な温室効果ガス，および，浸出液，地下水汚染物質の量を減らす。
3．それは，HRMのゴミ処理を減らし，すなわち，ゴミ処理場をより少なくすることへとつながる。

さらに，HRMの職員は，各家庭の事情がそれぞれ異なるということを認識して，代替策を必要とする住民に対して一戸一戸対応した。例えば，タウンハウスや他の複数世帯で同居しているような人々がスペースを省くためにカートを共有したいならば，それを支持した。テラスハウスでは，住民がカートを裏庭から正面へ持って来るために居間を横切ってそれを運ばなければならなかったために，住宅の道路脇の収集場のところにゴミ袋をセットすることを許可するような代替案が開発された。

ゴミ容器，あるいは，ゴミの回収のための収集コストは全く増加しなかった（価格）。さらに，新しいゴミ容器に切り替える誘因があった。カートプログラムが導入されたのと同時に，ゴミ処理場に有機ゴミを持ち込むことが禁じられたのである。もしゴミ容器で有機ゴミがみつかればそれは集められないことになった。

47

第Ⅱ部　家庭部門の行動への影響力

しかし，彼らが望めば，カーブサイド型収集に参加せずに，裏庭のコンポーザーを使用することは全く自由であった。

　HRM は，このプログラムが成功するには，それができるだけ利便性をもっている必要があるということを認識していた。各世帯は HRM から堆肥化するカートと台所容器を直接受け取った（流通）。台所容器のおかげで，彼らは外にあるより大きな住宅の道路脇の収集場の容器まで何回も足を運ばずに済んだ。そして，その容器は近くの車道の端に置くようになっていた。有機ゴミの収集はちょうど一般ゴミとリサイクル収集と同様に，2 週ごとに住宅の道路脇の収集場で行われた。

　このプログラムは，「カーブサイド型有機廃棄物収集プログラム」（The Curbside Organic Collection Program）と呼ばれ，地域住民とのコミュニケーションに重要な注意が払われた。住民はこのシステムを適切に利用する方法について説明する取扱い説明書を受け取った。今後，起こりうる問題に対して人々を支援するために，包括的なトラブル解決のための図表が提供され，また，ホットラインにより，人々がそれらの質問に対する答えを迅速に受け取ることを可能にした。主要メッセージは以下の通りであるが，最初から 3 番目までが特に重要である。

- このプログラムは便利である。カートを操作するのが難しいだろうというイメージを払拭するために，90 歳代の女性がそれを動かしているところが示された。彼女のメッセージは，「私が動かせるのだから，誰でも動かせます」であった。
- このプログラムはゴミ処理場での処理よりも環境上，すぐれている。
- このプログラムは経済的である。財務分析により，HRM 引いては納税者にとって，このプログラムが経済的であることが実証されている。
- このプログラムは必然的である。有機ゴミはもはや一般ゴミとしては取り扱われないであろう。
- 有機ゴミは有益な資源であり，ゴミ処理場にそれを送ればその資源を永久に失うことになる。
- ゴミ処理場は候補地を探すのが難しく，また，多額の費用がかかる。有機ゴミの有益な利用への転換は現有のゴミ処理場をより長く保たせることを可能にする。

第2章　廃棄物の削減

　プログラムの周知にはマス・メディアも利用されたが，地域密着型のコミュニケーション活動が重要であった。これには，データベースに登録されている，コミュニティ・ボランティアのネットワークも含まれており，彼らは学校，教会，コミュニティの催事場など，人々が集まる場所で意欲的に，そのプログラムについて話して回った。彼らには，説明に必要な標準マニュアルと彼らがコミュニティ・ネットワークの一員であることを示すバッジと名刺が支給された。ある話題に関して要望が生じた場合は，データベースが検索し，地域との接触を決定するようになっていた。

　台所容器のステッカーには，その容器に入れることができるものとできないものに関する詳細な情報が書かれていた（プロンプト）。

　1996年に，「障害」がどれくらいのものであるかを確かめるために，田園地帯と都心部の2,000世帯を対象に，このプログラムのパイロットテストが行われた。戦略的に4つのエリアがHRMの4つの市町村から1つずつ選ばれ，各500世帯ずつテストは行われた。そのエリアには，都市，都市郊外，そして，田園地帯が含まれており，したがって，このプログラムは人口の密集した地域，小さな庭，および，長い車道での使用というように，異なった問題をテストすることになる。パイロットテストは秋のゴミ収容能力や，冬の凍り具合や操作性などをテストするために，9月から始められ，冬を通して行われた。ホットラインが各種質問や不安に感じる点，そして，少数ではあったが，不法投棄に関しての"不快"を示す意見などに対応した。ホットラインのスタッフたちはこのような住民たちに試してみるように激励した。特に，不満を抱いて電話していた人たちの何人かは，実際に数ヵ月後に電話をかけ直してきて，そのプログラムへの熱意を示し，かつ，自分が初期に抱いていた不快な態度を謝罪した。

　初期の不快な要因に関する懸念やカートの操作の難しさは結局，主な「障害」であるとは言い切れなかった。台所容器は，それが操作しやすく，台所のシンクで洗えるくらいに十分に小さかったので役に立った。カートを置くスペースに関する問題はテラスハウスとアパートでカートを共有するように住民に促すことで対応した。実際，パイロットテストは実証プロジェクトとしての役割を果たした。いったん人々がそのプログラムに満足するようになってくると，多くの人々がそれを称賛し始めた。これらの人々はスポークスマンとして採用され，そのプログラムに対して，好意的な態度を構築するのを支援するためにメディアに登場した

49

第Ⅱ部　家庭部門の行動への影響力

（拡散）。そのプログラムが町全体でスタートする頃には，人々がホットラインに電話をかけ，自分が最初にカートを受け取れるかどうかを問い合わせるというくらいに，プログラムに関する肯定的な活気が広がり，多くの人々が待ち遠しく思っていた。

　1998年にハリファックスでこのプログラムが始められて以来，この有機廃棄物のカーブサイド型収集プログラムへの参加者は2005年の調査では，80％となっている（K. Donnelly，私信にもとづく，2010）。

論　評

　80％の人々に受け入れられたということは素晴らしいことであり，それは2つの主な戦略の結果であるといえる。まずは，有機ゴミ廃棄の禁止（非誘因要因）。この戦略なしに，このような高い支持を得ることはなかったであろう。そして，もう1つは，このプログラムがパイロットテスト中に識別された「障害」に適切に対応したという点であり，すなわち，台所に有機ゴミを集めるための容器を提供したり（90歳の人でも簡単に動かすことができるカートを含めて），スペースを確保するためにカートを共有するという選択肢を与えたり，不快に感じる人たちにはカートにゴミを入れるのにビニール袋を使うことを許可するなどを行ったが，これらは高く評価されるべきであろう。

3　その他のすぐれたプログラム

　これらの事例には含まれない，住居リサイクルを増進させるようないくつかの付加的なツールについて，簡単に紹介したい。

プログラムのためにブランド化を考える

　強力なブランド力はあなたのプログラムの認知度，理解度，信用度，および，記憶しやすさの度合いを高めるのに役立つ。2008年，米国・ウィスコンシン州ミルウォーキーにおいて，2年間で市内住民のリサイクル可能なゴミのトン数を15％増加させる運動が始められた。その運動は「リサイクルで社会貢献を！」（RECYCLE FOR GOOD）として，ブランド化された（図2-2を参照）。そのブランドに関しての反応は，"中程度，および，高度"のリサイクラー（ターゲット層）

図2-2 ミルウォーキーのプログラムのブランド化されたロゴ

出所:ミルウォーキー公共事業局,リサイクル・モア・ウィスコンシン

を対象に行った研究から来ていた。その研究とは,増加するリサイクル活動の主要な誘因によって,環境に及ぼす潜在的なプラスの効果がより多くわかるということを示す内容のものであった。そのブランドのロゴはコミュニケーションを通じて絶え間なく伝えられ,また,具体的なメッセージでは,"よい"リサイクル活動はコミュニティのためにも環境のためにも役立つということが強調された。2010年の報告書では,リサイクル活動が10.4%増加していることが示され(新聞世代が大幅に衰退したために,新聞は外れ値として除外している),このプログラムは,2010年の終わりまでに15%増加するという目標に向けて前進していった。

「サポートグループ」アプローチを考える

「ウェイト・ウォッチャーズ」社(Weight Watchers)(訳注:ダイエット用低カロリー冷凍食品を世界で販売している米国企業)が実施しているプログラムは世界中の何百万もの人々が減量する助けとなった。彼らはダイエットのための情報,フィードバック,サポートを用意している,提供プログラムの行動変化のパワーを理解している。「エコチーム」(EcoTeams)という世界的な廃棄物を減少させるための市民環境団体も似たコンセプトである。「エコチーム」は2000年に英国

で最初に紹介された。そこでは，環境へのインパクトを縮小する実践的な行動計画を綿密に策定するために，複数の家庭による小グループが月に一度，約5カ月間，ミーティングを開く（製品）。そして，彼らは自分たちの廃棄物を量り測定し，そのグループに折り返し報告する。最後のミーティングで，彼らは協働して得た成果を称え合い，潜在的な次のステップ，および，将来の活動，そして，彼らが果たしたい義務について議論する。2008年時点で，英国の3,600世帯が「エコチーム」プロジェクトに参加し，その結果，これらの世帯の総廃棄物量のうち，家庭ゴミが19%削減され，リサイクルが5%増加している（National Social Marketing Center Showcase, 2010）。

恒例イベントの実施を検討する

　米国における「全米携帯電話リサイクル週間」（National Cell Phone Recycling Week）のような恒例イベントを行い，そして，それを支援することには大きな「便益」がある。それは共同出資の機会を提供し，米国・環境保護庁や主要な家電メーカー，小売業者，携帯電話会社などがその共同協賛者となっている。これら共同出資活動の「便益」は大きい。ベスト・バイ社は携帯電話用のスロットのある，リサイクルスタンドを提供して，利便性を増加させた。Tモバイル社は自社で販売する携帯電話のみならず，どんなブランドの携帯電話もリサイクルすることができるということを周知徹底するように，そのイベント期間中に，すべての顧客に対して，テキストメッセージを送って，コミュニケーションを増進させた。また，サムソンは中学校と高校に向けての「100万人の学校内リサイクル・プログラム」に，彼らの方針の一部として携帯電話のリサイクルに関する教材を提供して，製品提供を増やした。さらに，リサイクル・バンクは1つの携帯電話をリサイクルすることで，さまざまな人気製品やサービスと交換することができるポイントとして，少なくとも10ポイントを提供して，誘因を増加させた。

（さらなる）金銭的誘因の提供を考える

　米国各地のますます多くのコミュニティにおいて，「ゴミ処理従量制有料制度プログラム」（PAYT）が人気を博している。これらのプログラムで明らかになったのは，ゴミを管理するコストが税の中に含まれたり，あるいは，一定料金で課されたりするという場合，リサイクル活動を行ったり，廃棄行動を防ごうとする

住民が報われていないということである。実際，彼らは，しばしばより多くの廃棄を行い，よりリサイクル活動をしない住民よりも，同じだけ，場合によっては，それ以上の負担をしている。PAYT プログラムはコミュニティによってさまざまであるが，より小さなゴミの容器にはより少ない負担で済むように，また，ゴミ廃棄には廃棄物リサイクルよりも負担を大きくするなどの選択肢が用意されている。大抵どのコミュニティも，廃棄物量を25％から35％削減し，また，リサイクル率が増加していると報告している（EPA PAYT, 2010）。

　最後に，これまで実践されてきたことがなかった，家庭ゴミを削減するための２つの戦略についてみておきたい。われわれの最初の“希望”は，リサイクルに関する普遍的な法整備である（製品特性）。住民が仕事，自分の家，友人の家で，また，買い物中，旅行中にリサイクルに関して異なる“ルール”を経験した時，なすべき正しい行為を知らないことが大きな「障害」となる。異なる地方自治体，州，国々において，リサイクル可能な食物の廃棄に関して異なる定義がされているならば，例えば，多くの人々がリサイクル用の容器の中を「ごちゃ混ぜにする」ことを意図しないまま，紙ナプキンをそれに捨てることは驚くことではないだろう。次に，「使用を減らそう」とする購買決定は，カロリーや脂肪などの一覧表示に似ていて，商品やそのパッケージを作るのに使われた原材料に関する詳しい情報を準備することによって促進されるだろう（便益）。われわれは，これが単純な，もしくは，簡単な要望でないことはわかっている。しかし，この要求が最初に食品メーカーにも課されたならば，彼らは非常に細やかな努力を行ったに違いない。

4　まとめ

　以上，３つの節にわたって，廃棄物管理体系の 3R 活動（リデュース，リユース，リサイクル）を説明してきた。オーストラリアの迷惑郵便物の削減は説明的な規範としてだけでなく，「プロンプト」としても機能した新しい産物（ステッカー）を使用しての成功，および，ステッカーへのアクセスを便利にしたコミュニティ・ボランティアを活用しての成功を実証した。レジ袋の使用を減少させ，かつ，再使用可能なバッグの使用を増加させた，アイルランドの活動はターゲット層を移動させるために本質的な非誘因策が必要であるという研究に伴い，実際に

第Ⅱ部　家庭部門の行動への影響力

非誘因を行う形で進められた。そして，ノバスコシア州における「有機廃棄物収集プログラム」の成功は有機廃棄物をゴミ容器に捨てることを禁じたり，プログラムの策定者たちが人々によって知覚された「障害」（例えば，カートを共有するオプションをテラスハウスの住民たちに提供するなど）に細心の注意を払って戦略を策定したりすることによってもたらされた。

演習問題

① オーストラリアでの迷惑郵便物の拒否運動に関して，配達されなかった郵便物の処理をあなたならどのようにして決めますか？　郵便局がそれを再利用するということを知った場合，あなたはこれらの郵送物の総量を減らすために，（今の努力に加えてさらに）何を行いますか？

② アイルランドのレジ袋の削減に関して，もしあなたが環境大臣だったならば，レジ袋税を上げてきましたか？　もしそうならば，それはなぜですか？　もしそうでなければ，それはなぜですか？

③ ノバスコシア州のリサイクルの取り組みに関しては，本文中の主要メッセージのリストをもう一度見てください。すでに述べたように，最初の３つが特に重要なメッセージですが，あなたはその選択に賛成しますか？　もしそうでなければ，何を強調したいですか？

参考文献

AEA Technology PLC. (2009, August). *Welsh Assembly Government, single use bag study*. Issue Number 8. Report to Welsh Assembly Government. Retrieved from http://wales.gov.uk/topics/environmentcountryside/epq/waste_recycling/substance /carrierbags/singleusestudy/?lang=en

BBC News. (2007). *Irish plastic bag tax set to rise*. Retrieved from http://news.bbc.co. uk/2/hi/uk_news/northern_ireland/6383557.stm

Convery, F., McDonnell, S., & Ferreira, S. (2006). The most popular tax in Europe? Lessons from the Irish plastic bag levy. *Environ Resource Econ*, 38, 1-11.

Environmental Protection Agency Pay as You Throw. (2010). *Pay-as-you-throw success stories*. Retrieved from http://www.epa.gov/osw/conserve/tools/payt/tools/ success.htm

Evidence to Scottish Parliament, Environment and Rural Development Committee Hearings. (2005).

Latrobe City Council, (2010). No junk mail and spam. Retrieved from http://www. latrobe.vic. gov/au/SustainableLatrobe/Waste/NoJunkMailandSpam/

National Social Marketing Center Showcase. (2010). *Social marketing case studies*. Retrieved from http://www.nsmcentre.org.uk/component/nsmccasestudy/?task= view&id=100&Itemid=42

U. S. Environmental Protection Agency. (2008). *Municipal solid waste generation, recycling, and disposal in the United States : Facts and figures for 2008*. Retrieved from http://www.epa.gov/epawaste/nonhaz/municipal/index.htm.

U.S. Environmental Protection Agency. (2010). *Wastes—resource conservation—reduce, reuse, recycle*. Retrieved from http://www.epa.gov/osw/conserve/rrr/reduce.htm

第3章

水質保全

1　問題の所在

　1993年に国連で「世界水の日」（The World Water Day）が定められ，以来，国連によって毎年，さまざまな企画が行われてきたが，2010年になって初めて，その焦点が水の利用性から水質へと変わった。国連は水質への主要な脅威として，人口増加，急速な都市化，化学排出物を含む人間の活動，および，侵略的生物種に言及し，22億5,000万人以上が適切な衛生設備なしで暮らしていると推測している。毎日，200万トンの汚水や他の廃液が世界の水域へと流出し，毎年，150万人を超える子どもたちが水系感染性疾患で命を落としている。開発途上国の状況は最悪の事態であり，ここでは，未処理下水の90％以上，および，未処理産業廃棄物の70％以上が地表水へと捨てられている（国連水資源会議［UN Water］，2010）。

　国連は，水質汚染の防止が最優先事項であるべきだ，と宣言している。他の2つの選択肢，すなわち，水の処理と復元はそれに比して持続可能性は少なく，よりコスト高で，より複雑なものであるとみられている。2010年の「世界水の日」には，「水質改善の取り組みに積極的に参加するように世界中の政府，組織，コミュニティ，および，個人を奨励する」ことにより，水質の注目度を高めることが意図された（国連水資源会議，2010）。

　米国・環境保護庁（EPA）は水質汚染源を2つのカテゴリーに分類している。それは，「点源汚染」（points）と「非点源汚染」（nonpoints）である。水質汚水の点源は主として，下水処理場や工場のような個別の場所である。本章が焦点としている家庭部門は主として，非点源汚染に含まれ，それは雨水，雪解け水，および，ホースとスプリンクラーから放出された水が地下や地表を流れて移動する際に生じる。流出水は移動する過程で，天然の，および，人工の汚染物質を拾い上げたり，運んだりし，最終的にそれらを湖沼，河川，湿地帯，海岸水域に沈み込

56

ませる。それは，地下にある飲料水の水源にまで到達することもあり，しばしば，植物や魚，野生生物にダメージを与えたり，死に至らしめたりし，現地の河川流域の水質を低下させている。

しかし，もしわれわれが人々に，雨水が通りを下って行ってそれが最後はどうなると思うかと尋ねると，大部分の人々は，おそらくそれがゴミや化学物質を処理する工場へ行ったり，他の汚染物質は途中で消えてなくなったり，中和されたりすると思う，と答えるだろう。言い換えれば，彼らは家庭での種々の活動（例えば，肥料を与えたり，害虫駆除をしたりした時の化学薬品，ペットのゴミについたバクテリア，および，自動車を洗ったあとの合成洗剤や垢）によって生じる汚染物質が最終的にわれわれの排水溝に直接入っていっていることに気づいていないのである。

2　問題解決を可能にするための行動

家庭部門から汚染物質を削減する努力のほとんどは戸建ての世帯主，および，（あるいは）集合住宅，タウンハウス，コンドミニアムの資産管理者に集中する。促進される行動はさまざまであり，汚染物質の発生源によって，表3-1にグループ化されている。リストアップされた行動はどれも単純で，実行可能なものばかりである。それらは，あなたがターゲット層に行ってもらいたいことをはっきりと伝えるもの，ならびに，彼らが行ったかどうかについて測定することができるものである。さらに，第1章で述べたように，これらが"目標達成段階"（end-state）の行動であるということ，また，あなたが世帯主，契約者，あるいは，資産管理者をターゲットとしているかどうかによって，各行動の「障害」（barriers）や「便益」（benefits）は変わるということを認識する必要がある。

運動の焦点としてこれらの行動の1つ以上を選択するプロセスが厳格であることに注目することが重要である。第1章で述べたように，各々は水質，選択の可能性，および，現在検討中のコミュニティの「浸透性」の現在の水準に対しては，ユニークな「潜在的インパクト性」に基づいて，査定され優先順位をつけられるべきである。

本章では，関連するケースとして2つの事例を共有したい。それは(1)「自然な庭づくり」への働きかけ——米国ワシントン州，キング郡，(2)スクーピング・ザ・プープ（Scooping the Poop）[犬の糞処理運動]——米国テキサス州，オース

第Ⅱ部　家庭部門の行動への影響力

表3-1　水質汚染を防ぐために有益な家庭における行動

汚染源	選択採用の可能性をもつ「目標達成段階」の行動例
化学物質を削減するための芝生と庭での作業	・毎年，芝生と庭に堆肥を加える。 ・露出土壌一帯，8インチの木片で根覆いをする。 ・芝生面積を縮小し，木と灌木に置き換える。 ・肥料を減らすために，刈り取った草を芝生に残す。 ・有機肥料を使う。 ・雑草を防除するために，化学的手法ではなく，力学的な手法を用いる。
舗装された表面	・テラス，歩道，自動車道のような舗装された表面の量を減らす。 ・従来のコンクリートの代わりに，敷石，レンガ，砂利，および，（あるいは）浸透性コンクリートのような多孔質材を使用する。
屋根から落下する雨水	・地方自治体の排水システムから縦樋を取り外して，水が地面にしみ込むようにする。 ・水しぶきよけを取り付ける。 ・縦樋をレインガーデン，あるいは，天水桶に通じるようにセットし直す。 ・屋根苔を取り除くためには，化学溶液ではなく，力学的解決法を用いる。
汚水処理システムと下水	・3年ごとにポンプで汚水処理タンクから水を汲み出す。 ・少なくとも，1年に1度は汚水処理タンクを検査する。 ・シンクに油を流さない。 ・決して汚水処理タンクの排水地付近で木々を育てない。
ペットと家畜	・家畜を水路から離れた場所に置く。 ・ペットの糞の後始末をする——自分の庭の中でさえも。 ・ペットの糞は漏れ防止型の破れにくい袋に入れてから，ゴミ箱に捨てる形で処理する。
家庭で出す化学物質と廃棄物	・水路や川に家庭のゴミを投げ捨てない。 ・食器用洗剤は，リン酸が少量か全く入っていないものを使う。 ・ビルや舗道の圧力洗浄にはきれいな水のみを使用し，石鹸は使わない。 ・未使用のペンキは，ゴミ箱に捨てる前にバケツの中で乾かす。 ・未使用の薬は薬屋に持っていくか，他の薬剤回収プログラムに提供する。 ・未使用の絵の具，使い切ったもの，溶剤，および，他の危険物は家庭有害廃棄物の取り扱い施設に持っていく。
自動車	・油漏れを修理する。 ・洗剤と汚れが水を汚染しないように，商業用の自動車洗車を利用するか，あるいは，自宅の芝生で自動車を洗うか，のいずれかの方法を行う。 ・廃油と流体は家庭有害廃棄の取り扱い施設に持っていく。
雨水排水溝	・雨水排水溝には，雨以外は流させない。 ・葉っぱと刈り取った草は雨水排水溝から遠ざける。

第3章　水質保全

ティンである。

| CASE #1 | 自然な庭づくりへの働きかけ：
米国ワシントン州，キング郡 |

プログラム導入の背景

　キング郡はワシントン州最大の郡であり，同州の人口の約3分の1，80万以上の世帯がここで暮らしている（米国国勢調査局［U.S. Census Bureau］, 2008）。また，ここには，多くの湖，小川，湾，河川や海水路がある。ワシントン州キング郡「天然資源部・公園排水処理局」（DNRP）の責任者たちは2000年春に，「自然な庭づくりプログラム」（Nature Yard Care）の査定結果を受け取った際に失望した。過去4年にわたって，郡当局や彼らの行政パートナーたちは宣伝活動に150万米ドルを費やした。また，水質を保全するために，殺虫剤を使用しない，刈り取った草を芝生に残す，ということを含む促進行動において，目に見える変化はほとんどなかった。一見したところ，遂行できたのはせいぜいこれらの好ましい行動の注意を喚起することくらいであった。広告キャンペーン活動によって，戸建て住宅所有者の約40％は，これらが価値のある行動であることに気づかされた，と報告した。しかし，行動には何らの変化もなかった。新しいアプローチの取り組みが対マスコミ活動以上に利用したのは時間であった。あなたが読み進めるにつれて，その新しいプログラムが24の行動を変化させることに成功しただけでなく，それが毎年かかっていた広告キャンペーン活動コストの5分の1で実行できたということがわかるだろう。

ターゲット層と望ましい行動

　今回は，郡の50万人を超える園芸家をターゲットとするのではなく，"同時に1つの地域" アプローチを選択した。彼らは，「ガーデン・トレンド・レポート」（the Garden Trends Report）の中の，消費者の約43％が友人と隣人から自らの庭づくりに関して学習するということを示す研究に触発された。パイロットテストはまず，2つの地域を対象に2年越しで行われ，その翌年，それに続いて4つの地域で行われた。現在，このプログラムでは，年に10〜13の地域を注意深く選んでターゲットとしている。選択は郡内の市議会と協力して行われており，選択され

59

第Ⅱ部　家庭部門の行動への影響力

た地域は地域間に強い連帯意識があり，所有者自身によって，古く，問題のある
庭を維持している傾向がある。

　プログラムの管理者はこの第2の調査で，誰が「自然な庭づくり」の成功事例
の最も有望な初期採用者，つまり，環境に配慮し，彼らの活動がどのように差異
を生じさせることができるかを理解した人々であるかということを知っていた。
さらに，もし彼らが最近，家を購入していれば，また特に，それが最初の購入と
いうことになれば，彼らは非常に興味をもつだろう。もし彼らが芝生か，庭のい
ずれかに関して特定の問題をもっているか，あるいは，その劣化した景観に魅力
がないと判断するならば，彼は非常に熱心になるだろう。そして，彼らは子供に
巣立たれた親と高齢者のように，庭の世話をするのに非常に多くの時間を費やす
人々になるだろう。

　合計24の望ましい行動が識別されたが，各々は以下の5つのより広い分類のい
ずれかに適合する。(1)健康な土を作る，(2)自然な芝生づくりを行う，(3)土地に適
した最良，かつ，正しい植物を選ぶ，(4)殺虫剤を使わずに害虫，および，病気を
制御する，(5)1度の給水時間は長いが，それほど頻繁にはしない，ことである。

「障害」と「便益」

　彼らの戦略を展開するのに先立ち，郡は「障害」（barriers）と「便益」
（benefits）を識別し，かつ，ターゲット層の選択の確認をしやすくするために，
400世帯を調査した。この研究は，活動に対する主な「障害」に向けてどんな慣
習が理想的であるかがわからず，また，いくつかの場合では，それらを"実行す
る"方法（例えば，土地に適した最良，かつ，正しい植物を選んだり，殺虫剤を使わずに
害虫を追い払ったりなど）がわからないということを示した。実際，66％の人々は，
どの殺虫剤が危険であるかを伝えるのは難しい，と考えた。さらに，多くの人が
頻繁に給水されていなければ，また，刈り取った草が芝生に残されたならば，そ
れは芝生によくないと懸念していた。天然殺虫剤が一般のものと同様に効かない
のではないかと懸念している人々もいた。確かに，一般的な殺虫剤ユーザーの
27％は殺虫剤を使用してもマイナスの結果が生じることはないと信じていると報
告した。また，これらの天然素材は一般のものよりも高価で，自然志向の実践に
は多くの人手がかかると考えており，実際，殺虫剤ユーザーの60％は殺虫剤を使
わずに質の高い芝生を維持するには相当の時間と努力が必要であろう，と信じて

いた。

　人々によって認知された「便益」と「誘因」(incetives) に関しては，住宅所有者は隣人の成功を見聞きできた場合に，彼らの行動を変更する可能性が最も高そうであった。特に，隣人がそのやり方について説明し，さらに実証段階までいった時に説得力があった。

プログラムの内容

　2002年に，「自然な庭づくりのための近隣地域プログラム」(the Natural Yard Care Neighborhood program) はスタートした。その際，住民が24の環境に配慮した庭づくり行動を学習し，それを正しく実行できるように，3つの「2時間地域講習会」(製品) が提供された。最初の7年間は，以前にリストアップされた5つの，より広い慣習がプログラムの主たる話題であり，それは地元の著名な園芸家たちによって示された。2008年には，参加者のフィードバックと提案に基づいて，庭づくりのデザインに関する追加訓練が最初の講習会の初めに提示された。講習会でこの訓練を追加したことにより，結果的に参加者は大幅に増加した。

　このプログラムの付加価値は，「自然づくりホットライン」にあり，これは「シアトル・ティルス」(Seattle Tilth) という環境保護団体の協力を得て提供され，講習会の参加者たちやその他の郡内の相談者たちに専門家の助言を提供したり，四半期のニューズレターを発行したりした。

　講習会とホットラインは無料で，抽選でマルチ草刈り機（3つの講習会すべてに参加した人たちにこれが当たる可能性が最も高かった），庭の手入れ道具，手袋，本，植物，また，堆肥と石灰の入ったバッグなどが当たるという特典もある。また，庭づくりに関する相談サービスや新しい，干ばつに強い植物で庭を改造したりもする。各参加者は情報の小冊子，ファクトシート，および，DVD がセットになった，15ドル相当の情報キットを無料で受け取る。また，「ワシントン州有害物連合」(WTC) のような支持グループが無農薬地域を示す標識や動機づけになるような非金銭的な認証のような無料のアイテムを講習会の代表者たちに送る。

　2時間の講習会は春と秋に，平日の午後7：00から9：00までの時間帯で行われる。講習会は近くの学校や教会，地域センターなど，無料駐車場を備えたなじみのある便利な場所で行われる。興味をもった参加者はさまざまな方法で登録することができる（流通）。大多数の人々はダイレクト・メールの招待に応じて，電

第Ⅱ部　家庭部門の行動への影響力

図3-1　地域講習会の認知度を高めるためのハガキ

秋の庭のデザイン
　　3つの簡単な講習で「自然な庭づくり」の基礎を。
　　人数に制限があります。
　　登録は4月12日までに。
　出所：＠ 2010 Lida Enche www.lidaenche.com

話や電子メールで登録するが，代表者たちの戸別訪問の際に登録をするという人たちもいる。

　講習会への参加を促す主要メッセージでは，「自然な庭づくり」がいかに簡単で，いかに価値があるかということ，そして，講習会が「楽しく，有益で，何より無料！」ということが強調されている。講習会への参加の誘いは，厳選された世帯主たちに，色彩豊かな案内ハガキを送ったり，詳細に書かれたダイレクト・メールを送ったりするなど，いくつかの対象を絞った伝達手段で広げられている（図3-1を参照のこと）。さらに，週末になると，訓練された「自然な庭づくり」の代表者たちが，住民たちと実際に会って相互交流を図るために戸別訪問をし，次回の講習会への参加を促していく。シアトルのPR会社の「フラウス・グループ」（The Frause Group）は加入活動をする人を確保・管理したり，また，PR用の資料を制作したりして，これらの地域奉仕活動への取り組みを支援している（プロモーション）。

第3章　水質保全

　講習会への参加者を確保するために，Eメール用の確認メモがあらかじめ登録された人たちに送られる（プロンプト）。さらに，各講習会の前日，参加確認の電話がすべての登録者に行われる。講習会で取り上げられた行動を促進し強化するために，参加者への四半期のニューズレターで，季節にふさわしい特定の活動について触れる。また，園芸家たちが支援を求めたり，講習会では取り扱われなかった質問をすることで，答えを得たりすることができる場所を思い出してもらえるように，庭づくりホットラインの番号が記されているマグネットが配られている。

　1つの地域（1ブロックが望ましい）に住む数名の住民たちに，彼らがこれまでやってきた庭づくりのやり方を変えるよう説得することによって，他の人たちも，これらの新しいやり方に気づき，新しくポジティブな傾向（例えば，驚くほど健康で美しい植物と土着の干ばつに強い植物に植え替えらえた芝生）を取り入れるようになると信じられていた。1ブロック内のいくつかの家で，例えば，彼らの芝生が夏の間ずっと"金色"になっていると，緑の芝生を備えた家庭が急に目立つようになった。そして，（懐疑的な人たちはとても驚くであろうが）茶色の芝生が秋に再び緑になった時，少なくとも1つの大きな関心が明らかに引き起こされた。

　（近隣の人々を含め）特定の近隣の人を選ぶことの理論的根拠の1つは，近隣の人たちが庭づくり行動の選択に影響を及ぼすカギであるという動機づけ要因を活用するということであった。特定の近隣の人からの拡散を支援するために，講習会に参加する人々は新しい技能と成功を共有するように促進され，また同様に，近隣の人たちにその技術を通じて興味をもってもらえるようにするための資料が提供されている。

　2000年の夏に，レントン市で，2ブロックの35世帯を「自然な庭づくり講習会」に参加するように要請して，パイロットテストが行われた。そのうちの20世帯（57%）は戸別訪問を受諾した。2年後に参加者との間で行われた個別の実地インタビューで，20世帯すべてが"いまだ実行を続けており"，また，隣人たちがさらに「自然な庭づくり」の世話をするための技術を増やしていると語った。

　レントン市での成功を受けて，2002年には海岸線の都市のすべての中から4つの地域がターゲットとされた。詳細なダイレクト・メールや戸別訪問を利用したプロモーション戦略が実践され，また，講習会への参加者への誘因として抽選会を行った。結局，アプローチされた57%の人々が講習会への参加に登録した。そ

63

第Ⅱ部　家庭部門の行動への影響力

のグループの内，実際には60％が訓練に参加し，それはアプローチされた人々の3分の1（34％）に相当する。

海岸線都市での取り組みの成功を受けて，2003年に，「自然な庭づくりのための近隣地域コンソーシアム」（the Natural Yard Care Neighborhood Consortium）が組織され，合計7つの都市が登録した。10の地域が選択され，各々の管轄区域がその地域から住民を募集した。合計1,058人がその年の3つの訓練に参加した。2005年，2006年，および，2007年には，9〜13都市が毎年，講習会を行った。各講習会への平均参加者数は60名，合計約1,200名が，毎年，講習会に参加している。2008年，2009年および2010年には，平均参加者数は約80人までとなり，20％の増加がみられた。この数は少ないように思えるかもしれないが，これはあるコミュニティの中の1つの地域の数字であり，キング郡中のすべての世帯を対象とした数字ではない。地域を限定しているのは，「自然な庭づくり」のやり方に関しての規範の拡散と開発をしやすくする戦略である。

2003年，このコンソーシアムは以下の4つの主要な調査ツールを使用して，査定を行った。

1．**講習会事前調査**：この調査は参加者の知識と行動に関する基礎的な情報を確認するために行われた。最初の講習会で，参加者にアンケートに回答してもらうという形で行われた。

2．**講習会フィードバック調査**：この調査は各講習会の部会の最後に行われ，講習会の満足度，意欲と知識の増加，そして，行動を実行する意図に注目するものであった。

3．**講習会事後調査**：この調査は知識と行動の実際の変化を測定するために行われた。参加者は，3つの間隔を空けた期間（最初の訓練から6カ月後，18カ月後，および，22カ月後）でメールによりこのアンケートを受けた。

4．**対照群調査**：この調査では，他の地域住民が講習会の参加者とどれくらい類似しているか，あるいは，どれくらい異なっているかを調べた。

以下は，365人の参加者への18カ月事後調査の1つから明らかになった行動変革の主たるものであるが，それらは奨励すべきものばかりであった。

第3章 水質保全

- 90％の人たちが２インチ以上で草刈り機をセットすることを続けるか，さらに，それをやり始めた。
- 90％の人たちが殺虫剤の使用を回避し続けるか，さらに，それをやり始めた。
- 58％の人たちが土着の植物を選び植えることを始めるか，さらに，それを増やし始めた。
- 47％の人たちが適度な給水（１回の給水量を増やし，給水回数を減らす）をすることを始めるか，さらに，それを増やし始めた。
- 43％の人たちが有機肥料か緩効性肥料の使用を始めるか，さらに，それを増加させた。
- 39％の人たちが干ばつに強い植物を植えた。
- 39％の人たちが有機質での根覆いを始めるか，さらに，それを増加させた。
- 26％の人たちが庭づくりホットラインに電話した。

　拡散に関して言えば，参加者は平均５人の友人，隣人，および，（あるいは）家族と講習会に参加し，庭づくりの秘訣を共有した。注目すべきことに，庭づくりのデザインに関する訓練が追加された2008年には，３つの講習会すべてに参加した人たちは他の７人と共有し，参加者が35％増加した。

　最後に興味深いことは，講習会自体，あるいは，講習会の参加者によって"伝えられた"情報や技能の習得のいずれかで生じた１人当たりの費用である。講習会自体にかかる費用を含め，活動の促進と査定の経費と同様に，講習会出席者の友人や隣人を含めて園芸家に到達するための平均コストは17ドルであった。潜在的な将来の代替戦略を査定し，比較する場合，この測定値や関連のある行動変革の支出は郡にとって有益な基準である（D. Rice，私信にもとづく，2010）。

論　評

　この事例は賞賛するに値するいくつかの戦略を含んでいる。まず，彼らは単独で広告しても重要な行動変革には結びつかず，投資効率が低いことを認識し，行動変革の支出に興味をもっている資金提供者たちに受け入れられないだろうと考えた。次に，彼らは活動をスタートさせてすぐにモニター結果への調査に資金を費やした。それは彼らに軌道修正の必要性を喚起し，その新しい戦略が機能しているかどうかを確認するものであった。

65

第Ⅱ部　家庭部門の行動への影響力

　その後，これはその結果に正当性があるのか，いや感動すら覚えさせるような
ものなのか，のいずれかを判断した市議会との協力関係を増加させた。第3に，
このプロジェクトチームは，講習会に参加する人たちは"聖歌隊"や懐疑論者で
はないということを認識して，ターゲット層を思慮深く選んだ。むしろ，それは
その活動の必要性を理解し，そうしたいと願っており，彼らが講習会の進展，お
よび，継続的な改善を鼓舞しながら，支援を必要とすることを認識していた人た
ちであった。

　本書で示したツールに関連して，知識を補強するための項目として，考慮に値
するものをいくつかあげておこう。

- 「インパクト性」「確率性」「浸透性」の各モデルを使用して，24の行動を優
  先することを考慮し，最も高い「インパクト性」，最も高い「確率性」，およ
  び，最も低い現在の「浸透性」をもつこれらの行動に，より多くの資源（例
  えば，講習会の時間，材料スペース，プロンプト，誘因）を割り当てるようにす
  ること。
- 1つ以上の講習会に参加することがより大きな収益につながることをデータ
  が強く示唆するので，追加の誘因戦術が功を奏すかもしれない。3つの講習
  会すべてに製品とサービスに対する賞品や割引券に加えて，市民諮問委員会
  への任命のような認定を伴う形式を備えて，成功報酬を付与するようにする
  こと。
- 市場を拡大するためには，もっと学ぶことに関心はあるが，訓練のために3
  日間はつぶしたくないという人たちのために，コースの"ミニ"バージョン
  を提供するのも面白い。これは水質への最も大きな「インパクト性」と同様
  に，選択される「確率性」が最も大きな行動に専念して，一晩あるいは半日
  訓練の形式をとるかもしれない。
- 将来に向けて，"1人当たりの"費用を削減するために，"戸別の"結果を比
  較し，類似した地域で1世帯当たり17ドルという講習会費や関連する支出を
  視察する管理実験を行うようにする。戸別訪問をした代表者たちは個性的な
  庭や家庭の状況に合わせて，コメントと実演を行うことができるだろう。
- 望ましい行動に，空間と時間において，より密接なプロンプトをもたらすた
  めに，また，それらの認知度を高めるために，追加で新しいプロンプトを考

第3章　水質保全

えるようにすること。秋に根覆いをしたり，激しい降雨中にスプリンクラーの調節をしたりすることを促す電子メールはよりタイムリーで，注目される可能性が高いかもしれない。庭づくり活動に関するアドバイスが毎月記載されているカレンダーもまた，よりタイムリーで目に留まりやすいかもしれない。

- 「記述的規範」（descriptive norms—例えば，他の人々がどのように実際に行動しているかの認識）の開発を促進するために，金色の芝生や土着の植物を植えた庭のところに標識をつければ，「自然な庭づくり運動」の新しい輪を広げ，これらの技術に興味をもつ人たちを増やすことができるだろう。また，それを拡散させるためには，適切な庭を選んで，隣人にでさえ，それを見学（案内）するツアーを組んでみるとよい。

- "自己申告する" というやり方に関連した査定結果と問題を確認するために，観察活動と個別のインタビューを通じて，実際の行動変革を確認することができる（あるいは，できない）近隣の人々への視察を考えてみるのもよいだろう。

CASE #2	「スクーピング・ザ・プープ（犬の糞処理運動)」：米国テキサス州，オースティン

プログラム導入の背景

「米国人道協会」（The Humane Society of the United States）の調べによると，米国の世帯の39％が少なくとも1匹の犬を所有しているとのことである（米国人道協会，2009年）。オースティンもその例外ではなく，現在，約35万世帯のうち，12万以上の世帯が犬を飼っていると見積もられている。さらに，多くの人々がオースティンを特に犬にやさしい都市であると考えている。それは，11カ所の市立公園で「オフリーシュ（off-leash)」（犬の首に鎖なし）が認められていることや，犬と飼い主が近所の通りや田舎道を散歩するところを頻繁に見かけたり，一緒にレストランのテラスで休憩していたり，公園の公開イベントに参加したりすることなどからよくわかる。

問題は，ペットの糞がサルモネラ菌や大腸菌のような危険なバクテリア，および，ジアルジアや回虫のような有害な寄生虫を含んでいるということである。

67

第Ⅱ部　家庭部門の行動への影響力

ペットの糞が公共の場所や市内の35万もの裏庭で適切に処理されなかった場合，それは人々とペットに直接，健康被害をもたらす。また，それが小川や湖へ流れ込んでしまうと，その水際でのレクリエーションは安全でなくなるし，水生雑草や藻草が繁殖し，その結果，水中の酸素のレベルが引き下げられて，魚が死んでしまうことになる。一般的に犬は毎日，平均0.5ポンドの糞をし，オースティンでは，毎日，6万ポンドの糞の処理をしており（市内全体で，ほぼ5台のダンプカー分ほどになる），1年当たり約2,200万ポンドとなっている。小川のバクテリアはペットの糞だけが原因ではないが，オースティンの，より人口密度の高い地域の小川は，バクテリアが原因で害があるとリストアップされたオースティンの他の11の小川とともに，低開発地域よりも平均して3倍以上も高い水準であった。

　1992年以来，同市は，ペットの飼い主がペットの糞の後始末をすることを命じ，違反した場合は最大500ドルの罰金を科す条例に頼っていた。その条例には効果的な抑制効果がある。しかし，それが不法行為を目撃することを法務官に要求するように仕向けることは困難であり，また，ペットの糞に関連した環境上，かつ，健康上の影響に対する人々の関心を増加させることもない。関心を増加させるために，2000年に，同市の流域保護局と公園・レクリエーション局は，「スクーピング・ザ・プープ」（Scooping the Poop―犬の糞処理運動）という新しい取り組みを始めた。本書で紹介しているプログラムは今日（2010年）まで続けられており，新しい戦略が毎年加えられている。

ターゲット層と望ましい行動

　まず，取り組みの第1のターゲット層として，公園にペットを連れてくる犬の飼い主に焦点を当てた。その後，私有地で排便する地域の犬への住民の苦情に応じて，その運動はコミュニティ内で犬を散歩させている人々にまで拡大させた。糞処理のために3つの行動が促進された。(1)犬の糞処理をして，(2)それを袋に入れて，(3)それをゴミ箱に捨てる（「目標達成段階」の行動）

「障害」と「便益」

　人々によって認知された「障害」を識別するために，プログラム管理者は全米中の専門家にインタビューし，流域保護センターからのものを含む既存の調査を再検討した。犬の糞を適切に処理することへの共通の「障害」は，(1)犬の糞処理

第3章　水質保全

袋が手に入りにくい，(2)それをすぐに処理できるようなゴミ箱が周りに十分にない，(3)糞の処理が汚く臭い，(4)その"1つの小さな積み重ね"が問題であるということ，また，(5)それは質のよい自然な肥料になるというような考えを信じない，などである。

　同市によって行われたある調査で，潜在的な「便益」と「誘因」が定量化され，ランク付けされた。53％の人々は周囲からの圧力により，ペットの糞の処理をする可能性がより高まると言い，46％の人々は多くの袋の付いたディスペンサーがもっと増えるといいと答え，40％の人々はゴミ箱をもっと増やすことが重要だと言い，35％の人々はなぜ，糞を拾わなければならないのか，また，それに関して何をすべきなのかについてのより多くの情報を欲しがり，35％の人々は罰金の強化が効果の違いを生じさせるということを"認めた"。

プログラムの内容

　2000年に，25枚の犬の糞処理袋を備えた「マット・ミトン・ステーション」(ペットの糞処理用ディスペンサー) が市立公園に設置された (図3-2を参照のこと)。2010年までに，90カ所の市立公園には150を超えるステーションがあった (製品)。糞処理用のビニール袋は分解処理が可能であり，"グローブのように手を保護する"ようにデザインされており，汚さと臭いに関する問題を軽減している。その後，2002年に，このプログラムは近隣地域や公的な場所で犬の散歩をする人々にまで広げられ，リーシュに留め金の付いた，再使用可能なペット用ゴミ袋ホルダーを配布し始めた (図3-3を参照のこと)。

　前述のように，現行500ドルの罰金があり，以下のような市条例があった。「飼い主，もしくは，調教師は，犬，猫の飼い主，調教師によって所有された私有地以外で，人によってつながれた犬，猫によって公用地，あるいは，私有地に残された糞を速やかに取り除き，衛生上の処理を行うものとする」(K. Shay，私信にもとづく，2008)。その条例をより人目につきやすいようにし，かつ，施行の認識を増加させるために，市の非緊急電話番号 (3-1-1) が標識や運動促進資料に強調されて書かれており，市民は違反者を通報するように促されている (非誘因要因)。さらに，同市は環境を改善するために，「近隣地域グリーン化プログラム」(A Green Neighbor program) を提示し，市民ができる100以上の取り組み事項をリストアップしている。近隣地域グリーン化ガイドを住民に配布している地域は雨水

69

第Ⅱ部　家庭部門の行動への影響力

図3-2　マット・ミトン・ステーション

出所：オースティン市　流域保護局

図3-3　ペット用ゴミ袋ホルダー

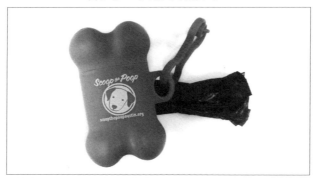

出所：オースティン市　流域保護局

　排水溝を目立たせ，公園をきれいに保ち，近隣地域グリーン化運動とみなされるような，他の地球にやさしい活動を行い，地域のために無料の「マット・ミトン・ディスペンサー」（糞処理袋ディスペンサー）を受け入れることができている（誘因要因）。

　糞処理袋がマット・ミトン・ステーションで常に利用可能であることを保証するために，ディスペンサーが空になった時に市に知らせる際の電話番号とそれを促すメッセージがディスペンサーには表示されている。私有地で糞を拾うことを

第3章 水質保全

飼い主に注意喚起する庭の掲示物はオンラインで注文することができ，その後，市民に直接郵送される。また，簡単に糞処理をできるようにするために，公園内の多くの場所にゴミ箱を追加した（流通）。

2008年までの主要な戦略は糞処理袋付きの糞処理ディスペンサーの設置（製品），市条例と違反者の通報の仕方に関する標識の表示（価格），ゴミ箱の増加とディスペンサーに糞処理袋がなくなった際に，市に知らせるための電話番号の表示であった（流通）。しかし，2008年，水質監視データによって，バクテリアによって引き起こされた問題がオースティン市中の多くの場所で未解決のままであった。このバクテリアの多くが適切に処理されないペットの糞に結び付けられたために，同市は出先機関での取り組み活動を見直し，強化した。

2009年，市立公園を超えて活動の輪を広げるために，プログラムはより運動促進の要素を濃くして補強された。それは以下のようなものである。

- **放送メディア**：流域保護局の資金で30秒スポットCMを作成し，テレビで流した。
- **公開イベント**：人気のある都市中心部地域の湖に隣接して，一時的に汚物の堆積を象徴する彫刻を作成した。堆積物は1日の糞の量（6万ポンド）を表し，市長による記者発表の場で披露された。また，地元のシンガーソングライターのウッディ・ウッド（Woode Wood）によって，オリジナルの「糞処理運動」（Scoop the Poop）ソングが上演された。
- **屋外広告・活字メディア**：運動促進用の広告を新聞に掲載した。
- **標識**：ワシントン州スノホミッシュ郡の糞処理運動をベースとした標識を適用した。同郡ではオフリーシュ地域が多く設けられていた。
- **カタログとチラシ**：2種類の小さなオースティン・ガイド・パンフレットが作成された。1つは糞処理運動に関するもの，もう1つはオフリーシュ地域での特定の問題について記載したものであった。
- **ウェブサイトの強化**：プログラムの資料をダウンロードし，庭の掲示物を注文できるようにした。
- **プログラムのマスコット**：糞処理運動のマスコット，環境のための犬，「エコオースティン1号」をつくった。
- **ソーシャル・メディア（フェイスブック，ツイッター，ブログなど）**：フェイス

71

第Ⅱ部　家庭部門の行動への影響力

ブックで，サイト訪問者に運動のマスコットであるエコと交流を図ってもらった。最も人気のあるコーナーでは，ペットの飼い主に彼らの犬の写真を送ってもらったり，エコの"友だち"になってもらったりした。

- 記事：地域向けニューズレター。
- 対面式運動促進：スタッフが公園のオフリーシュ地域で飼い主とペットの糞のことについて話したり，環境やペットや公園をテーマにした市のイベントに参加したりした。
- ダイレクト・メール：ペット関連のビジネスを行っている企業や組織に啓発的なハガキを郵送し，彼らの顧客たちに向けてそれを送ってもらう。
- プログラム資料の追加的な配布チャネル：獣医クリニック，動物保護施設，図書館，レクリエーションセンターなど。

2002年，ディスペンサーが遠くからでも見えるようにという市民たちの声を受けて，糞処理運動の標識がマット・ミトン・ステーションに加えられた。さらに，市条例や罰金について記載してある，より小さな標識がディスペンサーの下に取り付けられた（プロンプト）。2007年には，市が糞処理運動の標識をつくり，無料配布した。近隣の犬の糞で困っている市民は電話かオンラインで，4インチ×11インチの薄板状の標識を注文することができた。前述と同様に，これらは後に家に郵送された。

プログラムの結果，「インパクト性」，コスト，および，利益は毎年追跡調査され報告される。表3-2の中で，配布されたマット・ミトン（糞処理袋）の数の測定結果で示されているように，「インパクト性」は適切に収集・処理されたペットの糞の量の推定数値に関して記され，処理にかかる量当たりのコストは年間のプログラム予算に基づいて正確に計算される。配布されたマット・ミトンの数は市のディスペンサーからのものを反映している。「インパクト性」は1つの糞処理袋当たり平均半ポンドという仮定に基づいている（なお，糞処理袋のこの数には，市が配布した2,000個の留め金付き糞処理袋を含み，糞処理袋を自分で持参している飼い主は含まれていないということに注意されたい）。2001年には，約1万ドルがプログラムに費やされた。2008年には，7万2千ドルがマット・ミトンとディスペンサーに費やされた。また，標識，パンフレット，景品，Tシャツ，広告にかかった費用やスタッフの人件費として，2万ドルが追加費用としてかかった。庭の標識の

第3章　水質保全

表3-2　ペットの糞を適切に収集・処理に要する1ポンドあたりのコスト

年	配布されたマット・ミトン	適切に収集・処理された量（1つの糞処置袋当たり平均半ポンドとして）	年間プログラム予算	適切に収集・処理するのにかかる，1ポンド当たりの推定コスト
2001	75,000	37,500 lbs.	$10,000	$.27/lb.
2003	535,000	267,500 lbs.	$53,000	$.20/lb.
2006	967,000	483,500 lbs.	$72,500	$.15/lb.
2008	2,000,000	1,000,000 lbs.	$87,000[注]	$.09/lb.
2009	2,400,000	1,200,000 lbs.	$92,000	$.08/lb.

注：2008年に，より安価な糞処理袋へと替えたことにより，コストは削減された。1lb≒0.45Kg

リクエストは2007年には50件だったものが，2008年には140件，2009年に271件にまで増加した。この運動以前，オースティン市の糞処理運動のHPへの毎月のアクセス数は400件未満であった。運動後，そのアクセス数は毎月約4,000件にまで増加した。

水質への「インパクト性」を測定する取り組み

　要所の水路では，水質への実際の「インパクト性」も査定された。2008年には，例えば，ブル・クリーク地区公園（犬のオフリーシュ地域）として指定されている，オースティンの12の公園施設の1つ）で，高水準のバクテリアが確認された。図3-4は，ブル・クリーク沿いのさまざまな場所での相対的なバクテリア水準値を示している。その値は，そこへの来園者がオフリーシュ地域で増加する平日と比べて，週末になると8倍も高い。

　その特定の問題エリアを改善するために，増強された運動の取り組みが2008年3月7日に始められ，健康上，有害になるということを強調して，これらの公園利用者たちに，ペットの糞の後始末をするよう説得した。その運動では，クリーンアップ・イベントを開催したり，公園内の標識を高くして見えやすくしたり，糞処理のボックスを追加で設置したり，好感のあるメディア報道で記者会見を開いたり，運動の前後で世論調査をしたり，また，公園警察や見回りのスタッフを増加させた。

　その運動と調査は肯定的な結果を示し，オフリーシュ地域でのバクテリア水準値は改善されたが，公園の上流の値は悪化した。犬の飼い主はオフリーシュ地域

73

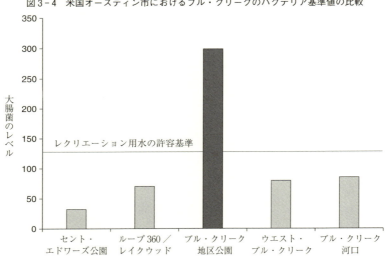

図3-4 米国オースティン市におけるブル・クリークのバクテリア基準値の比較

注:場所は上流から下流へという順序で示されている。

での糞処理活動に意識を働かせるようになったか,あるいは,自分の犬を汚染地域から遠ざけたくて,その問題を他のところに移動させたかのように思われる。2008年5月,新しい市民ボランティア・グループ(Bull Creek Dog Off-Leash Group—ブル・クリーク 犬のオフリーシュ団体)は積極的に公園の掃除に取り組んでおり,状況は改善しているようである。上流の幾何平均値は現在(2010年),健康基準を満たし,オフリーシュ地域と非常に接近した数値となっている(K. Shay, 私信にもとづく,2010)。

論 評

この運動には強い構成要素がある。まず,主要な戦略は主要な「障害」と明らかにつながっているように思われる(例えば,"汚れと臭い"を最小限になるようにした袋のデザイン,真の水質問題はペットの糞と関係があるということを説明するためにオフリーシュの公園で飼い主と対面して行った取り組みなど)。次に,「自然な庭づくりプログラム」も同様であるが,プログラムの管理者たちは"査定と改善"に献身的であるように思われる。例えば,市立公園を超えて運動を広げる意思決定を行ったように,ブル・クリークにあるオフリーシュの公園でバクテリア問題を解決するための取り組みは確実に,こうした献身的な活動を反映している。オース

ティン市は，ペットの飼い主が"行動する"ことを促すように庭の標識を求める要求に応じ，また，ディスペンサーの糞処理袋が空になった時に電話する便利な電話番号を提供するなどして，市民を動かしているように思われる。彼らは10年間以上，「スクープ・ザ・プープ」（Scoop the Poop—糞処理運動）というブランド・キャンペーンをやり抜き，ウェブサイトから，標識，市長のスピーチ，ポピュラーソングに至るまで，多数の窓口でその使用を統合化した。最後に，コストや利益の追跡調査は有益な測定基準を提供する。それは絶え間ない改善を実演し，過去の結果と比較して潜在的な将来の戦略を判断するための方法として，人々に刺激を与えうるものである。

本書で示したツールに関連して，考慮に値するものをいくつかあげておこう。

- ターゲット層をより明白に識別し，理解するためには，**「実行者対非実行者分析」**（doer / nodoer analysis）が非常に有効であろう。継続的に糞処理を行う飼い主（実行者）とそれをしない人々（非実行者）とを本当に識別するものは何なのか。それは，人口動態的なものなのか，心理学的なものなのか，あるいは，いくつかの関連した行動なのか（例えば，非実行者は，自分がより気づかれにくいと感じる非公共的地域を歩く傾向がある）。
- 将来的にターゲットとされる行動に関して，自分の庭でペットの糞処理をすることの「インパクト性」，および，現在の「浸透性」と公園や他の公共的地域で糞処理をすることのそれらを比較することは将来の興味へとつながるだろう。ワシントン州スノホミッシュ郡では，例えば，飼い主が自分の庭でペットの糞処理をする可能性は低い（より低い「浸透性」）ということだけでなく，実際に，ここがペットの糞のほとんどが発生する場所だ（より高い「インパクト性」）ということを示した研究がある。このプロジェクトに関する追記として，庭の糞処理をするうえでの主要な障碍の1つは，ペットが特に夜，どこに行くのか，飼い主にはわからないということである。その後，このプログラムでは，プログラムのロゴのついた小さな懐中電灯を配布した。
- 回答者の53％によって識別された一番の誘因が周囲からの強いプレッシャーであったので，「記述的規範」は役立つかもしれない。スウェーデンでは，例えば，マルメ市の未就学児童たちは教師の1人が糞の山に足を踏み入れて転びそうになった時，抗議活動をすることを決心した。幼い抗議者たちは，

"恥ずかしい"犬の飼い主たちに糞処理をさせようと，街の通りを行進した。子供たちは出くわした犬の糞の山ごとに置いていく，とても小さなカードを準備した。地方紙によれば，カードには「糞は自分で処理しましょう」「老女は糞の断片で滑り，脚を折るかもしれません」というように個別のメッセージが書かれていた（WayOdd, 出版年不明）。また，英国では，全国糞処理運動期間中，ノッティンガムシャー州にある，オーク林健康自然保護区で，我慢の限界を超えた活動家たちがピンクのスプレーを持って，出くわした犬の糞に，その汚物を際立たせるために色をつけていった（英国メトロ紙［Metro UK］, 2010）。

- これまで述べてきたように，さまざまな運動促進用のツールが利用されてきた。推定される到達点と実際に到達した観点から各々を評価することにより，それらの相対的な有効性を査定することは有益である。後に，これは費用データと並んで，もし理想的に行動変革当たりのコストを決定できないとしても，少なくとも印象当たりのコストを決定するために使うことができるかもしれない。結局，いくつかの戦略（例えば，テレビ広告）はその他の戦略（例えば，ニュース記事や他のパブリシティ・イベント）によって見返りを受けることはないということが明らかになるかもしれない。
- 最後に，特に，犬をつなぐ公園のような囲われた場所では，人々に関与してもらうことが考慮されるとともに，試されるべきである。

3　その他のすぐれたプログラム

これらの2つのケースからも明らかなように，水質汚染を避けるのに役立つような住民行動に影響を及ぼすことは，このまとめの節に書かれた，いくつかのユニークな挑戦を含んでいる。この本の"役立つ行動"というテーマに沿って，われわれは，これらの「障害」にうまく取り組んでいると思われる，追加の注目すべき試みの例を提供したい。

「私は結びつけて考えない」
「障害」の研究を行っている水質プログラムの管理者たちは，多くの人々が車道で自分の自動車から漏れる油がその地域の水路にどのように流れ込んでいくか

を理解していないだけでなく，それが最初に市内の水処理工場に流れていくと彼らが信じているために，地元の雨水排水溝に流れ込むことが問題になり得るということを考えもしないということをよく耳にする。できるだけ具体的に結びつけて考えてみることが役に立つだろう。例えば，シアトル公共事業局（Seattle Public Utilities）は毎年，約200万ガロンの使用済みモーターオイルが，ピュージェット湾の水路に流れついているとウェブサイトで報じている。また，たった1パイントの油が，2つのフットボール場ほどの大きさを滑らかにする。状況を改善するために，1990年代半ばに始まった，「雨水排水溝謄写プログラム」（storm drain stenciling program）では，雨水排水溝のすぐそばに「ゴミ投棄禁止！排水は小川，湖，入江につながっている」というメッセージを貼り付けるための謄写キットが提供されている。その地域やコミュニティでは，個人や家族，教会，学校，会社などのコミュニティ組織から少年少女クラブの若者，ボーイスカウトやガールスカウトに至るまで，多くの人々が雨水排水溝にメッセージを謄写する活動に登録している。2009年だけで，3,354の雨水排水溝がメッセージを謄写された。また，現在（2010年），150人の市民と48の公立学校が，謄写活動を支援している（シアトル公共事業局，2010年）。（注意すべきは，謄写する際のペンキから生じる問題あるいは汚染を避けようと，多くのコミュニティが排水溝の蓋にこのようなメッセージが刻まれた排水溝を好むということである。これにより，市民参加を停滞させている）。

「私はやり方を知らない」

　本章の最初に確認された「目標達成段階」の行動のいくつかは，縦樋を新しい道筋で「雨の庭」（rain garden）に通すような新しい技術を求めている。環境を保護するために正しいことをしたいと動機づけられている住宅所有者でさえ，最初は，縦樋はどこについているか，「雨の庭」とは何か，わからないだろう（訳注：雨の庭《レインガーデン》は，例えば屋根や歩道，駐車場のような不浸透性の表面からの雨水を一時的に留めて，ゆっくりと地下へ浸透させる透水型の植栽空間のこと）。オーストラリアのメルボルン市では，これらの「障害」に正面から取り組んでいる。メルボルン市の雨水のための「1万箇所の雨の庭プログラム」は，2013年までに1万の「雨の庭」をつくるという，大胆な目標を掲げて，2008年から始められた。そのウェブサイト（http://raingardens.melbournewater.com.au/aboutUs.html）では，最適地の識別の仕方から，最良の植物の選び方まで，その手順が5つの独立した

第Ⅱ部　家庭部門の行動への影響力

ステップに分割して紹介されている。説明シートも地元の金物店や園芸店で手に入れることができ，また，住宅所有者に材料や植物のための購入品リストを提供するだけでなく，大体の費用もわかるようになっている。そして，その取り組みを広めるのと同様に技能の習得を支援するために，2010年度，「ガーデンガルツ」(The Garden Gurus) という人気テレビ番組が，「1万箇所の雨の庭プログラム」の特集を組み，そのシーズンの最も新しい2つのエピソードを紹介し，「雨の庭」用の説明シートが「ガーデンガルツ」のウェブサイトで利用可能ということを宣伝した。彼らの目標達成を後押しするために，住民たちは地元の上下水道局とともに，「雨の庭プログラム」に登録することを奨励される。1,000人近くがプログラムの最初の2年で公式に"カウントされた"。なお，これに，その運動が刺激を与えたがウェブサイトに登録されていなかった人々は含まれていない。

「私は変革のためのすべての要請によって困惑している」

　もし〔CASE♯1〕に登場した「自然な庭づくり講習会」の参加者が，「やるべきことが非常に多くあった」という感想を率直に言ったとしてもそれは驚くべきことではなく，結局，24の行動は進められる。メリーランド州では，異なるアプローチがとられた。数十の望ましい行動が識別され，その「インパクト性」，「確率性」，および，現在の参加レベルに応じてランク付けされたが，このプログラムのリーダーたちは最初に，秋まで芝生へのカニ殻粉末肥料の使用を延期する，というシンプルだが，重要な行動に焦点を絞る意思決定を行った。さらに，彼らは春の施肥をスキップするために，1つの主たる「便益」に注目した。そして，「カニを救い，そしてそれを食べよう」というプログラムを実施し，それはブランド化された。ワシントン D.C. 地区の人々は湾にあまり関心がないかもしれないが，ワシントン D.C. の至る所で多くのシーフード・レストランが繁盛していることからもわかるように，多くの人がシーフードを好んで食べる。そこに，自然保護派の協力者たちが現れた。例えば，その運動を始めるに際しての報道機関向けのイベントでは，地元チェサピーク湾のシーフードをより確実においしく提供できるように，ワシントン D.C. 地区のレストランに，施肥を秋まで待つように依頼する請願書に署名した地元のシェフたちがクローズアップされた。その運動のスローガンや秋の施肥のメッセージが書かれたドリンクコースターをレストラン内で使用したり，利用客に持って帰ってもらったりするために，無償で地元

78

のレストランに配られた。ターゲット層の環境への意識というよりも彼らの胃にアピールするために問題を再構成した。その運動のアプローチは主要なメディアの報道を獲得するに値するニュース価値が十分にあり、その運動の範囲は広げられ、正当性がより強められた。2004年春、その運動が始められる前に行われた、その地域に住む600人の電話調査では、52％が春の施肥を計画していると答えた。1年後の同様の調査では、その数は39％にまで減り、春の施肥の計画をしている人の数は25％減少した（Kotler & Lee, 2008）。明らかに、住民は1つのシンプルな行動によって、強調された便益に反応し、同時に障害をより少なくしたのである。

「これはコストがかかり過ぎる」

　地域による金銭的誘因メカニズムの例として、雨水による料金割引、優先許可、助成金、リベート、設置融資などがある（米国・環境保護庁、2009年）。2008年、米国オレゴン州のポートランド市は「エコルーフ」（ecoroofs―従来の屋根の代わりに使用される、植生のグリーンルーフ・システム）の設置に興味を持っている資産家に誘因を与え始めた。「誘因」（設置されたエコルーフ、最高で1平方フィート当たり5ドル）は、導入を増加させ、かつ、成長市場において共通で増加する先行投資コストを延期するように意図されている。すべての建築形式には「誘因」を受ける資格があり、それは2013年まで継続される予定である。このプログラムの第1のターゲットは43エーカー（訳注―17.2ヘクタール。1エーカー≒0.40ヘクタール）分の追加のエコルーフである。多数の成果が、プログラムの有効性を示している。

　需要面では以下の通りである。

- 2008年以来、66件の4.67エーカー分の誘因プロジェクトが100万515ドルを与えられた。
- さらに、6エーカーのエコルーフが設計または構築中である（2010年）。
- 2010年6月1日に、さらに、2エーカー分のエコルーフに38件の申し込みがあった。
- プログラムの電子メールの配布先リストは2009年5月以来、1,000人以上になっている。

　供給面では以下の通りである。

第Ⅱ部　家庭部門の行動への影響力

- 同市は，エコルーフ産業の地元専門家のリストを提供しており，そのリストは2009年5月以来，30％増えている。
- 年会員のベンダーとなるベンダーは，最初の年に35から60にまで増えた。
- 地域産業の専門家のコンソーシアムである，グリーンルーフ情報シンクタンクのメンバーはその最初の年に4人から130人に増えた。
- ポートランド市のエコルーフ・プログラムのウェブサイトへのアクセス数は2008年に月1,000件だったのが，2010年までに月1万以上の件数に増加した。

　同市のエコルーフ・プログラムの総予算は590万ドルで，誘因，560万ドル，残りはこの5年間のプログラムへの教育，アウトリーチ活動，技術援助のための予算であった。コストや利益を分析するために，エコルーフの誘因は従来の雨水管理システムと比較される。誘因型資金調達で建設されている，エコルーフは1,760万ガロンの雨水が市内の下水道に入り込むのを防ぐだろう。もし同市がこの年間流出量を管理する下水道分離プロジェクトを構築しなければならないならば，その総事業費は1,580万ドル以上かかるであろう。誘因とパイプ分離計画のコストの差額は地方納税者たちの930万ドル分の将来の納税を回避した数字を表す（M. Burlin，私信にもとづく，2010）。

「私は，自分の芝生の手入れをしない。それは芝生管理会社が行えばいい」

　この問題は，重要な"中間（midstream）"ターゲット層を識別し，影響を及ぼす価値や意義を明確に示す。米国・メイン州ケネバンクポートのリーダーたちはこの原理を認識していた（メイン州保存委員会［Maine Association of Conservation Commissions］，2009）。芝生の手入れをケネバンクポートのサマーリゾート・コミュニティのロブスター・キャッチの実行可能性にリンクさせるというのはタウンマネージャーと同様にメイン州保存委員会も，住民が地元のロブスター産業が栄えてもらいたいと望んでいるので，理解し，反応するだろうと信じたコンセプトであった。また，タウンマネージャー（町支配人―行政執行責任者）は感動的な話が規則よりも効果的で，芝生管理会社を説得することが成功の鍵だろうと考えた。プロセスの第1歩は芝の肥料や殺虫剤の適用のための「ベスト・マネジメント・プラクティス」（BMP―最良の管理活動）と，その後，利用しやすいように練り直された10のステップからなる行動パターンを，町に公式に採用してもらうこ

とであった。次に，同委員会はケネバンクポートで運営していると彼らが識別できるすべての芝生管理会社に，便箋で手紙を書いて送った。ケネバンクポートは，芝生管理会社が季節ごとの芝生の手入れを非常に丁寧に行うコミュニティであった。居住者たちも彼らがそこにいる数週間で"完璧な芝生"を求める人々であった。彼らはもし芝生管理会社が積極的にBMPを採用してくれれば，会社名が"ロブスターのための芝生"パートナーとして町ウェブサイト上でリストアップされるであろうということを彼らに知らせた（誘因）。その後，大手芝生管理会社のうちの8社が町のBMPを採用することを誓約して署名した。芝生管理会社は着手するとすぐに，コミュニティにプログラムを促す取り組みを行った。ある新聞記事には，居住者が雇用する可能性のある，あらゆる芝生手入れの専門家に尋ねることが示唆された質問項目のリストが出ていた。また，拡散の支援のために，"ロブスターのための芝生"のロゴと「科学薬品をより少なく，水をよりきれいに」というスローガンで飾られたプログラムの信条を採用した住宅所有者に小さな旗が配られた。

4　まとめ

　本章では，住宅部門で水質保全のための行動に携わることに影響を及ぼすような戦略に注目した。最初に強調された主要課題は種々の家庭活動から生じる汚染物質（例えば施肥から生じる化学物質，ペットの糞から生じるバクテリア，洗車の際の石鹸など）が湖，川，小川，海などに非常に重大な否定的影響を及ぼしているということを多くの市民が知らないか，知っていても懐疑的だということであった。本章で示した2つの特徴的なケースでは，人々によって認知された「障害」を克服するための戦略を開発する力を明らかにした。ワシントン州キング郡の「自然な庭づくりプログラム」は近隣地域の庭づくり講習会を企画し，提供することによって，また以前に行われていた，単に望ましい行動の意識を高めるだけの大規模な宣伝活動と比して，著しい成功を達成した戦略によって，技能関連の「障害」に取り組んだ。テキサス州オースティン市の犬の糞処理運動は，市内の至る所により多くのペットの糞処理ディスペンサーを設置することによって，また，使いやすく衛生的な糞処理袋を確保することによって，利便性関連の「障害」に取り組んだ。また，水質保全への他の共通の「障害」に取り組んだ事例として，

第Ⅱ部　家庭部門の行動への影響力

ワシントン州シアトル市における，排水溝と水路の連結を支援するための「雨水排水溝謄写プログラム」，オーストラリア，メルボルン市における「雨の庭」公園の美しさと「便益」を促進するプログラム，メリーランド州チェサピーク湾における，成長途上にあるワタリガニを救うための「春の芝生施肥スキッププログラム」，オレゴン州ポートランド市における「流出水からの汚染を減らすためのエコルーフへの助成金提供プログラム」など，いくつかの追加の注目すべき試みについても紹介した。

演習問題

① 　水質改善行動にとっての付加的な典型的「障害」は，「私の小さな役割は重要ではない」という思い込みです。この思い込みの「障害」に取り組むにはどんなツールが最も効果的だと思いますか。

② 　「自然な庭づくり運動」の事例に関して，講習会の代替的戦略として，ターゲット地域の住宅所有者と1対1で作業をするために戸別訪問する教育専門家を雇うことを試験的に行う実現可能性について，あなたはどのように考えますか。また，その2つの戦略を比較してみて，もし戸別訪問戦略がよりよい「投資収益率」（returu on investment）を提供するならば，どちらを選択しますか。

③ 　犬の糞処理運動に関して，庭のペットの糞を収集するのに影響を及ぼすような提案を何か思いつきますか。研究を通じて，どのようなユニークな「障害」をあなたが発見すると想像できますか。そして各「障害」に取り組むには，どのようなツールが最も効果的だと思いますか。

参考文献

The Humane Society of the United States. (2009, December 30). *U.S. pet ownership statistics*. Retrieved from http://www.humanesociety.org/issues/pet_over po pu la tion/facts/pet_ownership_statistics.html

Kotler, P., & Lee, N. (2008). *Social marketing Influencing behaviors for good* (3rd ed.). Thousand Oaks, CA : Sage.

Maine Association of Conservation Commissions. (2009, Fall). *Lawns for lobsters*. Retrieved from http://meacc.net/achievements/kennebunkport%20Final.pdf

Metro UK. (2010). Council turns dog poo pink, Retrieved from http://www.metro.co.

第 3 章　水質保全

uk/weird/187381-council-turns-dog-poo-pink

Seattle Public Utilities. (2010). *Stencil a storm drain*. Retrieved from http://www.
cityofseattle. net/util/Services/Drainage_&_Sewer/Keep_Water_Safe_&_Clean/Rest
oreOurWaters/Volunteer/StencilaStormDrain/index.htm

UN water. (2010). *World Water Day 2010 : clean water for a healthy world*. Retrieved
from http://www.worldwaterday2010.info/

U.S. Census Bureau. (2008). *State & county quickfacts. King County*. Retrieved from
http://quickfacts.census.gov/qfd/states/53/53033.html

U.S. Environmental Protection Agency. (2009). Managing Wet Weather with Green
Infrastructure Municipal Handbook : Incentive Mechanisms.

WayOdd. (n.d.). *Swedish Kids campaign against dog poop*. Retrieved from http://www.
wayodd.com/swedish-kids-campaign-against-dog-poop/v/6997/

83

第4章

有害排出ガスの削減

1 問題の所在

　2007年，路上には8億台の乗用車と軽トラックがあった。その翌年はさらに6,800万台の追加がみられた（Renner, 2010）。路上に自動車の台数が増えただけでなく，走行距離も増えている。1950年，米国の自動車の平均走行距離は単年度で約9,000マイルだったのに対して，2003年までに，その距離は1万2,000マイル近くへと増えた（Renner, 2005）。全体として，これらの自動車は実に2,600億ガロンの燃料を消費し（Plunkett Research, 2008），非常に多くの二酸化炭素を排出している。残念なことに，個人用自動車は大気汚染，交通渋滞，騒音，交通事故死，農業用地の喪失，および，豪雨の増大を含むその他多くの負の影響に関係している（Newman & Kenworthy, 2007 ; Zuckerman, 1992）。さらに，自動車の利用は石油を輸入に依存している国々にとって国家の安全を傷つけているのである（Newman & Kenworthy, 2007）。

　おそらく，これらのうち最も深刻な課題は温室効果ガスの排出に対する自動車利用の影響である。米国・環境保護庁（EPA）は，同国の軽自動車は1台当たり年におよそ5.5メートルトン（5,500キログラム）相当の二酸化炭素を排出していると推定している（EPA, 2005）。これらの排出ガスを抑制することは，われわれが個人用自動車の利用方法と利用頻度の両方を変更することを意味するだろう。

2 問題解決を可能にするための行動

　排出ガスを削減する家庭部門における行動は，①エネルギー使用と②移動手段，という大きく2つの領域に分かれるようである。家庭部門のエネルギー使用は第5章で詳しく論じるため，ここでは排出ガスの削減と家庭部門の移動手段の選択

第4章　有害排出ガスの削減

表4-1　有害排出ガスを削減するための家庭部門における行動

領域	選択採用の可能性をもつ「目標達成段階」の行動例
自動車のメンテナンスと購入	• 適切なタイヤ圧にメンテナンスすること • 定期的にエンジンのメンテナンスを行うこと • 燃費のよい自動車の購入
通勤関連の移動手段の選択	• 自転車通勤 • 徒歩通勤 • カープールを利用した通勤 • 在宅勤務 • 公共交通機関を利用した通勤
運転行為	• 速度制限以下の運転 • 駐車時のエンジン停止 • 冬にエンジンを温めるためにアイドリングをしないこと • 信号で急発進しないこと • 通勤や所用のために最も効率的な経路で運転すること • 所用を何回かに分けるのではなく，一度で済むようにつなげること
子供関連の移動手段の選択	• 自転車通学 • 徒歩通学 • 自転車で娯楽活動に出かけること • 徒歩で娯楽活動に出かけること • 娯楽活動のためのカープール

との関係に焦点を当てることにする。家庭部門のエネルギー使用と同様に，有害排出ガスを削減できるような多くの移動手段がある。その結果，表4-1は限定的な事例を示している。徒歩通勤や自転車通勤のように，外観上よく似た行動であっても，それらの「障害」が異なるならば，別個の活動として扱わなければならないことに注意すべきである。例えば，自転車通勤に対する「障害」には自転車の所有，自動車との道路の共有，および，運転中の自転車の安全がある。一方，徒歩通勤に対する「障害」は全くない。

　本章は2つの事例研究を取り上げる。1つ目の事例研究では，われわれの自動車利用の方法にかかわる行動を議論する。2つ目の事例研究では，われわれの運転頻度にどのような影響があるかを描写する。

85

第Ⅱ部　家庭部門の行動への影響力

| CASE #1 | アイドリング反対運動：
カナダ・トロント市 |

プログラム導入の背景

「アイドリングはあなたをどこへも連れて行かない」はカナダの不必要なアイドリングを減らすための全国的な運動のスローガンである。10年以上の間，カナダ中央政府は州政府や地方政府と協力して，自動車運転者にアイドリングしないことを奨励している。アイドリングとは，自動車運転者が例えば，子どもが学校から出てくるのを待ちながら駐車して，その自動車の中に座っている時にエンジンを付けておくことである。アイドリングは有害排出ガスの削減に関連する，最も影響する家庭部門の行動ではないけれども，カナダ天然資源省（NRCan）は容易に変えることができると信じている活動である。さらに，カナダ天然資源省はこの行動は化石燃料を無駄にし，気候変動の原因となる温室効果ガスを排出し，大気の質の問題を抱えている都市ではスモッグを悪化させると報告している（NRCan, 2010）。また，もし自動車運転者がこの行動を採用して繰り返し行うならば，より燃料効率のよい自動車の購入やカープールのような，もっと実質的な活動を採る可能性が高まると思われた。アイドリングを減らすためのカナダの全国的な取り組みはカナダ環境省によって提案され，マッキンゼー社とオンタリオ州環境省によって開発された，トロントにおける「コミュニティ基点型のソーシャル・マーケティング」（CBSM）の試験的なプロジェクトとして始まった。「カナダ気候変動活動基金」（Canada's Climate Action Fund）トロント市，オンタリオ州環境省エコドライブ室，および，カナダ環境省を含む多数の機関がその試験的なプロジェクトに資金を提供した。「ターン・イット・オフ運営委員会」（訳注：自動車のエンジンを切って，アイドリング行為を止めさせることを啓蒙していく委員会）にはこれらの機関の代表者が参加しており，その試験的なプロジェクトを実践しているルーラ・コンサルティング会社やマッキンゼー社に指示を出した。これらのコンサルタント会社はトロント市（労働・救急・厚生部門），トロント教育委員会，トロント・カトリック教育委員会，トロント交通局（TTC）を含む地域の機関と緊密に協力した。

ターゲット層と望ましい行動

アイドリングはほとんどのカナダ人がよく行っている一般的な行動である。実際に，カナダ天然資源省は，カナダ人は毎日約8分間彼らの自動車でアイドリングを行っていると報告している（Phase 5 Consulting Group, 1998）。この試験的なプロジェクトは特に一般的な2つの場所，すなわち，学校の駐車場とトロント交通局の「キス・アンド・ライド（送り迎え）」の場所でアイドリングを削減することに焦点を当てた。親は子どもを学校で乗せるために待っている間，彼らの自動車をよくアイドリングしている。同様に，アイドリングは，トロント交通局が適切に名づけた「キス・アンド・ライド」の場所の1つである電車で帰ってくる配偶者を自動車運転者が待っている時に一般的にみられる。

学校と「キス・アンド・ライド」の駐車場の両方で，求められる行動変革は単純で直接的だった。すなわち，「大気質」（air quality）を向上させ，二酸化炭素の排出量を削減するために，到着したらすぐにあなたの自動車のエンジンを切ることである。

「障害」と「便益」

「障害」（barriers）と「便益」（benefits）の調査は全国的なフォーカス・グループ手法とサーベイ・リサーチ手法から構成されていた。これらの方法によって，以下のような「障害」と「便益」が示唆された。

- 自動車運転者はよく彼らの自動車のエンジンを切り忘れる。
- 彼らは自動車のエンジンを切る前のアイドリングするべき時間の長さに不注意である。
- エンジンを切ることは標準的な，あるいは，期待される行動ではない。
- 快適さと安全性は人々が比較的寒い気候の所では自動車をアイドリングする重要な理由であるので，プログラムは比較的暖かい時期に行われるべきである。

プログラムの内容

2つの「コミュニティ基点型のソーシャル・マーケティング戦略」（CBSM Strategy）は自動車運転者がアイドリングしないことを推奨するために開発され

第Ⅱ部　家庭部門の行動への影響力

図4-1　アイソリング反対運動のステッカー

出所："Anti-Idling Commitment Sticker." Natural Resources Canada, 2010. Reproduced with the permission of the Minister of Natural Resources Canada, 2010.

た。最初の戦略では，自動車運転者にアイドリングしないことを推奨するためにサイン（＝プロンプト）のみが使用された。2つ目の戦略では，サインに加えて個人的な接触や誓約，および，社会的規範が適用された。図4-1と図4-2を参照されたい。

1．サインのみの戦略：自動車運転者にエンジンを切ることを推奨するために，各場所で最低でも4つのサインが一時的に利用された。これらのサインがコンクリートの土台に，自動車運転者が駐車している間，そのサインを読めるように低い位置に据え付けられた（多くの標識の高さでは自動車が動いていない時に読むことは難しい）。

2．サイン，誓約，個人的な接触を用いた戦略：公約は自動車運転者に彼らの自動車のフロント・ガラスに「ノー・アイドリング！」のステッカーを貼るよう頼むことによって行われた。このステッカーは自動車運転者にエンジンを切ることを想起させるための忠告，エンジンを切るモチベーションを高めるための公約，さらに目に見える望ましい行動を採用することによって開発された社会的規範として支給された。自動車運転者はまた，アイドリングを減らすことは大気汚染と二酸化炭素排出量を削減するだけでなく，金銭的な節約になることを忠告する情報カードも提供された。以下に示す文書が，自動車運転者が訓練を受けた大学生にアイドリングしないよう提案されたり，頼まれたりした時に使われた。

「こんにちは／今晩は。私は○○と申します。私はトロント市と協力して，自

動車のアイドリングを減らすことを
目的とするプロジェクトで働いてお
ります。私たちは自動車のエンジン
がつけっ放しにされている時に排出
される有害なガスを減らしたいので
す。これらの排出ガスはご存知のよ
うに，大気を劣化させ，気候変動の
一因になります。私たちは運転手に
駐車時や自動車の中で待つ時に，責
任をもって積極的にエンジンを切る
ようにお願いしております。ますま
す多くの人々が行っている同様の誓
約に参加して，あなたが駐車する時
や自動車の中で待つ時にエンジンを
切ることに同意していただけません
か。私たちはこのようなエンジンを
切る誓約をしている人々に，窓にこ
のステッカーを貼ることをお願いし
ております。そうすることによって，
このステッカーはあなたにエンジン

図4-2　アイドリング駐車禁止標示

アイドリング禁止地区
エンジンを切ろう
アイドリングはあなたを
どこにも連れていかない

出所：“Anti-Idling Parking Los Sign.” Natural
Resources Canada, 2010. Reproduced with the
permission of the Minister of the Natural
Resources Canada, 2010.

を切ることを思い出させるものとして，また，アイドリングを減らすというあな
たの誓約を表示するものとして役に立ちます。このステッカーはあとで簡単に窓
から剥がせるように作られております。このステッカーをあなたの窓に張ってい
ただけませんか。私たちはこれらの情報カードもお渡ししております。これらの
情報カードはエンジンを切ることがどのくらいあなたの金銭的な節約になるのか，
また，どのくらいあなたが呼吸しやすくなるのか，すなわち，大気を思いやるこ
とができるのかを説明しております。1つお持ちいただけますか」。

　この文書が示すように，これらの会話は実際に簡潔であり，普通は1自動車当
たり1分かからない。さらに，この文書は，午後はいつもほとんどの親や保護者
が到着する学校の駐車場に2人送っていたので，2カ所で見られた（親や保護者
が子供を降ろしてすぐに立ち去ってしまう午前よりもアイドリングについて話す機会が多

第Ⅱ部　家庭部門の行動への影響力

いために，午後の乗車時間が利用された）。

　アイドリングの頻度と継続時間を測定するために，12カ所（6つの学校と6つの
トロント交通局の「キス・アンド・ライド」の場所）で，「非影響基線測定法」
（unobtrusive baseline measurements）が10日間行われた。自動車運転者の行動が観
測される時間を測定することを目的に無作為時間標本抽出法が使用された。無作
為時間標本抽出法は観測者がかけなければならい短時間（例えば，15分）を無作
為に選択する必要がある。しかしながら，このプロジェクトでは，無作為に抽出
した時間標本のほとんどは，アイドリングが最も起こると思われる期間をデータ
として捕捉するために，授業日，あるいは，就業日の最後から選ばれた。観測者
は注意深くアイドリングの測定値を収集するように訓練された。その観測者は自
動車がアイドリング状態にあることを示すもの（例えば，排気ガス，振動している
排気管，もしくは，アンテナ，自動車の騒音）を探すように教育された。

　基線測定法を終えるとすぐに，その試験的な戦略は12カ所を手当たり次第に，
(1)サインのみの戦略，(2)サイン，誓約，個人的な接触を用いた戦略，(3)統制，と
いう3つのグループに分けることによって検証された。この過程によって，3つ
のグループの各々において学校が2校とトロント交通局の「キス・アンド・ライ
ド」2カ所になり，全体で計12カ所になった。

　2つの戦略を実践し終わるとすぐに，基線測定と同じ無作為時間標本抽出の過
程を用いて，追跡測定が10日間行われた。この大規模なプロジェクトでは，12カ
所で自動車8,000台以上の観察報告がなされた。重要なことに，アイドリングは
カナダ人にとって一般的な行動であることを示す基線期間の間に，12カ所横断的
に全自動車運転者の53％にアイドリング行為が観測された。

　この基線測定値は初春に集められ，追跡測定値は晩春に収集された。結果的に，
単純に天候が暖かいという理由から晩春にアイドリングをしている自動車運転手
がほとんどいないのかもしれない。こうした可能性を管理すべく，管理対象の場
所でのアイドリングの頻度と継続時間について観測された削減量は2つの戦略か
ら取り除かれた。

　サインのみの戦略によっては，アイドリングは減らなかった。しかし，サイン，
個人的な接触と誓約の組み合わせはアイドリングを32％，また，アイドリングの
継続時間を73％減らした。この戦略は学校では効果は限られており，そこでのア
イドリングは51％，計持続時間は72％減った。対照的に，トロント交通局の「キ

90

第4章 有害排出ガスの削減

ス・アンド・ライド」の場所では，この戦略はアイドリングを27％，および継続時間を78％減らした。

試験的なプロジェクトの成功に続いて，カナダ天然資源省はカナダ国内2カ所で「ターン・イット・オフ運動」を導入し同様の結果を得た。重要なことに，これらの広範囲にわたる導入は学校や公の駐車場だけでなく，地方自治体の全車両を対象とした。広範囲にわたる導入がアイドリングを抑制する際に効果的であることがわかると，カナダ天然資源省はキャサリン・レイ（Catherine Ray）のリーダーシップの下に，「ターンキー」（即座作動型のキー）ツールキットを開発し，カナダ中の地方自治体にアイドリング反対運動を導入するために必要な資源を提供した。このツールキットはすべての必要なコミュニケーション手段を利用してアイドリング反対運動を実行する方法に関する助言から構成されている。インターネット（http://oee.nrcan.gc.ca/idling/idling.cfm）で無料利用できるこのツールキットによって，アイドリング反対運動を導入しているカナダの自治体は200以上になった。さらに，カナダの50以上の自治体は今でもアイドリング反対条例を可決しており，他の国の多くの自治体がそのツールキットを利用している。

論 評

「ターン・イット・オフ運動」は大成功だった。しかしながら，次のような2つの代替策が有用であるかもしれない。第1に，アイドリングの変化の測定はその戦略の導入から10日間行われた。この短期間の間にアイドリングは頻度と継続時間の両方が減少したことが明確に示された。しかし，それはこの行動の変化が持続可能であるかどうかを示すものではない。これらの行動変化の継続性を評価するために，後に追跡評価が必要になるだろう。

第2に，アイドリングは，もし自動車運転者がこの行動を修正したならば，彼らは他の行動変革ももっと採用しようとするかもしれないということが望まれて，ターゲット的な行動として選択された。もし彼らがすでに行っている行動変革（本事例ではアイドリングの削減）と彼らが（カープールのように）採用する可能性のある，他の行動との間に明確な関連づけがなされれば，自動車運転者は他の行動をもっと採用しようとするかもしれない。採用されている行動と他の潜在的な変化のつながりは推進される行動に共通するブランドを利用することによって強化されることができるだろう。さらに，「大気質」を改善し，二酸化炭素の排出量

91

第Ⅱ部　家庭部門の行動への影響力

を削減するための全国的な活動の一部として奨励されている行動を有意義に関連づけて示すメディアの運動を利用することは共通点のない行動を重要な点で関連する行動と考えるように人々に一層促すだろう。

CASE #2　トラベルスマート： 南オーストラリア，アデレード

プログラム導入の背景

　オーストラリアは輸送形態の変更を促進するプログラムについて世界的なリーダーである。オーストラリア全土にわたって，トラベルスマート・プログラム（TravelSmart program）は多くの家庭で実行されている。ここで述べるこのプロジェクトは南オーストラリアのアデレードで実行されたものであり，「トラベルスマート・プログラム」の評価方法を含んでいたことで注目されている。最終報告書で示しているように，この先進的な試みは以下のような目標をもっていた。

- 行動変革を通じて私用車の使用を減らし，これを自動車の走行距離によって評価すること。
- 移動行為の継続的な変革を達成すること。
- 自発的な形で個人に参加させること。
- 自分自身の設定と文化的な文脈の範囲内で人々に直接参加させ，すべての社会人口統計学的特質に渡る利益を獲得すること。
- 行動変革に対する個人の最も重要な「障害」を扱う，単純で刺激的なツールやノウハウを提供する
- 重要な利害関係者と強力なパートナーシップを築くこと。
- 継続的改善をプロジェクト・デリバリーと統合すること。
- 統計的に根拠のある方法を利用して，行動変革の成果を独立して測定すること。

ターゲット層と望ましい行動

　ターゲット的地域は 6 万5,000世帯の家庭，多様な社会人口統計学的と民族的な背景をもつ14万人の居住者から構成されていた。

　「トラベルスマート・プログラム」はトリップチェーン，旅行計画，徒歩や自

転車移動，および，例えば，ネット・バンキングの活用のような代替的な方法を含む多様な行動をターゲットとした。

「障害」と「便益」

活動を促進する「障害」と「便益」は事前に識別されなかった。その代わりに，参加する家庭と情報交換が行われ，参加家庭は異なる移動手段についてどのような課題と「便益」を発見したのかを議論するよう促された。

プログラムの内容

6万5,000世帯の各家庭は最初に，このプロジェクトへの参加を促すためにメールで連絡を受けた。以下の方法で2万2,103世帯の家庭と追跡的な情報交換が行われた。その手段とは，電話（1万2,342世帯），家庭訪問（8,278世帯），座談会（1,282世帯），トラベルスマートの事務局への問合せ（192世帯）である。これらの情報交換は参加者に移動手段を再考させるように設計された4つの質問を行った。これらの質問は次のようなものであった。

1．あなたは最近いつ自動車に乗りましたか？　また，あなたは自動車に乗らないように心がけましたか？
2．あなたは自動車で移動することについてどのような悩みがありますか？
3．あなたは自動車の利用を少し減らすことについて考えたことがありますか？
4．あなたはご自身の自動車を去年のこの時期と同じくらい使いますか？　より多いですか？　それともより少ないですか？

これらの質問は住民が移動手段を変える気にさせるものと移動手段の変更に対する「障害」の両方を明らかにするように設計された。もし住民が望むならば，トラベルスマートの事務局はさまざまな持続可能な移動手段について，彼らを指導することによって情報交換を続け，彼らと協力して彼らの目標（交通）に適う移動方法の解決策を開発する。このプログラムの中心的な信条は「もし移動について行動変革は個人の目標を達成し，ライフスタイルを改善するならば，あるいは，その行動変革が個人の価値観と矛盾しないならば，その変革は長期間続くだ

第Ⅱ部　家庭部門の行動への影響力

ろう」というものであった（Department for Transport, Energy, and Infrastructure, 2009, p. 14）。さまざまな個人向けの解決策が参加した家庭と議論された。最終報告書で述べられているように，これらの解決策は以下のものを含んでいる。

- 「トリップチェーン」，相乗りなど事前に活動を計画すること。
- 近くの店に徒歩で行くこと，および地域の交通サービスを利用すること。
- もっと地域の活動に参加すること。
- 電車，バス，あるいは路面電車で通勤すること。
- 徒歩や自転車で移動すること。
- 支払いや預金のためにインターネットや電話を利用すること。

　参加者の利益にもとづいて，アドバイザーは，家庭が利益を早く獲得する行動変革を支援するために，家庭にさまざまな印刷物を提供した。これらのうち最も頻繁に利用された印刷物は地域活動と交通案内であり，それぞれ家庭の28％と17％が入手した。地域の代替手段を利用する際に参加者を援助するために，地域活動の案内書はお店，サービス，および，活動といった地域の資産に関する情報を提供した。この活動案内書は主にもっと徒歩や自転車での移動を望んでいる参加者のためのものであり，地域の経路を示した地図を参加者に提供した。このプロジェクトの最終段階は，地域のさまざまなコミュニティ団体が協働することによって，行動変革を持続可能にする地域能力を生み出すことである。

　このプロジェクトの全予算は170万オーストラリア・ドルであり，1家庭当たりの費用は77オーストラリア・ドルであった。アデレードの「トラベルスマート・プログラム」は(1)GPS データ調査，および，(2)自動車の走行距離計調査という2種類の測定方法で評価された。測定方法のいくつかの波は家庭の両方の測定方法への参加の前と後に行われた。また，これは参加家庭と不参加家庭の両方で行われた。重要なことに，不参加家庭は任意で選ばれ，この試験的なプロジェクトの地域の人口統計学的に代表となった。

　GPS 測定法のために，評価期間は毎年，1年当たり1週間，GPS 計測器を家庭の14歳以上の各参加者に提供した。興味深いことに，この GPS 機器は，それぞれの移動形態がそれ自体の「指紋」を持っているので，誰が歩いているのか，自転車に乗っているのか，バスに乗っているのか，あるいは，自動車を運転して

いるのかを特定することができた。さらに，この GPS 機器は行われた移動の回数と移動距離を記録した。全体として，218世帯が 3 年間，毎年 7 日間観測された。

走行距離計調査はプロジェクト期間中 4 カ月毎に参加家庭が所有している各自動車の各走行距離計を読むことによって，1,000軒行った。走行距離の記録だけでなく，走行距離に影響を与える可能性のある家族の人数の変化，および，自動車が売買されたかどうかというデータも収集された。残念なことに，1,000世帯という標本数は確証を得るには小さすぎる。また，その調査のデータはここでは報告されていない（すべての家庭が一貫して走行距離計を読み取って記録したわけではない）。

比較的信頼性のある GPS データは以下のことを示している。

- 自動車移動は平日と週末の両方において減少し，1 日当たり平均10.4キロメートルの減少（家庭部門における移動距離の18%の減少）だった。
- 不参加家庭は調査中に60万5,030キロメートルまで走行距離を増やしたのに対して，参加家庭は走行距離を22万9,850キロメートルまで減らした。
- 参加家庭は移動回数を平均 5 %減らしたのに対して，不参加家庭は移動回数を3.8%増やした。
- 移動に費やす時間を計測しながら，参加家庭は不参加家庭よりも効率的に移動した。

これらの結果は参加者が移動回数を減らしたこと，総移動距離を減らしたこと，トリップチェーン，および，旅行計画によって自身の自動車を以前よりも効率的に利用したこと，さらに，自転車移動やバス移動のようなより持続可能な移動形態に変更したことによって達成された。

論 評

このプログラムは 3 つの点で強化できるだろう。第 1 に，第 1 章で詳述した方法を使うことはターゲットにすべき最も価値のある移動の方法を選択することに役立つだろう。「インパクト性」，「確率性」が高く，「浸透性」が低い行動が識別されると，人々の「障害」と「便益」に関する調査はこのプロジェクトで利用された戦略を構築できるだろう。第 3 に，パイロットテスト的なプログラムの参加者が観察されていることに注意する時はいつでも，「ホーソン効果」（The

第Ⅱ部　家庭部門の行動への影響力

Hawthorne Effect）の可能性がある。ホーソン効果とは，「従業員は彼らが観察されていることに注意する時だけより生産的になることを発見したゼネラル・エレクトリック社の計画に言及した実験結果」に関するものである。なぜ，あなたはパイロットテスト的なプログラムを行う時にホーソン効果に関心をもつべきなのか？　もしあなたのパイロットテスト的なプログラムの参加者が，あなたが彼らに対して行っているプログラムのためにではなく，観察されていることを知っているという理由で行動を変えるならば，実際にあなたのプログラムは実験的段階から大規模な導入段階へと移行する時に失敗する可能性がある。なぜだろうか？われわれは試験的にプログラムを行う時，しばしば少人数を扱い，彼らの行動，あるいは，利用可能な資源の点で変化がみられる。しかし，大規模なプログラムに移行する時，われわれはしばしば大人数を扱い，個人に対する観察は不可能になる。結果的に，自己申告の行動変革を利用することについて注意できる時はいつも，そのように行う代わりに，「非影響観察測定法」（unobtrusive observations）（例えば，以前よりも多くの人が徒歩，自転車移動，あるいは，バス移動をしているだろうか？），「資源利用の変化」（例えば，水利用は減少しているだろうか？），あるいは，資源の質の変化（同一状況の水質汚染を受ける地域，あるいは，同一状況の大気汚染を受ける地域の質は改善しているだろうか？），のいずれかに依拠する。資源利用と資源の質という最後の2つの事例では，われわれは行動変革を直接測定していないだけでなく人々の行動変化の影響も測定していないということに注意すべきである。また「トラベルスマート・プロジェクト」では，GPS 機器はプログラムの参加者と不参加者の両方に提供されたということにも注意すべきである。不参加者が走行距離を増やしたのに対して参加者はその反対のことをしたという事実は，ホーソン効果は機能していないようであるということを示唆している。

3　その他のすぐれたプログラム

アクティブで，安全な通学路

　米国では，徒歩や自転車で通学する子どもの数が1970年代以来，劇的に低下している（Kober, 2004）。コーバーによれば，誘拐に関する親の心配，交通安全，近隣の犯罪，学校までの距離，および天候といった，アクティブな移動手段（例えば，徒歩，自転車，スケートボード）に対するさまざまな障碍が提示されてきた。

第4章　有害排出ガスの削減

米国では，どのような距離であれ，徒歩や自転車で通勤する学生の割合は1969年の42%から2001年の15%まで下がっている。これと同じ期間に，6歳から11歳までの子どもの肥満率は400%上昇している（Hedley et al., 2004）。活動水準の減少と肥満水準の急増に応じて，子供に徒歩，あるいは，自転車で通学することを推奨するさまざまなプログラムが立ち上がっている。これらのプログラムの中で最も重要なものは国際徒歩通学期間であり，これは毎年10月に行われる。2009年，40カ国の子どもがこの行動計画に参加した（iWalk, 2010）。子供に徒歩通学を推奨するプログラムの多くは，「集団通学」によっている。集団通学（＝製品）は学校から上級生や親に引率される子供の集団である。しばしば，集団通学では，子供たちがある場所で会って，一緒に徒歩で通学する。また，しばしば集団通学では，その集団が通学路を進みながら，子供たちと合流する。アクティブで安全な通学路に関するプログラムについてもっと知るためには，www.iwalktoschool.org，および，www.saferoutestoschool.ca. を参照されたい。

　ある典型的な学校のプログラムがコロラド州ボウルダーのベアクリーク小学校にある（National Center for safe Routes to school, 2010）。これらのプログラム以前は（3分の2は学校の2マイル以内に住んでいるという事実にもかかわらず），子どものたった25%だけが徒歩，あるいは，自転車で通学していた。ベアクリークのプログラムは集団通学と自転車の安全運転の教習を利用して，徒歩通学と自転車通通学を推奨することに焦点を当てた。集団通学はベアクリークの成功の中心的な部分である。親とボランティアは黄色のシャツ，あるいは，ベストを着て，黄色の風船を持っており，黄色の帽子をかぶっており，通学路で子どもと合流する時に，各バス停を知らせるために，ベルとマイクを使う。各教室は徒歩，自転車，および，合流人数を記録し，「ツール・ド・フランス」（Tour de France）を競い合う。前任の教員にちなんで，「ツール・ド・フランス」は，リーダーのジャージによく似ている，違う色の腕章を付けた学生に与えられる。校長のクルーガー先生（Mr. Cruger）も，学生が毎日自動車なしで登校することを推奨するために，クルーガー・カップを贈呈する。ボウルダー市によって行われた評価によれば，ベアクリーク自動車フリー通学プログラムの最初の年に，自動車投稿の数は36%減少した。このプログラムの2年目の間に，2008年の9月だけで，子供たちは4,800マイル歩いたり自転車に乗ったりし，自動車利用の移動をひと月で6,600回まで減らした。

97

第Ⅱ部　家庭部門の行動への影響力

4　まとめ

　「コミュニティ基点型のソーシャル・マーケティング戦略」では，行動変革を促進するためにさまざまなツールを利用することは一般的である。試験的なプログラムを実行することは，プログラムの管理者がその戦略が機能するかどうか評価することを可能にするけれども，その戦略のどの要素が行動変革の原因になっているのかを明確に識別することは普通はできない。これは，ほとんどのプログラムは行動変革を促進することに対して，実際には不必要な要素を含んでいるので，重要な特徴である。これらの本質的でない要素によってしばしばプログラムの実行により多くの費用を要することになり，また，このプログラムの追加的な要素のために，しばしば事業遂行上，課題がより大きくなる。「アイドリング反対運動プログラム」の「ターン・イット・オフ」の事例では，プロンプト，誓約，および，個人的な接触がその戦略のすべての要素だった。この戦略は効果的に行動を変革しているけれども，すべての要素が実際に必要であるかどうかは定かでない。プログラムのどの要素が行動変革を促進するために必要不可欠であるかを特定することは可能だけれども，施行実験はプログラムの各要素を個々に評価するために必要となり，プログラムの計画者に難題を提示する。プログラムの要素の個々の貢献を評価するために，直行行列の設計を利用する必要がある。直行行列の設計によって，特定されるプログラムの各要素の，行動変革に対する独特な貢献を識別することが必要である。「ターン・イット・オフ運動」の事例では，これは**表4-2**に示すような設計になる。

　すぐにわかるように，プログラム要素の数が比較的少ない時でさえ（この事例では3つ），「直交計画」（orthogonal design）は扱いにくくなりがちである。そうであるならば，あなたは開発した戦略を試験的に検証するための「直交計画」をいつ利用するのだろうか。この種の設計は2つの状況において有用である。第1に，あなたは3つほどのプログラムの要素をもっている時である。第2に，プログラムは大規模に行う時，それに伴って費用が大きくなる場合である。結果的に，試験的なプログラムを精密に評価する。プログラムのどの要素が行動変革を起こすために必要であるかを正確に評価することは大規模に導入するための費用を削減する目的で正当化される。

98

第4章　有害排出ガスの削減

表4-2　直交計画の設計

		個人的な接触			
		Yes	No	Yes	No
		誓約		誓約	
		Yes	No	Yes	No
プロンプト	Yes				
	No				

　もう１つの設計の課題は自己申告によっているほとんどすべてのプログラムに影響するとしても，移動行動の変革のためのプログラムに関してしばしば最も多く批評される。移動形態の移行のためのプログラムでは，旅行日記のようなものを参照することによってプログラムを評価することが一般的である。旅行日記を使って，試験的なプロジェクトの一部の（しばしば任意に選ばれる）参加者は，移動手段を変更する前に，彼らの移動手段（例えば自動車，バス，自転車，および徒歩で移動する距離）を記録する。これを繰り返しながら移動手段を変更する。これらの日記は行動を変える際のプログラムの効果を評価する時に利用される。プログラムの成功を管理する際に，この種の自己申告を利用することにかかわる２つの課題を述べておくことは価値がある。第１に，その日記を完成させる人はまさに日記を完成させるという行為によって，プログラムの他の参加者とは同じではなくなる。日記をつけることによってこれらの参加者は，彼らの移動手段と他の参加者よりも観察されているという事実の両方に非常に注意するようになる。結果的に，日記をつける人によってなされる移動手段を基に，試行的なプログラムの他の日記を付けない参加者に対する推定を行うことは，簡単には正当化されない。

演習問題

①　カープールのような移動行動の形態を変更するためのプログラムはしばしば自己申告された行動変革を含んでいます。これらの自己申告が正確であるかどうかを立証するために，どのような移動行動の変革の非影響測定法を選べばよいですか？

②　「ターン・イット・オフ・プログラム」はアイドリング行為について短期間の変化を評価しました。アイドリング行為の変化が持続的であるかどうかをどのように評価しますか？

第Ⅱ部　家庭部門の行動への影響力

③　大気中の二酸化炭素の濃度の増加は科学的な設備がない場合，検知されません。私たちの知覚的な限界を打ち消すためにどのようなことが行われますか？

参考文献

Department for Transport, Energy, and Infrastructure, (2009). TravelSmart : Households in the West. Retrieved from http://www.transport.sa.gov.au/pdfs/environment/travelsmart_sa/Households_in_the_West_final_report.pdf

Hedley, A., Ogden, C., Johnson, C., Carroll, M., Curtin, L., & Flegal, K. (2004). Prevalence of overweight and obesity among US children, adolescents, and adults, 1999-2002. *Journal of the American Medical Association, 291* (23), 2847-2850.

iWalk. (2010). International walk to school. Retrieved from http://www.iwalktoschool.org/index.htm

Kober, C. (2004). *Kids walk : Then and now.* Retrieved from http://www.saferoutestoschool.ca/relatedreseach.asp

National Center for Safe Routes to School. (2010). *Safe routes to school : Case studies form around the country.* Retrieved from http://www.saferoutesinfo.org/case_studies

National Resources Canada. (2010). *Toward an idle-free nation : The evolution of Canada's idle-free initiative.* Ottawa, Canada : Author.

Newman, P., & Kenworthy, J. (2007). Greening urban transportation. *State of the world 2007 : Our urban future* (pp. 66-89). New York : Norton.

Phase 5 Consulting Group. (1998). *Research related to behavior that impacts fuel consumption.* Ottawa, Canada : Natural Resources Canada.

Plunkett Research. (2008). *Automobile industry introduction.* Retrieved from http://www.plunkettresearch.com/Industries/AutomobilesTrucks/AutomobileTrends/tabid/89/Default.aspx

Renner, M. (2005). Vehicle production sets new record. *Vital signs 2005 : The trends that are shaping our future* (pp. 56-57). New York : Norton.

Renner, M. (2010). Global auto industry in crisis. *Vital signs 2010 : The trends that are shaping our future* (pp. 15-17). Washington, DC : Worldwatch Institute.

U. S. Environmental Protection Agency. (2005). *Emission facts : Greenhouse gas emissions from a typical passenger vehicle.* Office of Transportation and Air Quality. Report EPA420-F-05-004.

Zuckerman, W. (1992). *End of the road : From world car crisis to sustainable transportation.* Post Mills, VT : Chelsea Green.

第**5**章	# 水使用量の削減

1 問題の所在

　地球を宇宙からみると，われわれの水供給量は星の表面の大部分が水で覆われているために，莫大にあるように思われる。しかし，地球の水の1％以下だけしか人間は利用できない。残りは塩水，極地の氷，あるいは，地下深くにあるために，手に入れることができない生水である（Barlow & Clarke, 2002）。この不愉快な事実は人間の福利に重大な影響を与えており，世界中の水がほとんどない地域に14億人を優に超える人々が暮らしている（Gardner, 2010）。残念ながら，気候変動は，天候のパターンが変化して地球のいくつかの地域では利用できる淡水がより減少するために，この人数を劇的に増大させると予想されている（Flannery, 2005）。

　人間が利用可能な淡水は危機に瀕している。インダス川，リオ・グランデ川，コロラド川，マレー・ダーリング川，および，黄河を含む多くの大河は，その水が人間に利用されるために，もはや1年を通じて海に通じていない（Gardner, 2010）。人口の増加はさらに水資源に圧力をかけるだろう（Barlow & Clarke, 2002）。淡水は稀少資源であるだけでなく，しばしば汚染されて人間が安全に利用できない資源でもある（第9章を参照のこと）。

　海水の脱塩はコストがかかり，多くのエネルギーを要する（Barlow & Clarke, 2002）。したがって，われわれは水を最も効率的に使用しなければならない。一世帯当たりの水使用量は先進国間で非常に異なっている。このことは家庭の水効率を促進する重大な機会があることを示している。例えば，米国とカナダはフランスの1世帯当たりの水使用量の2倍以上（それぞれ382リットル，343リットル，150リットル）である（World Commission on Water for the 21st Century, 1999）。家庭部門における水使用量は多くの方法で削減可能である。夏場のカナダの家庭の水

第Ⅱ部　家庭部門の行動への影響力

消費の50％は芝生や庭のための利用であり（Greenventure, 2010），この使用量の
うちの65％は水の撒きすぎや蒸発によってすべて浪費されている（Capital
Regional District, 2010）。新しい洗浄方法，高効率なトイレやシャワーヘッドのよ
うな水効率のよい機器の導入，シャワー，および，洗濯や食器洗いのような毎日
の仕事の変更を通じて，家庭の水使用量を劇的に削減することは可能である。

2　問題解決を可能にするための行動

　水使用量に影響を及ぼす多くの行動がある。表5－1は家庭部門における水消
費量の削減を目標とする「目標達成段階」（end-state）における行動のリストで
ある。序章で説明したように，目標とされる行動はそれらの相対的な「インパク
ト性」，「確率性」，「浸透性」に基づいて選択されるべきである。これらの行動は
人々によって知覚された「障害」と「便益」の点で差異があることに注意すべき
である。例えば，トイレ・タンクの設置や水を交換するためのタンク内の部材の
取り付けのような密接に関連し合う行動でさえ，両行動ともトイレを流した時に
使用する水量を削減するけれども，それらがもつ「障害」の点で異なっている。
　本章では，2つの事例研究を提示し，家庭の水消費量を削減によって獲得可能
な利益について説明することにしている。1つ目の事例は特に屋外における水使
用量に焦点を当てるのに対して，2つ目の事例は家庭の水使用量に関わる屋内外
のさまざまな行動を論点にする。

CASE #1	水使用量の削減： カナダ，ダーラム地方

プログラム導入の背景

　「カナダ住宅貸付協会」（the Canada Mortgage and Housing Corporation），「カナダ
水・排水連盟」（the Canadian Water and Wastewater Association），カナダのオンタ
リオ州の3つの地方（ヨーク，ダーラム，ハルトン）によって共同出資された研究
では，ピーク日の需要を削減する際の，水効率のための行動計画の影響を調査し
た（Bach, 2000を参照）。ピーク日とは家庭部門の水使用量が1年のうち最も高い
日のことである。「ピーク日」（Peak day）という用語は，1年のうちの1日を述

第 5 章　水使用量の削減

表 5 - 1　水使用量削減のための家庭部門における行動

家庭の領域	選択採用の可能性をもつ「目標達成段階」の行動例
風呂場	• 高効率なシャワーヘッドの設置 • シャワーを浴びる時間の短縮 • 石鹸で洗っている時に水を止めること • 高効率なトイレの設置 • 既存のトイレで水使用量を削減するためのトイレ・タンクの設置 • 水を交換するための，既存のトイレのタンク内の部材の取り付け • トイレの水漏れの修理 • 飲用に適した水に頼らないトイレの排水システムの設置 • 流水を削減するための蛇口の通気 • 蛇口の水漏れの修理 • 歯磨きや手洗いの時に蛇口を閉めること
台　所	• 大量の皿の洗浄 • 食器洗い機を取り換えるときに，高効率モデルへの切り替え • 蛇口の水漏れの修理 • 果物や野菜を流水に晒すのではなく，シンクや容器の中で洗うこと • 冷たい水を手に入れるために蛇口をひねるのではなく，冷蔵庫の中に水の容器を蓄えておくこと • 肉類は穀類よりもウォーター・フットプリント（＝水の消費量）がずっと多いために，肉の消費量を減らすこと
洗濯場	• 大量の洗濯 • 高効率な洗濯機の購入
庭，および，その他	• ホースではなく，バケツで自動車を洗うこと • 雨水を集めるために貯水タンク・水槽付の家を建て，ガーデニングで雨水を利用すること • 蒸発を避けるために，午前中と夕方に芝生に水を撒くこと • ホースや洗浄システムの水漏れの修理 • 芝生の給水システムを制御するために，芝生の水分センサーを利用すること • 乾燥耐性の強い植物を庭に植えること • 芝生やその一部を土着の乾燥耐性の強い植物に取り換えること • 蒸発を避けるために，プール・カバーを利用すること

べるために使われるけれども，実際にはほとんどのカナダの地域社会では，水使用量がこのピークに近づくのは 1 年のうちだいたい20日である。これらの日は市政府や地方政府が 1 年のうちたった数日しか発生しない水需要のピークに見合うだけの十分なインフラを 1 年中もっていなければならないという点で重要である。このために，これらの日に使われる水は地方自治政府が家庭に提供する最も費用のかかる水である。水使用のピーク日は住民が芝生に水をやる夏の最も暑い日である。興味深いことに，バッハ（Bach）によれば，水使用量はこれらの日に最も

103

第Ⅱ部　家庭部門の行動への影響力

図5-1　水栓標識

ダーラム地方

水効率
ダーラム地方

・今日は偶数日か奇数日か？
・先週雨は降ったか？
・芝生は1週間でたった1インチの水しか必要としない。

出所：Graphic provided courtesy of Region of Durham.

多くなるけれども，水の提供に関わる費用がより高くなるために，実際にピーク時の水使用によって地方自治政府が得る収入はほとんどないという（Bach, 2000）。市当局はインフラにかかる費用の削減，同じ水源を使ってより多くの人に水を供給する能力，および，インフラの改良整備のための延期を含むいくつかの点で，ピーク時の水使用量を削減することから利益を得る。

ターゲット層と望ましい行動

　このプロジェクトはヨーク地方，ダーラム地方，ハルトン地方における家庭部門の水使用量を標的とした。各地域で約500軒の家庭が選ばれた。これらの家庭は住宅の築年数，資産規模，人口統計的特性の点で類似していた。

　屋外での水使用に関するさまざまな行動をターゲットにしたけれども，これらの中で最も重要なものは芝生の水やりだった。より具体的に言えば，住民は必要な時だけ芝生に水をやることを，また，芝生に過度に水をやらないことを保証するために，（しばしば雨量計を使いながら）水やりを管理することを推奨された。

「障害」と「便益」

　「障害」(barriers)と「便益」(benefits)の調査はターゲットとなる行動に対して行われなかった。

プログラムの内容

　各地方はピーク時の水使用量を削減するために戦略を策定した。ヨーク地方は水効率に関するパンフレット（コミュニケーション）と雨量計（製品）を試験地域

第5章　水使用量の削減

図5-2　宣言ステッカー

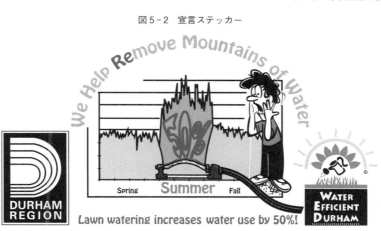

ダーラム地方　　　　　　　　　　　　　　水効率ダーラム地方

私たちは多くの水の使用を削減します
芝生の散水は50％まで水使用量を増やす

出所：Graphic provided courtesy of Region of Durham.

の家庭（場所）に配達するという伝統的な情報集約的な手法を利用した。後に，各地方は住民に節水を想起させるために，屋外の水栓の上に置くことができる警告標識（プロンプト）（図5-1）を家庭に提供した。本プログラムは1家庭当たり約22カナダ・ドルの費用がかかっており，結果的に1日当たり1家庭につき3リットルの節水，言い換えれば，水使用量1％の削減となった。

ヨーク地方とは対照的に，ダーラム地方は住民と屋外における水使用量を削減することの重要性について話すために（コミュニケーション），また，住民が水使用量を削減するように要請するために，大学生を戸別に派遣した。さらに，住民は当該家庭が無駄な水使用量を削減することを知らせるステッカー（図5-2）を家の玄関窓に貼ることによって，水使用量の削減を公約するように要請された。住民はまた，芝生に水やりをする必要があるかどうかを考えることを警告するプラスチック製の標識を屋外の水栓の上に置けるかどうかについても要請された。このプログラムを行う費用は1家庭当たり約44カナダ・ドルであり，結果的に1日当たり1家庭につき215リットルを節水，言い換えれば屋外の水使用量を32％削減した。

ハルトン地方はダーラム地方とよく似た方法を利用した。ハルトンでは，職員が個別に訪問し，住民と水使用量を削減することの重要性について話した（コ

第Ⅱ部　家庭部門の行動への影響力

ミュニケーション）。これらの会話は職員が住民に調査に協力することを要請することによって始まり，次に水使用に関する話に入る。職員はまた，住民に手紙を送ったり，雨量計（製品）や他の教材を提供したりした。均等割りで，ハルトン地方は１家庭当たり18ドルを費やし，１日当たり１家庭につき200リットルを削減，言い換えれば，屋外における水使用量を45％削減した。ハルトン地方はこのプログラムを実践するために職員を利用しており，これらの職員の給与は均等割の費用には含まれていないことに注意すべきである。

　３地方すべてにおいて，水使用量が観察されただけでなく，「投資収益率」（ROI）も計算された。興味深いことに，パンフレットの配布を通して住民に情報を提供するだけの伝統的な手法（例えば，ヨーク地方）は費用効果がなかった。実際に，この手法は水の削減量の点でほとんど成果がなかったので，この伝統的な手法を利用することは水の使用量を削減することよりも新しい水処理施設の構築による水の供給量の増大に対しての方が費用効果はあった。対照的に，ダーラムとハルトンの両地方では，水効率プログラムは供給量を増やすためのインフラの開発よりも一層の費用効果があった。３地方すべてにおける節水量はこれらの地域の家庭に提供した流量計を給水本管内に設置して利用し，「非影響観察測定法」（unobtrusive measures）によって観察された。流量計を利用した結果，住民が観察されていることを知っているという理由で彼らの水使用を変えるかもしれないということを懸念することなく，水の総使用量を計測できた。プロジェクトの参加者は，彼らが観察されていることを知っている時，これを知っているというだけの理由で，すなわち，彼らに対して行われているプログラムのためにではなく，彼らの行動を変えるかもしれない（「影響観察測定法」に関する問題についての詳細な議論，あるいは，「ホーソン実験効果」にかかわる言及は第３章を参照のこと）。

論　評

　本プロジェクトはいくつかの理由で重要である。第１に，注意深く芝生の水やりという行動をターゲットにする行動計画を通して，屋外の水使用について多くの削減量を達成する可能性があることを立証している。第２に，伝統的な情報集約的なプログラムの効力と「コミュニティ基点型のソーシャルマーケティング」（CBSM）の効果に対する丁寧な比較である。第３に，水使用量の変化を非影響測定法によって観察しているだけでなく，その地方の手法の利用に関する重要な基

第5章　水使用量の削減

準を提供する「投資収益率」をそれぞれの手法において計算している。環境保護プログラムの計画者はある手法が行動を変革するかどうかをあまり評価しないし，そのプログラムは費用効果があるかどうかという関連する疑問も扱わない。

　先述のように，ハルトン地方は屋外での水使用量をダーラム地方が32％削減したのに対して，45％削減した。この相違は，地方自治体の職員は家庭の水使用量を削減する際に，学生よりも説得力があること，を示している。これはそうであるかもしれないが，ダーラム地方では職員が個別訪問をしていないのに対して，ハルトン地方では学生が戸別訪問を行っているので，水使用量の点で観察された違いがメッセージを送った人物の違いによるものなのか，コミュニティの受容性の違いによるものなのか，それとも，両要因の組み合わせによるものなのかを知ることはできない。これら2つのコミュニティの間の差異をより完全に理解するために，ハルトン地方では学生がさらに，ダーラム地方では職員が戸別訪問を行う必要があるだろう。そうすれば，両コミュニティにおける職員と学生の相対的な効果が入り完全に理解できるだろう。

　最後に，ダーラム地方で行われた公約は玄関窓にステッカーを貼っている住民によるものではない時に，より効果的であろう。これらのステッカーは比較的大きさが小さく，そのステッカーに極めて接近した人だけしか見えない。より効果的な方法は自動車のバンパーの大きさのステッカーをリサイクル容器に貼る方法であろう。リサイクル容器に貼ってあるステッカーは街中を歩いている人，自転車に乗っている人，自動車を運転している人の誰でも見え，誓約の特徴である公開性を劇的に改善するだろう。さらに，この種の公約は社会的普及と社会的規範の両方を向上させる能力がある（これらの行動変革のツールについての詳細な議論は第1章を参照のこと）。著者の経験から言えば，住民はこれらのステッカーをリサイクル容器に貼るように依頼されるべきではない。カリフォルニア州ソノマ郡のプロジェクトでは，住民の82％が彼らのリサイクル容器にステッカーを貼ることに賛成し，実際に26％がそれを実行した。対照的に，マサチューセッツ州ウォルサムでは，住民に彼らのリサイクル容器にステッカーを貼ってもよいかどうか質問し，次に職員が彼らのためにステッカーを容器に貼るために，次のリサイクルの日に街角に彼らの容器を置いてくことを約束してくれるかどうかを質問することによって，ずっと高い割合が得られた。ステッカーを貼る人を変えるだけで，ウォルサムではステッカーを貼られたリサイクル容器の数はソノマ郡と比べて2

107

第Ⅱ部　家庭部門の行動への影響力

倍以上になった。

CASE #2	エコチーム： 米国，オランダ，英国

プログラム導入の背景

　多くの環境行動の変革プログラムはたった１つの変革に焦点を当てる。結果的に，どれだけ成功しても，その影響はいつも当該プログラムが１つの行動変革を標的としているという事実によって制約されるだろう。対照的に，地球的行動計画のエコチーム手法は多くの行動（約100の行動）をターゲット（標的）とする。1990年にオランダで設立された「エコチーム（製品）・プログラム」は水やエネルギーの使用量，廃棄物の排出，および，他の持続可能な行動と共に行われる移動手段の選択があらゆる影響を受けるように，家庭部門の生活様式を劇的に変えることを試みている。「エコチーム・プログラム」は20カ国で，何万軒もの家庭を対象に行われた（Staats, Harland, & Wilke, 2004）。国によって方法はさまざまであるけれども，「エコチーム・プログラム」は通常，４カ月間から８カ月間，ひと月に１，２回，近隣や友人から構成される小集団の会合が行われる。本事例研究では，米国，オランダ，および，英国におけるプログラムを取り上げる。

ターゲット層と望ましい行動

　通常，「エコチーム・プログラム」のターゲット層は家庭である。しかし，教会団体や市民組織のような既成の団体も含むかもしれない。このプログラムはまた，標的となる行動は実際には通常は家庭のものであるけれども，職場でも行われるかもしれない。

　ターゲットとなる行動の数は一覧にするにはあまりにも多すぎる。しかし，その行動は水効率，廃棄物の削減，エネルギー効率，移動，および，環境にやさしい購買という分野における広範な活動を含んでいる。水効率の分野では，このプログラムは使わない時は栓を閉める，食器を全部まとめて洗う，水効率のよいシャワーヘッドを取り付ける，水漏れを修理する，および，芝生の水やりを減らすというような行動をターゲットとする。

108

第5章　水使用量の削減

「障害」と「便益」

「障害」(barriers) と「便益」(benefits) の調査はターゲットとなる行動に対して行われなかった。

プログラムの内容

米国では，エコチーム（製品）は合計7回，2週間ごとに会合を開く5家族から8家族から構成されている (Gershon, 2008)。会合は毎回1時間半から2時間行われ，最初の会合では，このプログラムのコースが扱うテーマを確認し，いつどこで会合を行うか計画する。会合はグループのメンバーがエコチームのハンドブックにある筋書を利用して進行する (Gershon, 2008)。ほとんどの会合では，今回の会合のテーマに取り組むために採用できる行動（例えば，水使用量の削減）だけでなく，前回の会合以来行われている活動を報告する（コミュニケーション）。これらの活動の影響は水消費量，廃棄物の排出量，自動車の走行距離などの変化を評価することによって記録される。結果はコミュニティによってさまざまであるけれども，計画者は水使用量を25％から34％，埋め立てに回したごみを41％から51％，エネルギー消費量を9％から17％，移動のための燃料使用量を16％から51％削減したこと，および，1家庭当たり年間227米ドルから389米ドルの金銭的節約を報告している。1家庭だけでも自力でこのプログラムを履行できるけれども，参加者は彼らが達成したことを他人と議論するために会合に出続ければ，行動変革のモチベーションが高まるので，米国の「エンパワーメント研究所」(Empowerment Institute) は他の家庭と一緒に，また，友人や職場の同僚，教会，市民組織といった団体で参加することを勧めている。このプログラムを履行すると，参加者は2つ以上のエコチームをつくることを勧められる。最初の会合に出席するよう頼まれた家庭の約40％から50％はそうすることに同意し，初会合に参加した家庭の約85％はエコチームに参加する。各家庭の費用は会員料の35ドルであり（価格），これはエコチームのハンドブック，ボランティアのコーチ，および，地球的行動計画のニューズレター，「スチュワードシップ」(Stewardship) の代金に使われる。

オランダでは，エコチームは通常6人から10人の規模であり，友人，家族，職場の同僚などから構成されている (Staats et al., 2004)。これらのグループは通常8カ月間，月に一度会合を開く。米国と同様に，これらの会合は先月達成したこ

109

とを確認するためだけでなく，次の月のテーマの一部として採用される活動を計画するためにも利用される。行動変革の幅は米国と似ており，廃棄物の削減，エネルギー効率，水効率，移動，消費者の購買といったあらゆる領域に焦点を当てている。エコチームのワークブックもまた，利用されており，これによって，水使用のような特定の課題に取り組むために，どのような行動をとるべきかという情報，および，水道メーターの読み方の学習といった，その分野の変化を管理する方法に関する情報を提供している。水使用，エネルギー，廃棄物の削減，移動，購買行動の変更の測定結果はオランダの本部に送られ，集計され，参加家庭に戻される。この集計結果のフィードバックによって参加者は，彼らが目標を達成したことだけでなく，重要なことに全体として何の目標が達成されているのかということも知ることができる。集計結果のフィードバックはエコチームが活動している多くの国で利用されている。

　オランダにおけるエコチーム手法の効果を評価するために，スタッツ（Staats）と他の研究者は，エコチームに参加した家庭のサンプルを過去によく似た環境活動を行った不参加の家庭のサンプルと比較している（staats and colleagues, 2004）。自己申告によれば，エコチームに参加した家庭は会合の直後に行った基礎調査から追跡調査の間に，彼らの環境にやさしい活動を変更しており，2年後行った追跡調査によれば，これらの活動を履行し持続していた。重要なことに，対照的に，コントロール変数として用いられている不参加家庭は基礎調査から最初の追跡調査の間に，彼らの環境にやさしい活動をわずかに増やしているが，2年後に行った追跡調査では長期的な変化を示していない。自己申告による測定結果は資源利用に関するデータも含んでいる。エコチームの参加家庭は水使用量を7％，廃棄物を32％，天然ガスを17％，および，電気を8％削減したことを報告している。

　2008年現在，3,602世帯の英国の家庭がエコチームに参加していた（Global Action Plan, 2008）。英国では，グループは通常5カ月間，月に一度会合を開き，水使用量とエネルギー使用量，廃棄物の削減に関連する行動変革に焦点を当てる。参加家庭による自己申告のデータによれば，英国のエコチームは水使用を15％，埋め立てに回した廃棄物を20％，彼らのガスエネルギーの使用量，あるいは，加熱エネルギーを使用量，および，彼らの電気消費量を7％削減している。二酸化炭素の排出量は1家庭当たり平均17％削減しており，水とエネルギーを合計で年間平均148ユーロ節約している。次の参加家庭の調査では，参加家庭の94％が自

分たちが導入した変革を維持しようと思う，ないしは，是非とも維持しようと思う，と回答しており，84％が彼らの知り合いにエコチームを勧めようと思う，と回答している。

英国の「エコチーム・プログラム」は地元の当局や団体とのパートナーシップの創出に基づいている。ボランティアのエコチームのまとめ役はコミュニティ，あるいは，地元の団体から採用され，参加者の募集や自身のエコチームの運営のために訓練される。これらのまとめ役の訓練に加えて，事務局は観察結果を忠告したりウェブ上にデータベースを構築したりして，継続的な支援を提供する。

論　評

本研究はおそらく本書の中でも最も重要な教訓を提示している。その教訓とは比較的短い時間で，さまざまな環境行動を変革すること，および，これらの変革を持続することは可能であるということである。地域で活動している多くのプログラム計画者にとって，これは非常によい知らせである。エコチームの手法はおそらく，プログラムの計画者がさまざまな領域（例えば，水，廃棄物，エネルギー，移動）にまたがるさまざまな行動に成功裏に影響を与えることができるようにしている。この多角的な取り組みは時間と金銭的費用の両面で効率的である。これらのよい結果を踏まえながら，この手法の効果をさらに高めるためにどのようなことをすればよいだろうか。いくつかの修正は行う価値がある。第1に，エコチームが現在勧めている行動を各領域におけるさまざまな行動の「インパクト性」，「確率性」，「浸透性」について注意深く行った検討結果に照らして，比較することには価値がある（「行動の選択」に関する詳細な情報は序章を参照のこと）。この比較によってエコチームの調整役は，ターゲットとする行動は水，廃棄物，エネルギー，および，移動に対して最大の影響を与える可能性があること，を保証できるだろう。

第2に，ターゲットとする行動のそれぞれに対する「障害」と「便益」の調査は，これらの行動をターゲットとするために利用される戦略のさらなる改善を可能にするだろう。より具体的にいえば，「障害」と「便益」の調査によって，住居に目詰めをすることに対する主な「障害」は目詰めの方法に関する知識不足，および，目詰め用品を購入するための金物店への移動の不便さであるということが明らかになったとしよう。知識不足に取り組むために，エコチームのリーダー

第Ⅱ部　家庭部門の行動への影響力

は目詰めを練習する機会を与える窓の模型だけでなく，目詰めのやり方を説明する DVD を提供されるかもしれない。金物店への移動の不便さに取り組むために，調整役は必要なものを会合に直接持っていき，そこで参加者に売るよう調整するかもしれない。

　ターゲットにすべき行動，その行動の「障害」，および，どのような戦略がこれらの「障害」に効果的に対処できるかを追加的に綿密に調査することは，すでに成功しているプログラムを劇的に向上することができるだろう。3つ目の主張は，さらに参加家庭を増やすことに関係する。現在，エコチームはしばしば募集の主な方法を口コミに頼っている。各参加者はプログラムのリーチを拡張するために新しい参加者を募集するよう勧められる。エコチームに参加している家庭がコミュニティの中でもっと目立つことが，これらの活動を増やすかもしれない。より具体的にいえば，エコチームのステッカーをリサイクル容器に貼ることは，前述の事例で議論したように，コミュニティにおけるプログラムの注目度を相当高め，このプログラムに関する会話を促進するだろう。そして，これらの会話によって，新しい参加者を募集する機会が可能になる。

3　その他のすぐれたプログラム

1．クイーンズランドのホーム・ウォーターワイズ・サービス

　オーストラリアの歴史の中で最悪の干ばつの1つ，また，関連して貯水の最低記録への対応として，家庭部門の水使用量を実質的に削減するために，「ホーム・ウォーターワイズ運動」（Home Waterwise campaign）がクイーンズランドの南東部で行われた（Local Government and Infrastructure Services, 2010）。この野心的なプログラムはクイーンズランド州政府と21の地方自治体によって出資され，地方公共団体インフラ・サービスによって運営され，2006年7月から2008年12月までの間に22万8,564世帯（クイーンズランド南東部の家庭の22％）の住宅の改装を提供した。この改装（製品）は風呂場の通気装置や台所の水栓だけでなく，水効率のよいシャワーヘッドの供給や導入，3箇所の水漏れの修理（住居内の2カ所と屋外の1カ所），貯水槽の錘の導入，および，家庭が節水できる特別な方法に関する，配管工によるマンツーマンのアドバイスの提供を含んでいた。家庭はまた，助言が書いてあるカード，冷蔵庫用マグネット，洗濯機用ステッカーを提供され

112

た（コミュニケーション）。住民は1家庭当たり150ドルの価値に相当する，政府の補助金によるサービスに20ドルを支払った。

　プログラムの目的は年当たり1家庭につき2万1,000リットルの削減を達成することであったが，このプログラムはこの目標をはるかに凌いで，実際に1家庭当たり3万600リットルの削減量だった。さらに，電気を使って暖を取っていた家庭に対する1家庭当たりの二酸化炭素の削減量は年当たり932キログラムだった。重要なことに，追跡調査では，高い割合で効率のよいシャワーヘッド（91％），水栓の通気装置（92％），貯水槽の錘（85％）を使っていたことが示された。さらに，続く家庭訪問調査では，半分近く（46％）がシャワーを浴びる時間が以前よりも短くなっていると報告された。

2．デンバー市の水を"必要なことだけに使う"

　デンバー市は1年に日照日が300日あり，サンディエゴやマイアミよりも多い。結果的に，水資源を賢く管理することがデンバー市では重要な課題である（Denver Water, 2010）。デンバー市の水効率プログラムは家庭部門と商業部門の両方の水使用をターゲットとしている。家庭向けプログラムは夏期の水規制，高効率のトイレ（125ドル），洗濯機（150ドル），雨センサー灌漑コントローラー（購入価格の25％），および，ワイヤレス雨センサー（50ドル）と雨センサー（25ドル）の購入に対する奨励金を含んでいる。このプログラムは家庭部門だけで年間，約20億ガロンの節約，言い換えれば1日当たり1人につき約9.9ガロンの節約という結果だった。

4　まとめ

　「コミュニティ基点型のソーシャル・マーケティング」に対する誤った一般的な批判は，それはターゲットを一度に1つの行動変革と狭く設定しているということである。「コミュニティ基点型のソーシャル・マーケティング」のプロセスは特定の行動の選択，行動の「障害」と「便益」の識別，および，それらに取り組むための戦略の開発であるということは事実である。特定の行動はしばしばそれにかかわる独特の「障害」と「便益」をもっているという事実は，われわれは戦略を開発する前にこれらの「障害」と「便益」を識別しなければならないとい

第Ⅱ部　家庭部門の行動への影響力

うことを要求するけれども，そのことは戦略が一度に1つの行動だけをターゲットにしなければならないということではない。本章で提示した事例研究は両方ともさまざまな行動を同時にターゲットにすることができることの重要性を示している。

演習問題

① 水効率プログラムは(1)反復行動と(2)1回限りの行動，という2つの種類の行動をターゲットにしています。水効率的な反復行動はより短い時間でシャワーを浴びること，ホースを使ってそれを洗うのではなく，私道で洗い流すこと，といった活動を含んでいます。対照的に，水効率をターゲットとする1回限りの行動は高効率なシャワーヘッドやトイレの導入といった活動を含んでいます。あなたは自分のプログラムでどっちのタイプの行動を標的とすべきかをどのように決めればよいでしょうか？

② 本章で議論した事例は両方とも同時にさまざまな行動変革を採用することを推奨していました。同時に多くの行動をターゲットとするプログラムの強みと弱みはどのようなものでしょうか？　あなたは自分のプログラムが1つの行動の変革に焦点を当てるのか，それとも，1グループの行動の変革に焦点を当てるのかという決定を援助するために，どのような選択基準を策定できるでしょうか？

③ あなたのコミュニティのほとんどの家庭は実際に街角のリサイクル収集や有機物回収を通して，水を削減しているとしましょう。しかし，水使用量の削減を推奨することはほとんど始まっていません。人々が水効率のよい行動を採用する見込みを高めるために，あなたは水使用量の削減に関する取り組みをどのように強化しますか？

注

(1)　本事例研究は，カサンドラ・バッハ（Casandra Bach）による「家庭の屋外の水使用料削減プログラム：それらは本当に機能するのか」という2000年の調査に基づいている。

参考文献

Bach, C. (2000). *Outdoor Residential water reduction programs : Do they really work ?* Unpublished report.

第 5 章　水使用量の削減

Barlow, M., & Clarke, T. (2002). *Blue gold : The battle against corporate theft of the world's water.* Toronto : McClelland and Stewart.

Capital Regional District. (2010). *Water conservation fact sheets.* Retrieved from http: //www.crd.bc.ca/water/conservation/education/factsheets/index.htm

Denver Water. (2010). *Use only what you need.* Retrieved from http://useonlywhat youneed.org/

Flannery, T. (2005). The weather makers : How we are changing the climate and what it means for life on earth. New York : HarperCollins.

Gardner, G. (2010). Water scarcity looms. *Vital signs 2010 : The trends that are shaping our future* (pp. 42-44). New York : Norton.

Gershon, D. (2008). *Green living handbook : A 6 step program to create an environmentally sustainable lifestyle.* Woodstock, NY : Empowerment Institute.

Global Action Plan. (2008). *EcoTeams evaluation report : Global action plan.* Retrieved from http: //issuu. com/xander/docs/uk_ecoteams/33? mode=embed&documentId= 081016182632-e70e678d7403a13b2523ec9f01849d8&layout=grey

Greenventure. (2010). *Wise water use.* Retrieved from http: //water. greenventure. ca/outdoor-tips

Local Government and Infrastructure Services (2010). Home WaterWise service end of program report. Queensland, Australia : Department of Infrastructure and Planning, Queensland Government.

Staats, H., Harland, P., & Wilke, H. (2004). Effecting durable change : A team approach to improve environmental behavior in the household. *Environment and Behavior, 36* (2), 341-367.

World Commission on Water for the 21st Century. (1999). The poor pay much more for water…use much less — often contaminated. Retrieved from www.worldcouncil. org

| 第6章 | エネルギー使用量の削減 |

　エネルギーは現代の生活の不可欠な要素である。自動車から携帯電話，暖房まで，エネルギーはわれわれの生活を向上させる。しかし，エネルギーはわれわれの多くの便利さと快適さの源泉である一方，その使用は環境に対して重要な影響を与える。本章では，行動を変革し，エネルギーの効率性と節約を促進することを目的とするプログラムを考察する。われわれは家庭部門におけるエネルギー使用量，特に電気使用量に焦点を当てる。世界全体で，家庭部門の電気使用量は総エネルギー消費量の約11％を占めており，西ヨーロッパ，オーストラリア，および，北米における割合が非常に高い。

　過去50年にわたって，世界全体のエネルギー使用量は絶え間なく増え続けてきた。総生産量は1971年以来，２倍以上になった（International Energy Agency, 2006, 2010）。確かに，さまざまなエネルギー源の利用という点で国家間に大きな違いがあるけれども，その大部分（83％）は石油，石炭，天然ガスのような化石燃料に由来する。また，近年では，水力，太陽光，風力のような再生可能なエネルギー源の利用の増大がみられるけれども，われわれのエネルギーのほとんどすべては依然として，再生不可能なエネルギー源に由来している。

1　問題の所在

　化石燃料の使用の結果，われわれが直面している問題は数多くあり，多様でもある。第１に，化石燃料は生成に数百万年かかる。化石燃料は大昔に蓄積した有機物の残さである。そのために，化石燃料は供給量に制限があり，地球から採取しなければならない。われわれのエネルギー・インフラは大量供給向けに構築されているけれども，妥当な概算では，これらの再生不可能な資源に対する世界全体の需要はすぐにその供給量の限界を超えるだろうということを示している。さ

116

第6章　エネルギー使用量の削減

らに，その採取工程自体（例えば，採掘や掘削）が，北極圏の生態系の破壊（北極圏野生生物保護区［ANWR］），アラスカのエクソン・バルティーズ号事件やブリティッシュ・ペトロリアム（BP）社のメキシコ湾沖などの原油流出事故のように，環境に対して大きな影響を与える。

　第2に，化石燃料や再生不可能なエネルギー源の利用は有害汚染物質を生じさせる。燃焼工程を通じて，化石燃料は化学的性質を大気中に排出しながら，燃焼される。これらの汚染物質はスモッグ，酸性雨，人間と動物にとって呼吸器系の健康問題，発癌リスクの上昇，大気圏のオゾン損傷，地球規模の気候変動といった，多くの地域的，かつ，地球規模の環境問題の原因になる。気候変動という現代的課題は非常に注目されており，議論はあるものの，炭素やその他の温室効果ガスの排出は地球の気温の漸次的な上昇を含む地球の天候パターンの大混乱を引き起こすことは証拠より明らかである（IPCC, 2007 ; National Academy of Sciences, 2010）。第4章では，有害排出ガスの削減を目的とするソーシャル・マーケティング活動を議論した。本章では，より広くエネルギー使用に関連する問題を考察することにしている。

2　問題解決を可能にするための行動

　エネルギー使用量に関わる問題を議論するには主に2つの方法がある。1つ目の方法は技術志向的であり，エネルギーの効率的な使用を奨励する。この観点によれば，われわれのエネルギー問題の解決策はより効率的な技術か，例えば，同じか，それとも，より高度な機能を提供しエネルギー・フットプリントの少ない装置か，のいずれかに求められる。家庭用照明の事例を考えてみると，電球型蛍光灯は伝統的な白熱電球と同様のエネルギー成果であり，電気を約3分の1しか使わない。また，近年のLED技術の発展によって，さらに効率的な代替技術が提供されている。

　しかし，技術の進歩はリスクが高く，新しい発見やより効率的な装置はわれわれのエネルギー問題を解決するという保証はない。さらに，効率に焦点を当てることは必ずしも消費量の削減につながるとは限らない。効率は一般的に投入に対する成果の割合（例えば，電球型蛍光灯のルーメン，ないし，ワットの例）によって定義される。しかし，この定義は技術間の比較という問題がある。平面テレビの事

117

第Ⅱ部　家庭部門の行動への影響力

例を考えてみよう。高効率の60型テレビは（非常に効率的に生産された）同じ大きさのテレビが消費するエネルギーのごく少量しか消費しないかもしれないけれども，その消費量は非効率的な32型テレビの消費量よりもはるかに大きい。キャルウェル（Calwell, 2010）によれば，「より大きく，より強力で，より機能的な製品は比例してより多くのエネルギーや電力を使用することになるにもかかわらず，それらが他のどの同じ大きさ，同じ力，同じ機能の製品よりも少ないエネルギーしか使用しない限り，効率的と称され，奨励金を獲得する」（p. 9）という。

　さらに，利用可能なより効率的な技術があるとしても，使用方法によっては消費されるエネルギーの削減量がゼロになり得ることを主張する証拠がある（リバウンド効果については，Sorrell, 2007, を参照のこと）。例えば，電球型蛍光灯はより少ないエネルギーしか使用しないことを知っている人は部屋から出ていく時にスイッチを消すことは少ないかもしれない。

　より効率的な技術は確かにわれわれのエネルギー需要を管理するという役割を果たすことができるけれども，エネルギーの課題を扱う時には行動変革が不可欠であろうということは明らかである。行動変革の観点はより効率的になることではなく，環境保護やより少ない使用量を主張する。エネルギー消費量を削減する活動における行動の役割は近年非常に注目されており，多くの政府機関と非営利組織（NGOs）は節約を奨励するためのソーシャル・マーケティング活動に投資している。

　行動変革のための「ソーシャル・マーケティング・プログラム」を開発する際に，特定の活動に焦点を当てることは重要である。また，これらの活動を望ましい成果（例えば，より少ないエネルギー使用量，または，より少ない炭素排出量）に結びつけることが重要である。米国におけるエネルギー消費に関する近年の分析はよい出発点を提供している（Gardner & Stern, 2008）。

　米国における全エネルギー消費のうちの22%は家庭部門，および，個人部門（移動手段を除く）によるものであり，32%は産業によるもの，18%は商業サービスによるものである。また，移動手段は28%である。表6-1は個人部門と家庭部門のエネルギー使用量の分類を示している。

　この表はソーシャル・マーケティング活動を発展させるための有益な出発点を示している。しかし，その活動はまだ最終局面における行動ではない。したがって，ソーシャル・マーケティング活動を発展させる以前に，これらの行動領域は

第6章　エネルギー使用量の削減

表6-1　米国の最終使用によって消費される個人ないし家庭の全エネルギーの割合，
規模に基づくランキング

最終使用	割　合
移動手段	
個人の自動車	38.6
航空旅行	3.4
大衆向けの移動手段およびその他	1.4
小　計	43.4
家庭内での使用	
部屋暖房	18.8
エアコン	6.2
空調装置の小計	25.0
湯　沸*	6.5
照　明	6.1
冷蔵・冷凍	4.3
電機（電熱線，小型電気器具，および小型モーター）	3.9
洋服の洗濯と乾燥*	2.5
カラーテレビ	2.5
料　理	1.5
コンピューター	0.6
プロパンガスと天然ガス（水泳プールの暖房，バーナー，ガス灯）	0.5
食器洗浄機	0.2
その他	3.0
小　計	56.6
合　計	100.0

＊「洋服の洗濯」のためのお湯は「湯沸」に含めている。

出所：Gardner, G., & Stern, P.C. (2008, September/October). The Short list : The most
Effective actions U.S. households can take to curb climate change. Environment,
1-10. Retrieved from http://www.environmentmagazine.org/Archives/Back%20I
ssues/September-October%202008/gardner-stern-full.html

第Ⅱ部　家庭部門の行動への影響力

表6-2　家庭部門の活動によって達成しうる炭酸ガスの排出

行動変革	行動の可塑性	家庭部門の全排出量における削減率
ウェザリゼーション（耐候化）	90	3.39%
暖房，換気，および，空調機器	80	1.72%
低水流のシャワーヘッド	80	.18%
効率的な湯沸	80	.86%
電気器具	80	1.87%
低転がり抵抗タイヤ	80	1.05%
燃料効率のよい自動車	50	5.02%
暖房，換気，および，空調機器のエア・フィルターの交換	30	.59%
電流の調整	30	.22%
定期的な自動車のメンテナンス	30	.66%
洗濯場の気温	35	.04%
湯沸の気温	35	.17%
待機電気	35	.52%
自動温度調節器の停止	35	.71%
吊り干し	35	.35%
運転行動	25	1.23%
カープールとトリップチェーン	15	1.02%

出所：Dietz, T., Gardner, G., Gilligan, J., Stern, P., & Vandenbergh, M. (2009). Household actions can provide a behavioral wedge to rapidly reduce U.S. carbon emissions. Proceedings of the National Academy of sciences, 106, 18452-18456. Retrieved from http://www.pnas.org/content/106/44/18452

特定の活動に焦点を当てられる必要があるだろう。さらに，どのようなことが実際に達成される可能性があるのか，例えば，これらの行動はどのように変化する可能性があるのかということが明確ではない。

　ソーシャル・マーケターは一般的に彼らのターゲット層をよりよく理解するために調査を実施したり，グループに焦点を当てたりするけれども，よい出発点を提供する，米国の全国的なデータがある。われわれは，プログラムの管理者は彼らのターゲット層を理解するために，「インパクト性」「確率性」「浸透性」を含む地域データを利用することを推奨し続けていることに注意すべきである。しかし，全国的なデータにおいては，ディーツ（Dietz），ガードナー（Gardner），ギリガン（Gilligan），スターン（Stern）＆バンデンバーグ（Vandenbergh）（2009）に

よるデータはよい出発点を提供している。

　全米科学アカデミー（National Academy of Sciences）の報告書の中で，ディーツ他（2009）は米国の家庭部門から排出される炭酸ガスの実際に達成可能な削減量を推定している。彼らは結果的に17の行動領域を識別した上で，最善の方法を利用する可能性，および，その活動をまだ採用していない人口の割合を使って可塑性の推計値を計算している。可塑性はある活動をまだ採用していない人の割合（例えば，市場普及度の逆関数）と10年以上の変化を引き起こす最善の方法の効果の掛け算によって計算される。表6-2は彼らの分析による重要な発見を要約している。例えば，家庭部門の「ウェザリゼーション」（weatherization-耐候化）は可塑性の推計値が90である。いまだこの行動を採用している家庭はほとんどないからであり，また，先行研究によって識別された最善の方法は，プログラムは住民に断熱材の追加，「コーキング」（cauking-水漏れ防止）や「ウェザリゼーション」を施した窓，および外周壁のドアの水漏れやひび割れの補修のような「ウェザリゼーション活動」を行うように奨励する時には，特に効果的でありうるということを示しているからである（Dietz et al., 2009）。

　この包括的な背景を念頭に置きながら，ここで行動変革を企図している特定のプログラムをみてみよう。すべての事例は家庭部門のターゲット層に焦点を当てている。法人向けの「ソーシャル・マーケティング・プログラム」については，第12章を参照されたい。

CASE #1	温室効果ガス1トン削減運動： カナダ

プログラム導入の背景

　地球規模の気候変動の重要性が増していることへの対応として，カナダ政府は行動変革のための野心的な運動に着手した。1998年の初めに，カナダ環境省とカナダ天然資源省は温室効果ガスの排出量の削減を目標とする一連の公的機関による「アウトリーチ・プログラム」（outreach program―普及啓発プログラム）に出資した。このプログラムは新しい「気候変動防止活動基金」（Climate Change Action Fund）によって支援され，気候変動の脅威について認識を養い高めるという公認の目標をもっている。2002年の「京都認定書」（Kyoto Protocol）の批准に続いて，

第Ⅱ部　家庭部門の行動への影響力

カナダは1990年比で温室効果ガスを6％削減することを誓約した。

この行動計画の下で出資されたプログラムの1つに，「1トン・チャレンジ」(One-Tonne Challenge：OTC) があった。この「1トン・チャレンジ・プログラム」はカナダ人が年間の温室効果ガス排出量を20％，すなわち，1トン削減することを課題とした。家庭部門は北米の全温室効果ガス排出量の約3分の1を占めるために，20％の削減は国内全体で6％削減という達成目標を達成することになるということに注意すべきである。従来のプログラムはカナダ人に気候変動の影響を課題として確証させることに焦点を当ててきたのに対して，「1トン・チャレンジ・プログラム」はカナダ人に温室効果ガスを削減するための個人的な活動を行うことを奨励し，動機づけるために設計された (Environment Canada, 2006, p. 5)。このプログラムの資金供給はさまざまな財源から行われており，3年間で合計3,700万ドルになった。

その焦点は日々の活動，購買行動，生活様式の選択を改善することにあった。この運動は，気候変動に対する認識と理解を高めることはカナダ人に活動させ，彼らの行動を変革することにつながる，という考えを中心に構築された。

ターゲット層と望ましい行動

ターゲット層はすべて「カナダ人」とし，この運動は(1)一般市民，(2)事業や産業，(3)コミュニティ，および，(4)若者と教育者という4つの重要な市場セグメントに焦点を当てた。各市場セグメントに向けて，独自のメディアと現地化された活動が開発され導入された。

このプログラムはカナダの年間の温室効果ガスの排出量は平均で5トンであることを認識することによって始まった。本章の冒頭に記した予備データと合わせると，これらの個人の行動や家庭の行動はカナダの全排出量の約3分の1に当たる。

このプログラムは走行時の自動車，家庭用の冷暖房，衣服の洗濯と乾燥，家電の使用のような，直接的な排出量をターゲットとした。また，このプログラムは，水の消費（排出は主にある場所から別の場所へ水を輸送することによる），廃棄物の排出（排出は原材料の加工，製造，輸送，廃棄による）を含む，間接的な排出量もターゲットとした。

第6章　エネルギー使用量の削減

「障害」と「便益」

　「１トン・チャレンジ・プログラム」はカナダの既存の「温室効果ガス・プログラム」の延長線上にあるので，プログラム計画者はそのプログラムを設計する時にいくつかの大規模な調査を行った。既存のデータから，本プログラムは個人の活動に対する２つの障害を識別した。

　１．温室効果ガス排出量の削減方法に関する情報不足
　２．実際に排出量を削減する際に，人々によって認知される不便さと困難さ

　これらの「障害」に取り組むために，この運動は主に，特定の行動を温室効果ガスの排出に結び付けること，および，排出量の削減の環境的重要性に焦点を当てた。

プログラムの内容

　このプログラムは，(1)全国的なマーケティング行動計画，および，(2)各市場セグメントと結びついた主要な組織体，という２つの重要な要素をもっていた。マーケティング行動計画は主に温室効果ガスを削減することの重要性と社会的便益に光を当てる広告，および，消費者への資源の提供から構成されていた。2004年前半の３カ月間のメディア集約的な期間は公共サービスの告知，新聞広告の発行，ラジオのスポット広告，さまざまなマスメディア（例えば，MSN，ウェザー・ネットワーク）やイベント（例えば，ショー・ルームやモーターショー，「アースデイ」（地球の日）のイベント）での補足メッセージを利用して活動した。

　このメディアには，「あなたの１トン・チャレンジの手引き書」，および，人々が自分の温室効果ガス排出量を計算し，個人的な誓約を立て，温室効果ガスの排出量の削減についての助言を読み，既存の報奨プログラムやリベート・プログラムを利用できるウェブサイトも含んでいた。誓約にはさまざまな形態があるけれども，典型的には，個人的に20％削減することにつながる特定の活動を識別するために，個人は温室効果ガス計算機を利用する必要があった。さらに，それぞれの活動のために，個人はチェックマークをクリックするか，書き込むかのいずれかの方法で誓約を立てた。第１章で述べたように，誓約は個人がある活動を確約することに役立ち，コミットメントは行動変革のための重要なツールとして役に

123

第Ⅱ部　家庭部門の行動への影響力

立つ可能性がある。

　「1トン・チャレンジ・プログラム」のパートナーシップはカナダ社会の部門
横断的な，さまざまな組織や事業のパートナーから成っていた。これらには中核
主体，コミュニティのパートナー，青年団体，民間部門のパートナー，教育団体
のパートナー，政府の省庁や政府組織を含んでいた。

　試験段階　特定の施行実験はこのプログラムが立ち上げられる前には一切行わ
れなかった。

　導入段階　カナダ環境省の評価部門による2006年の報告書はこのプロジェクト
の活動と成果の要約を提供する。全体として，この報告書は，「1トン・チャ
レンジ・プログラム」がメッセージを伝達し流布したという大成功を記してい
る。3年間で，このプログラムは「1トン・チャレンジ・プログラムの手引
き」を120万部配布し，ウェブサイトには420万回のアクセスがあった。「1ト
ン・チャレンジ・プログラム」はおそらくパートナーシップを形成することに
対して効果的であり，100以上のパートナーシップ組織がこの運動を支援する
ために設立された。

評　価

　このプログラムの効果は一連の全国調査によって評価された。（このプログラム
が創設される以前の）2003年に，大規模な全国調査が行われた。その結果は2004年
と2005年に行われた調査データの結果と比較された。ここでは，われわれはこの
調査データの3つの重要な発見に光を当てる。

　1. **露出度**　この調査データは，同プログラムがターゲット市場に普及する時
　　に非常に効果的であったことを示している。2004年に，「1トン・チャレン
　　ジ・プログラム」の立ち上げの1年後，調査の回答者の6％がこのプログラ
　　ムのことを認識しており，2005年には，この認識は51％に増えている。回答
　　者はこのプログラムのことをどこで聞いたのかという質問に対して，大半
　　（71％）は主な情報源としてテレビの公共広告を挙げている。このプログラム
　　をよく知っているカナダ人のほとんどは，「1トン・チャレンジ・プログ
　　ラム」を連邦政府のプログラムであると理解している。調査データはまた，
　　このプログラムをよく知っているカナダ人は何が達成されようとしているの

第6章　エネルギー使用量の削減

かを知っていることも示している。

2．問題意識　この調査データは気候変動についての問題意識と関心は一般的に高いけれども，問題意識は「1トン・チャレンジ・プログラム」によって影響を受けなかった。1998年と2003年の間に（同プログラムが開始される以前），気候変動が課題であるという認識は（1998年の54％から2003年の77％へと）実質的に増えている。しかし，2003年と2005年の間に，温室効果ガスの排出量を削減するために個人的に取ることができるステップがあるということを知っているカナダ人の割合に変化はなかった。

3．行動　本プログラムをよく知っているカナダ人の半分以上は（例えば，「1トン・チャレンジ・プログラム」を個人的に行うために）積極的にこのプログラムに参加していることが報告されている。また，このプログラムに積極的に参加していない人々の間でも，56％が将来そうするつもりがあると報告されている。しかし，彼らの意思にかかわらず，カナダ人は20％削減という目標を個人的に達成することは困難であると強く信じていることが報告されている。新しい行動の成果のデータは提供されていないけれども，われわれの2003年と2005年の調査報告書の概観は，調査された特定の行動（例えば，自宅の水漏れや通風装置の修繕，断熱材の追加，あるいは，交換，エネルギー効率の良い電球の導入）には変化が全くなかったことを示している。このプログラムに関連してどのくらい温室効果ガスの削減がなされたのかという評価はなされなかった。

「1トン・チャレンジ・プログラム」は2006年に終了した。

論　評

「1トン・チャレンジ・プログラム」は多くの大規模教育プログラムの模範である。それは政府機関によって十分な資金を供給され，調整され，体系的に導入された。同プログラムはまた，個人の参加要素を具体化し，各個人のための特定の行動を関連づけた。

しかし，導入については，同プログラムはソーシャル・マーケティングという

125

第Ⅱ部　家庭部門の行動への影響力

よりも公共広告であった。多くの大規模教育運動のように，「1トン・チャレンジ・プログラム」は多くの，および，多様な層をターゲットとしようとした（本事例では，カナダ人全員）。多くの，かつ，多様な層であるために，ターゲットとする行動に対する多様な「障害」と「便益」があるようであり，結果的に1つか，2つの行動を選んでターゲットとするという焦点を絞ったメッセージをつくることは困難である。結果的に，この運動は一般的なメッセージを手段とし，テレビやラジオのようなマスメディアによるところが大きかった。

　調査結果は，同プログラムはターゲット層への到達という点で効果的であることを示している。高い割合でカナダ人は同プログラムを認識しており，個人的にその課題に取り組んでいることが報告されている。多くのマスメディア活動のように，同プログラムは市場への普及と情報を住民に伝えることに成功している。しかし，行動を変革するということになると，同プログラムは期待外れに終わった。ここで，われわれは「1トン・チャレンジ・プログラム」の導入に関する3つの弱みに焦点を当てることにしている。

　第1に，同プログラムは知識と認識を強調する。同運動が立ち上がる以前，調査データはカナダ人がすでに気候変動の課題について知っていることを示している。したがって，同運動はこの知識を活動に移行させる必要があった。しかし，運動のメッセージは個人が採用可能な特定の行動ではなく，気候変動を引き起こす際の主に役割についてカナダ人を教育することに焦点を当てた。本書の第1章で議論したように，ソーシャル・マーケティングは教育活動以上の価値がある。行動科学の研究者による調査は，社会的規範（social norms），コミットメント（commitment），金銭的報奨（financial incentives），あるいは，便利さ（convenience）を増進する新しい製品やサービスといった，個人に活動することを奨励するために利用可能な多くの「ツール」を識別している。この点は評価報告書でも指摘されている。「……本評価は，温室効果ガスの排出量の削減を達成するために，『1トン・チャレンジ・プログラム』のような全国的な公教育や啓蒙運動はカナダ人が排出する温室効果ガスを削減する際に彼らを支援する追加的なツールによって補完される必要があると結論づける」ことになった（Environment Canada, 2006, p. 3）。「1トン・チャレンジ・プログラム」運動のウェブサイト上の個人的な誓約の利用はよい出発点であるが，それは運動の中でツールを重視する必要があり，また，1つか，2つの特定の行動に焦点を当てていた。

第6章　エネルギー使用量の削減

　第2に，同行動は特定の「目標達成段階」における行動を強調することに失敗している。同プログラムは参加者の個人の行動を識別しようとしているけれども，このプログラム自体は特定の活動を特定していない。結果的に，本プログラムの各参加者は自分の一連の行動を識別することを任されている。本書を通して議論してきたように，行動変革運動は特定の「目標達成段階」における行動に焦点を当てる場合には，より成功の可能性があるようだ。この個人向けの方法のために，運動の要素は特定の行動についての指針よりも一般的なメッセージを提供した。本書の各所で考察してきたように，多くの行動に光を当てる一般論は変化を生まないようである。温室効果ガスの削減に焦点を当てる運動は漠然としており，認識を高めることに効果的であるけれども，行動変革を生まないようである。一般的なメッセージを「包括的」（umbrella）ブランド，あるいは，重要なブランドとして使うことはできるけれども，特定の焦点を絞ったプログラムの要素の下で考えることは重要である。

　第3に，このプログラムの各参加者は一連の個人的な行動をとっているので，同プログラムは「障害」や「便益」に焦点を当てることができなかった。特定の行動に関する「障害」と「便益」について行われた先行研究はなかった。本質的に，この運動は各行動に関わる「障害」を識別し，それらに直接取り組むように助言するプログラムを開発することはせずに，これらの「障害」を克服することを各個人に任せている。

　この運動の特筆すべき強みは評価を統合するという試みである。年次調査を利用することは同プログラムの「浸透性」，認識性（awareness），および，行動上の反応（behavioral response）を評価することに対してよい情報源を提供する。しかし，行動の評価は徒歩通勤をしている人の割合，バスの利用者数，家庭のエネルギー消費量のような観測データを含めることによって強化される。すなわち，評価は行動の自己申告以上のことを行うべきであり，もっと目標マトリックス上に描かれるべきである。評価活動はまた，調査における「比較対照群」（control group）からこれまで影響を受けてきた可能性も生じるだろう。「1トン・チャレンジ・プログラム」の事例では，このプログラムは国内の異なる地方で一定期間，機能していた。あるいは，ある地理的特性のある地域では運動を行わないことを選択できるかもしれない。そして，最後に，評価はメッセージを流布する前に施行実験することから「便益」を得るだろう。多くの事例において，小さい分野の

127

第Ⅱ部　家庭部門の行動への影響力

実験を行うこと，もしくは，グループを絞ることはソーシャル・マーケターが運動のツールの効果を広く展開する前に試すことができるようにしている。

| CASE #2 | 家庭のエネルギー効率向上のための環境エネルギー： カナダ |

本章の導入部で，われわれはエネルギー消費に関わる家庭部門のさまざまな活動のためのデータを提供した。これらは表6-2に要約した。本表が示すように，いくつかの特定のエネルギー消費行動は「ウェザリゼーション（耐候化）」（weatherization），電気器具，湯沸，および，冷暖房システムのような特質を含む住宅の特性にかかわるものである。したがって，影響に関して，住宅所有者に資産の改良を勧めることはソーシャル・マーケティング運動にとって格好のターゲットを提供する。このことともに，われわれは「家庭エネルギーの強方策」（home energy retrofits）といったようなこれらの行動を取り上げる。

プログラム導入の背景

家庭エネルギー改良プログラムのデータは1970年代前半まで遡る。このプログラムは一般的に専門家が家庭に対して行い，その家庭の効率性を評価する家庭エネルギーの監査で始まる。そのような監査は一般的に，住民に地元の電気会社やガス会社を通して提供され，多くは政府の政策によって義務付けられている。しかし，そのようなプログラムは広く利用できるけれども，これを要求する住民の割合は非常に少ない。家庭エネルギーの監査が利用できる地域では，一般的に今までにこの監査を要求した住民は5％未満である（Stern, 1985；Stem & Aronson, 1984）。興味深いことに，監査を要求する住宅所有者の多くは少なくともいくつかの推奨される行動を採用する意思がある。一般的に50％以上は1つか，それ以上の推奨される行動を導入する意思があり，70％程度はしばしば同プログラムによっている。

ごく少数の住民だけが監査を要求しているようであるけれども，いくつかのプログラムの要素はよりよい反応を引き出している（Stern, 1985；Stern & Aronson, 1984）。一般的に，比較的多くの広報活動機能をもつプログラムは，（例えば，標準的な就労時間ではなく，夜間や週末に監査を提供する）他と比べて便利なプログラム

と同様，より高い監査率である傾向がある。自己監査プログラムは，請負業者や地元の公益事業者による監査と比べて多く利用されるようであるといういくつかの証拠もある。ほとんどの住民は監査，あるいは，推奨されている改良活動のどちらかのために資金を出すことを嫌う。そして，最後に，住民はカシメ用資材，隙間充填剤，プログラム可能な自動温度調節器の導入，もしくは，温水毛布（water heating blanket）のような金銭的費用を直接節約するような比較的高価でない活動を採用することを好む（Hirst, Berry & Soderstrom, 1981）。

　エネルギー監査を要求する人のタイプにおけるいくつかの地理的な違いもある。いくらか違いはあるものの，家庭エネルギーの監査を要求する人は高齢で高学歴，高収入であり，また，比較的大きな最近建てた住宅に住んでいる傾向がある。重要なことに，そのような住宅は一般的に修理の必要性，および，改良活動から得られる「便益」はほとんどない住宅である。

　最も効果的な家庭部門の改善プログラムの１つは「フード川保護プロジェクト」（Hood River Conservation）である（Hirst, 1987, 1988）。このプログラムは1983年から1985年の間に行われ，「設備改良プログラムの上限を検証する」という目標をもっていた。この運動はオレゴン州のフード川にある電気ヒーターを使用している家庭（約3,500世帯の家庭が該当する）に焦点を当て，新しい火力発電所の建設を回避することによって生じると予測される節約費用2,000万ドルを投資された。このプログラムの要素はプログラム担当の職員による対面式のコミュニケーションを伴う集中的なメディア広告，無料のエネルギー監査，さらに会計監査，新しい断熱材や高効率な窓を含む推奨する修理の無料の導入を含んでいた。プログラムの「上限」を検証する際に，あらゆる金銭的な「障害」が取り除かれていることに注意すべきである。すなわち，すべてのプログラムの要素は住民に対して無料で行われたのである。

　評価の結果は目覚ましい成功を示している。対象となった家庭の91％がエネルギー監査を受け，そのうちの92％は１つか，それ以上の主要な改良活動を成し遂げた。重要な情報源として，メディアに多くの割合（28％）で取り上げられているにもかかわらず，ほとんどの参加者はそのプログラムのことを口コミで知った。このプログラムに関するエネルギーの節約について注意深く行われた評価によれば，１世帯当たり平均2,500kWh／年の削減であったという。これは１世帯当たり15％の削減に相当する。このプログラムの費用は１世帯当たり平均4,400ドル

第Ⅱ部　家庭部門の行動への影響力

である。ハースト（1988）はこれらの結果を要約し，次のように結論づけている。

　　高い参加につながる重要な要因は自由な測定に対する注文，フード川保護プ
　ロジェクトの職員による全対象家庭の支持を得るための決定，多くの地域志向
　のマーケティング手法の利用，フード川の住民の間の口コミによる多くのコ
　ミュニケーション，……および，職員による不参加者との個人契約を含んでい
　る。(p. 317)

　われわれは「フード川保護プロジェクト」を非常に効果的なプログラムの事例
として提示している。しかし，このプログラムの費用はほとんどの家庭エネル
ギー改良プログラムの予算をはるかに超えている。しかし，メディア報道の集約
期間，口コミによるコミュニケーション，低コスト，もしくは，まったくコスト
がかからないわかりやすいプログラム要素や家庭監査の簡単な利用方法といった
エネルギー効率の測定に対する「障害」を削減する活動を含むこのプログラムの
要素のほとんどは，他のプログラムに移転可能である。ここでわれわれは大規模
な改良プログラムの事例をみてみよう。

環境エネルギー改良プログラム

　「フード川保護プロジェクト」を構築する一方，カナダにおける近年の「ソー
シャル・マーケティング・プログラム」はエネルギー効率の向上と温室効果ガス
の排出量の削減を目的としている。「環境エネルギー・プログラム」(ecoENERGY
program) は 1 億5,000万ドルの政府の資金で2007年に創設された（Daily Home
Renovation Tips, 2009 ; MIG, 2010）。このプログラムは政府機関であるカナダ天然
資源省を通して管理されている（Natural Resources Canada, 2010, を参照のこと）。

ターゲット層と望ましい行動

　このプログラムはサービス業と製造業も財源を利用できるけれども，カナダ中
の一戸建て住宅や多くの世帯が住んでいる住宅をターゲットとしている。このプ
ログラムはすべての主体が利用可能であるけれども，改良の程度という点からエ
ネルギー消費の削減量が最も多く示される古い住宅にまで対象にすることに特に
関心がある。

第6章　エネルギー使用量の削減

　このプログラムは特に，通気の補強，屋根裏の断熱材の追加，窓やドアの改善，より効率的な暖房，湯沸器の改良を含む，住宅の効率改善をターゲットとしている。

「障害」と「便益」

　このプログラムにとって基礎調査となる新しいデータはない。しかし，このプログラムは「フード川保護プロジェクト」の要約を含む先行研究の信頼できる基礎を構築した。このプログラムに関連する主な「障害」は費用の点であった。

プログラムの内容

　「環境エネルギー・プログラム」に参加するために，住宅所有者たちは現場監査を行うために認定されたエネルギー・アドバイザーを雇わなければならない。ソーシャル・マーケティングの観点から，監査は製品に相当し，また，現場の要素は場所に相当する。監査に基づいて，住宅所有者はその家庭のエネルギー消費を削減するために設計された推奨改善策のチェックリストを水の消費量を削減するための推奨策と一緒に受け取る。監査の後，住宅所有者は18ヵ月で効率改善を完了しなければならない。この改善がなされた後，改善を確認し，エネルギー節約の証書を交付するために，2回目の監査が行われる。改善のための費用は最大5,000ドルであり，プログラムを通して返済される。ある地域の追加的な助成金は住民にさらに5,000ドルを提供している。

　「環境エネルギー・プログラム」の設立後の2年間で，27万9,363人の住宅所有者が最初の監査を受け，9万4,011人が2回目の監査を終えた。これは全カナダの改良活動を完了している対象家庭の約1％に相当する。さらに，参加率は最初の年に改善を完了した1万7,642人から2年目に改善を完了した9万4,011人へと劇的な増加を示している。助成金は1家庭当たり5,000ドルまで（ある地方では地方助成金を合わせるとさらに，5,000ドルが加わる）許されているのに対して，返済された改良費用の平均は1家庭当たりたったの1,095ドルだった。返済費用の合計は1億300万ドルとなった。

評　価

　事前事後の現場監査によれば，平均的な家庭は彼らのエネルギー消費を改良活

第Ⅱ部　家庭部門の行動への影響力

動の後19％削減した。

論　評

　全体として，「環境エネルギー・プログラム」は「改良プログラム」のすぐれたモデルを提供している。このプログラムはフード川の事例を構築しながら，改良活動に関連する費用の「障害」を取り除くように設計されている。同プログラムは参加率の増大と改善を完成した住宅所有者の高いエネルギー節約量を示している。

　その成功にもかかわらず，このプログラムはいくつかの点で改善可能である。第1に，このプログラムは住宅所有者による金銭的な出費を要求する。同プログラムは住民にこれらの資金を払い戻しているけれども，最初の出費は低所得の住宅所有者にとっては，「障害」となる。参加者が利用可能な助成金のたった1,095ドルしか使っていないという事実は前払い費用が「障害」であることを示唆している。このプログラムは低所得の住宅所有者を支援するためのメカニズムを提供しているけれども，それは別の（そして，もっと複雑な）プロセスを必要とする。第2に，このプログラムは「マーケティング活動」と「アウトリーチ活動」の計画が不足しており，多くのカナダ人にほとんど知られていない。簡単に閲覧できるウェブサイト，および，地理的特性によって定義された地域にアウトリーチ活動を組み合わせることは参加率の増加に大いに役立つ。特に有用であるのはプログラムの職員から古い住居をもつ住民への対面式の招待であろう。（訳注：「アウトリーチ活動」は，従来，社会福祉の分野で，支援機関が通常の枠を超えて手を差し伸べ，支援を届ける取り組みという意味で使用されてきたが，現在では，公共機関や公共文化施設などが地域社会へのさまざまな行政サービスや社会奉仕活動などに関する出張サービス活動として使われることが多い）

　最後に，最初の監査を終えた住宅所有者のたった34％だけがこれに続く改良活動を行った。この数字は比較的小さく，いくつかの家庭はプログラムを離れて推奨策を導入しているかもしれないけれども，それは，これらの関心のある住宅所有者が動くことを事前に防ぐために，「障害」を識別するための活動がなされるべきであることを示している。さらに，社会的規範，鮮明な言語，メッセージの構成，住宅所有者側のコミットメントを含む，監査プロセスに統合可能な多くのツールがある（具体的な事例は，Stern & Aronson, 1984, pp. 92-96, を参照のこと）。

図6-1 オーパワー社の社会規範に基づくフィードバックメッセージの事例

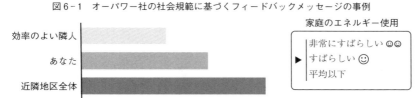

出所:Image provided courtesy of OPOWER.com

　このプログラムの著しい成功にもかかわらず,カナダ政府はこのプログラムを2010年4月に中止した。このプログラムは現在再検討されており,評価結果が未定のまま復活するかもしれない。

3　その他のすぐれたプログラム

　先述の事例は家庭部門のエネルギー保全を推進するために使用される「ソーシャル・マーケティング・プログラム」のタイプのよい事例を提供している。しかし,他の多くのすぐれた事例があることは確かであり,したがって,以下の項で,他のいくつかのプログラムを簡潔に述べることにしている。

1. 社会的規範アプローチ——OPOWER プログラム

　行動科学の研究は,社会的規範は家庭部門のエネルギー保全に対する動機づけの強いバイアス(偏り)を提供することがあることを主張している。社会的規範は集団の構成員の間のさまざまな行動の普及と承認についての人の信念に言及している。実際,例えば,彼,または,彼女の隣人がエネルギーを保全するために何かやっているということ,あるいは,彼,または,彼女の隣人が保全は重要であると考えているということを人が信じている度合いが社会的規範の特定のタイプになる (Nolan, Schultz, Cialdini, Griskevicius, & Goldstein, 2008 ; Schultz, Nolan, Cialdini, Goldstein, & Griskevicius, 2007)。一連の研究において,(本書の共著者の1人である)シュルツは住民に,近隣の他の住宅所有者はエネルギー消費を削減するために取っている特定の行動についての規範的なメッセージ,例えば,「サン・マルコス地域の住民の77%はしばしば夏に涼しさを保つために,エアコンの代わりに団扇を使う」というメッセージを受け取った後の数週間,電気を使用した住宅所有者は保全方法について情報を受け取った(規範的なメッセージは受け取って

第Ⅱ部　家庭部門の行動への影響力

いない），比較対照群と比べて10％少なかった。

　これらの研究の発見を利用して，米国の電気消費量の情報サービス提供企業で
ある，オーパワー社（OPOWER）は，住民が彼らの地域コミュニティの規範につ
いての情報と合わせて，彼ら自身の家庭エネルギーの消費水準についての情報を
受け取るプログラムを開発した（www.opower.com を参照のこと）（訳注：2016年に
世界的なソフトウェア企業のオラクル社がオーパワー社を買収した）。理念的な社会規
範よりも多くのエネルギーを消費する住宅所有者は「平均以下」というメッセー
ジを受け取っている。このように，社会規範より省エネ志向の消費を重視する住
宅所有者は笑顔マーク付きの「すばらしい」というメッセージの方を優先してい
るのだ（図6-1を参照のこと）。現在，米国の100万世帯以上の家庭が同社から規
範的な情報のフィードバックを受けている。国内の参加している公益事業会社23
社によれば，規範的なメッセージを受け取った住宅所有者は彼らの消費を平均
2.4％削減するという（Ayres, Raseman, & Shih, 2009 ; Hurt, 2010）。

2　環境保護庁の「エナジー・スター」プログラム

　1992年に米国・環境保護庁によって創設された，省エネ型電気製品の環境ラベ
リング制度「エナジー・スター」（ENERGY STAR）は北米で最も広く知られてい
るエネルギー効率の象徴になっている。このプログラムはその開始以来，成長し
変わり続けてきたけれども，その主な使命は変わらず，異なる製品の客観的な評
価基準を提供することである（www.energystar.gov を参照のこと）。2009年に，「エ
ナジー・スター」は3,000社以上の製造業者，および，4万以上の異なる製品モ
デルに利用されていた。同様のプログラムが EU とオーストラリアにある。

　「エナジー・スター」のラベルは消費者にとって信頼できる情報源とみなされ
ている（図6-2を参照のこと）。2009年末までに，米国人の75％がこのラベルを
知っており，消費者の3分の1が購入の決定の際の重要な要因として同ラベルを
信頼している（ENERGY STAR, 2010）。2009年だけで，電気器具，冷暖房器具，
照明，消費者家電，その他を含む，3億以上の「エナジー・スター」認証製品が
購入された。

　このブランドが北米で広く認識されているとしても，個人の購買決定への影響
に対する効果についてデータを探すことは重要である。2つの同じモデルで，ラ
ベルが貼られているものと貼られていないものを提示された場合，ラベルを貼ら

第6章　エネルギー使用量の削減

図6-2　エナジー・スター・ラベルは，この洗濯機に貼ってあるようなものであり，
エネルギー効率のよいモデルを示している

出所：著者提供

れた製品はどのような優位性をもつだろうか。同ラベルが貼ってあるモデルは他の魅力的な特徴ももっている傾向があることを考慮すると，購買決定に関わる「エナジー・スター」のラベルの有効性を確定することは難しくなる。しかし，ウォレンダー（Wallender）は洗濯機の販売について興味深い比較をし，ラベルによる10％の価格プレミアムを報告している（Wallender, 2008）。この価格プレミアムは「エナジー・スター」のラベルによる付加価値を示しており，消費者の選択への影響という効果に対するいく分か仮説的な証拠を示している。

「エナジー・スター」プログラムの成功は市場で認知されている信頼性やその長年にわたる地位につながっている（Interbrand, 2007）。米国・環境保護庁の後援と一貫したブランド構築によって，それはわかりやすく，また，利用しやすい状況になっている。しかし，その成功は「エナジー・スター」認証プログラムの増殖という結果も生み出しており，そのことが結局のところ，市場における同プログラムの信頼性を落とすことになるかもしれない。さらに，同プログラムの成功は製造業者に「エナジー・スター」認証を取得する気にさせており，また，新

第Ⅱ部　家庭部門の行動への影響力

しい電気器具や消費者家電であっても，そのラベルがなければほとんど売れなくなっている。これら2つの潮流（ブランドの影響力と広範な採用）を考慮すると，このラベルは消費者の決定に対する直接的な関連性を失い始めているということは確かである。しかし，これらの懸念にもかかわらず，「エナジー・スター」は消費者の決定への影響という点で製品ラベルの重要性を示している。第12章では，「エナジー・スター」プログラムのビジネスに対する影響を検証する。

3．コロラド州ボルダーの「クライメートスマート」

　全米の多くの州のように，コロラド州は家庭部門のエネルギー効率に長年に渡る関心をもっている。「クライメートスマート」プログラム（ClimateSmart Program）はボルダー市とボルダー郡によって共同開発され，2009年の「アメリカ復興・再投資法案」（American Recovery and Reinvestment）による資金を使っているプログラムであり，投票者から是認された電気の炭素税である（www.beclimatesmart.com）。このプログラムは再生可能なエネルギー源の使用やコミュニティの教育と訓練を推奨する一方で，改良活動を通したエネルギー効率に焦点を当てている。同プログラムは90ドルという割引価格での家庭エネルギーの監査，および，クリーン・エネルギーの資産評価（PACE）に基づく融資を含むさまざまな還付金，ないし，融資のプログラムを提供している（詳細は，www.pacefinancing.org を参照のこと）。PACE に基づく融資は，住宅所有者は主に改良やその他のエネルギー効率的な活動のための資金を提供するが，その方法は，住宅所有者が資産税に関する特別な評価でお金を借りて，数年間にわたって返済する，ことによるというものである。この融資プログラムに参加するために，住宅所有者は教育セミナーに参加し，75ドルの申請料金を支払わなければならない。

　このプログラムに対する反応は鈍く，同プログラムが地域の公益事業者や請負業者による積極的な参加を取りつけることができたけれども，初年度に参加した住宅所有者はたった612人だった（同プログラムは最大2,800軒分の融資のための資金をもっている）。この精彩を欠いた結果は改良に関わる資金的な「障害」を克服するという課題に光を当て，単純で便利で，かつ，費用がかからないプログラムの重要性を示している。（ClimateSmart, 2010；MIG, 2010）。本章で述べる他の改良プログラムと比べると，「クライメートスマート」の結果は，融資は還付金や直接払いと同じような強い動機づけにはならないことを示している。

136

第6章 エネルギー使用量の削減

4．再生可能エネルギーに対する補助政策：オーストラリア，2010年

　家庭部門のエネルギー消費量を削減する活動において，オーストラリア・環境省は電気給湯器から太陽熱給湯器に交換するために，家庭に直接1,000ドルの還付金を提供するプログラムを立ち上げた（Renewable Energey Bonus Scheme, 2010を参照）。オーストラリア政府は，給湯は家庭の電気使用の23％を占めており，ソーラー・システムは使用量と二酸化炭素排出量を劇的に削減する，と評価している。一般的な家庭の太陽熱給湯システムは3,500ドルの費用がかかるために，1,000ドルのリベートは価値がある。このプログラムでは，住宅所有者は導入を完了するために認証を受けた請負業者を選択し，その仕事に料金を支払い，（仕事が完了したことを示す請負業者のサインが入っている）還付金の様式を政府に提出する。支払いは約8週間の内に行われ，住宅所有者の銀行口座に直接預けられる。約190万世帯の家庭が個の還付金を受け取る資格がある。同プログラムはまだ始まったばかりであるけれども，プログラムの単純で直接的な還付金制度はよい反応を生んでいる。より詳しくは，www.environment.gov.au，を参照のこと。

5．「フレックス・ユア・パワー」（電力の柔軟化）プログラム

　2001年から2010年までの10年間，カリフォルニア州は州全体の電気消費量を削減するために設計された大規模なアウトリーチ活動や教育運動に資金を提供した。この運動は効率のよい電気機器の購入，および，晴れの日にブラインドを閉めたり，南向きの家を保護するために木を植えて陰をつくったりするといった節減行動といった，家庭の行動を変革することに焦点を当てた2億ドルの広告運動を含んでいた。残念なことに，このプログラムは情報に大きく依存しており，家庭のエネルギーの保全に対する特定の「障害」をターゲットにしていなかった。本章の前半で記述した「1トン・チャレンジ・プログラム」のように，「フレックス・ユア・パワー運動」（Flex Your Power campaign）は広範な変革を促進するという，マスメディアのメッセージに頼っていた。結果的に，この運動は価値のある行動変革を生み出すことに失敗した（Opinion Dynamics Corporation, 2008, 2010）。ここで，われわれは環境保全行動に関して認識を高めるにとどまらず，その特定の「障害」と「便益」に焦点を当てるプログラムのツールやメッセージをつくることの重要性を示すためにこの事例を記している。

第Ⅱ部　家庭部門の行動への影響力

6．「リジレント・ホーム」（回復力のある家）プログラム

　一連の探索的なプロジェクトにおいて，マンチェスター大学の研究者たちは英国の家庭にエネルギー効率のよい方法を採用するよう勧める際の報奨の利用を試験的に行った（Bichard & Kazmierczak, 2009）。本章で述べた先行している「ソーシャル・マーケティング・プログラム」とは異なり，「リジレント・ホーム・プロジェクト」（Resilient Homes project）は，特定の行動よりもその成果に焦点を当てている。すなわち，このプログラムは活動を在宅監査につなげるのではなく，特定の方法を住宅所有者に任せている。もし住民がある環境保全目標を達成したならば，彼らは地域の企業から（例えば，果物，加工食品，地域のレストランの食事，あるいは，地域の催し物のチケットといった）製品の形で報奨を受け取る。「リジレント・ホーム・プログラム」はオランダの「Nu Spaarpas プログラム」（Nu Spaarpas Program）や米国のリサイクルバンクのような，廃棄物を削減するために利用される報奨に基づく他のプログラムとよく似ている（このプログラムの概要については Seyfang, 2007 を参照のこと。また，第1章も参照のこと）。「リジレント・ホーム・プログラム」についての全国的な意識調査の結果は，インタビューした住民の3分の2が報奨による方法に対して受容性があるということ，および，地域の企業はそのことを潜在顧客に対する無料のマーケティング機会とみなしているということを示している。

7．グリーン電力：オランダの事例

　本章を通じて，われわれは家庭のエネルギー使用量を削減することに焦点を当てる「ソーシャル・マーケティング・プログラム」の事例を提示してきた。しかし，ソーシャル・マーケティング活動のもう1つの重要な領域は再生可能な資源からつくられるエネルギーを購入するように住民に推奨することである。多くの国で，電気の消費者は風力や太陽光のような再生可能な資源でつくられる電気を購入することを選択できる。一般的に，これらのグリーン電力の選択肢は伝統的な電力よりも費用がかかり，しばしば住民は30％のプレミアムを支払うことになる。グリーン電力の選択肢は1990年以来，多くの国で利用可能だけれども，この電力を選択できる消費者のたった1％だけがこの選択肢を採っている（National Renewable Energy Laboratory ［NREL］, 2002）。

　ソーシャル・マーケティング活動の注目すべき1つの事例がオランダで創設さ

れる可能性がある。1999年以来，オランダのすべての電力供給者はグリーンな選択肢を提供している。1999年，グリーン電力を選択した消費者は10万人だったが，4ヵ月のうちに，この数字は40％まで跳ね上がった。この変化は2つの活動に関わっている。1つ目はグリーン電力の価格を従来の電気と同じ価格にし，また，いくつかの事例ではより安価にする一連の免税である。2つ目は世界自然保護基金（WWF）によって行われている，これらの新しい選択肢に焦点を当てて，切り替えによる顕著な環境的利益を上げている大規模なメディア運動である。最初の推進期間の後の数年，オランダ人はグリーン電力を採用し続けており，2009年における利用率は9％であった。政府は免税を続けることを誓約し，2020年までに再生可能な資源に由来するエネルギーの利用率を20％にするという目標を設定している。

　重要なことに，この事例はプログラムの要素（例えば，コスト削減）をそのメッセージ性や認識性と組み合わせることの強みを示している。「世界自然保護基金」(World Wildlife Fund: WWF) の運動が確かに免税はなくても同じように影響をもつということではない。同様に，免税は市場に普及させるための，メディアによるメッセージを必要とされた。

4　まとめ

　家庭部門のエネルギー消費はソーシャル・マーケティングの重要な活動領域である。国際的にみて，家庭部門は電気使用全体のかなりの割合を占めている。再生可能な資源は着実に市場シェアを増やしている一方，電気の大部分は石炭，原油，ガスのような再生不可能な資源からつくられ続けている。本章は消費量の削減の促進を目的とする多くの「ソーシャル・マーケティング・プログラム」やその運動のいくつかをまとめて記述している。われわれはエネルギー消費に関する認識を向上することを目的とする激しいメディア運動を批判的に検討することから始めて，カナダの1トン・チャレンジのようなプログラムは行動変革という点では，ほとんど何も生み出さないことを議論した。

　それから，本章では，多くの非常に成功しているソーシャル・マーケティング運動に焦点を当てた。この事例は「フード川保護プロジェクト」，カナダの環境エネルギー運動，および，オーストラリアの再生可能エネルギーに対する補助金

第Ⅱ部　家庭部門の行動への影響力

政策のような，住宅改良プログラムを含んでいる。われわれはまた，オーパワー社による家庭エネルギー調査や米国・環境保護庁の「エナジー・スター申請認証プログラム」を含む，他のさまざまな戦略についてもまとめておいた。総じて，これらのプログラムは家庭部門のエネルギー領域における「ソーシャル・マーケティング・プログラム」の可能性を示しており，新しい運動を開発するための素晴らしい事例を提供している。

演習問題

① 本章で議論したプログラムの1つにコロラド州の「クライメートスマート」（ClimateSmart）という家庭改良プログラムがあります。前述のように，住民はこのプログラムに対する反応が鈍いようです。プログラムの職員が反応を増大させるのはどのような特定の戦略でしょうか？　少なくとも，1つのプログラムに基づく変革，および，1つのマーケティングやメディア戦略について論じましょう。本章で議論した他のプログラムから利用可能な教訓を創造的に使ってみましょう。

② 本章は「フード川保護プロジェクト」の要約で始まりました。このプログラムのどのような要素がその成功にとって最も中心的な要素であったと考えるでしょうか？

③ エネルギー消費に関わる行動や実際に達成可能な削減（表6-1と表6-2を参照のこと）について，本章で提示したデータを利用することは，ソーシャル・マーケティング運動を通してターゲットになり得る3つの不可分の，「目標達成段階」における行動を識別します。それぞれに対して，あなたの運動にかかわる潜在的な「障害」と「便益」を論じて下さい。

④ ウェンディ（Wendy）は「ストップ・ウェイスト」（Stop Waste；捨てるのをやめよう）事業団の正規職員です。彼女の団体は住宅のエネルギー効率と資源効率をよりよくすることに焦点を当てるソーシャル・マーケティング運動を開発し導入するために，多くの国家の補助金を受けていました。ウェンディはその運動を開発する手助けをするコンサルタントとしてあなたを雇っています。あなたはこのプログラムにどのように取りかかりますか。あなたはどこから始めますか？　また，あなたがこの運動を開発する際に利用する重要な事柄は何ですか？

第6章　エネルギー使用量の削減

参考文献

Ayres, I., Raseman, S., & Shih, A. (2009). *Evidence from two large field experiments that peer comparison feedback can reduce residential energy usage.* Paper presented at the 5th Annual Conference on Empirical Leagal Studies. New Heaven, CT : Yale University. Retrieved from http://ssrn.com/abstract=1434950

Bichard, E., & Kazmierczak, A. (2009). *Resilient homes : Reward-based methods to motivate householders to address dangerous climate change.* Manchester, England : University of Salford. Retrieved from http: //admin. cms. salford. ac. uk/_ data/assets/pdf_file/0019/9622/report_FINAL_160909.pdf

Calwell, C. (2010). *Is efficient sufficient? The case for shifting our emphasis in energy specifications to progressive efficiency and sufficiency.* Stockholm, Sweden : European Council for an Energy Efficient Economy. Retrieved from http://www. eceee.org/sufficiency

ClimateSmart. (2010). *Home energy 101 workshop.* Board of County Commissioners. Boulder, CO. Retrieved from http:www.bouldercounty.org/bocc/cslp/homeenergy. pdf

Daily Home Renovation Tips. (2009). *ecoENERGY year 2 anniversary results.* Retrieved from http: //www. blogcatalog. com/blog/daily-home-renovation-tips1/ 26f948f75375eddba519eb26ff932153

Dietz, T., Gardner, G., Gilligan, J., Stern, P., & Vandenbergh, M. (2009). Household actions can provie a behavioral wedge to rapidly reduce U.S. carbon emissions. *Proceedings of the National Academy of Sciences, 106,* 18452-18456. Retrieved from http://www.pnas.org/content/106/44/18452

ENERGY STAR. (2010). *ENERGY STAR overview of 2009 achievements.* Retrieved from https://www.energystar.gov/ia/partners/annualreports/2009_achivements.pdf

Environmental Canada. (2006). *Evaluation of the one-tonne challenge program.* Rerieved from http://www.ec.gc.ca/ae-ve/F2F5FD59-3DDA-46BC-A62E-C29FDD 61E2C5/EvaluationReport-OTC-Eng.doc

Gardner, G., & Stern, P. C. (2008, September/October). The Short list : The most effective actions U.S. households can take to curb climate change. *Environment,* 1-10. Retrieved from http: //www. environmentmagazine. org/Archives/Back%20 Issues/September-October%202008/gardner-stern-full.html

Hirst, E. (1987). *Cooperation and community conservation : The Hood River Conservation Project* (ORNL/CON-235 ; DOE/BP-11287-16). Oak Ridge, TN : Oak Ridge National Laboratory.

141

第Ⅱ部　家庭部門の行動への影響力

Hirst, E. (1988). The hood river conservation project : An evaluator's dream. *Evaluation Review, 12,* 310-325.

Hirst, E., Berry, L., & Soderstrom, J. (1981). Review of utility home energy audit programs. *Energy, 6,* 621-630.

Hunt, A. (2010). *Social norms and energy conservation.* Cambridge, MA : Massachusetts Institute of Technology, Center for Energy and Environmental Policy Reseach, Retrieved from http://web.mit.edu/allcott/www/papers.html

Inrterbrand. (2007). *Building a powerful and enduring brand : The past, present, and future of the ENERGY STAR® brand.* Retrieved from http://www.energystar. gov/ia/partners/downloads/ENERGY_STARBndMAnf508.pdf

Intergovernmental Panel on Climate Change. (2007). *AR4 synthesis report.* Geneva, Switzerland : Author, Retrieved from http://www.ipcc.ch/publications_and_data/ ar4/syr/en/contents.html

International Energy Agency. (2006). *Energy statistics.* Retrieved from http://www.iea. org/textbase/nppdf/free/2006/key2006.pdf

International Energy Agency. (2010). *World energy outlook.* Retrieved from http: //www.worldenergyoutlook.org/docs/we02009/WE02009_es_english.pdf

MIG. (2010). *Home Energy retrofits : Research report.* Oakland, Ca : Association of Bay Area Governments.

National Academy of Sciences. (2010). *Advancing the science of climate change.* Washington DC : National Academies Press. Retrieved from http://books.nap.edu/

National Renewable Energy Laboratory. (2002). *Green power marketing abroad : Recent experience and trends,* Golden, Colorado : Author. Retrieved from http: //www.surfingvancouverisland.com/environment/photos2009/greenpower.pdf

Natural Resources Canada. (2010). *ecoENERGY retrofit－home program.* Retrieved from http://oee.nrcan.gc.ca/residential/personal/grants.cfm?attr=0

Nolan, J., Schultz, P. W., Cialdini, R. B., Griskevicius, V., & Goldstein, N. (2008). Normative social influence is underdetected. *Personality and Social Psychology Bulletin, 34,* 913-923.

Opinion Dynamics Corporation. (2008). *2006-2008 statewide marketing and outreach process evaluation : Final report. California Public Utilities Commission.* Oakland, CA : Author. Retrieved from http://www.calmac.org/publications/ODC_Statewide_ Marketing_and_Outreach_Process_Evaluation_and_Appendices_Final_CALMAC.pdf

Opinion Dynamics Corporation. (2010). *PY2006-2008 indirect impact evaluation of the statewide marketing and outreach programs. Report for the California Public*

Utilities Commission. Oakland, CA : Author. Retrieved from http://www.energy dataweb.com/cpuc/home.aspx

Renewable Energy Bonus Scheme. (2010). *Solar water rebate.* Department of Climate Change and Energy Efficiency, Australia. Retrieved from http://www.environment. gov.au/energyefficiency/solarhotwater/

Schultz, P. W., Nolan, J., Cialdini, R., Goldstein, N., & Griskevicius, V. (2007). The constructive, destructive, and reconstructive power of social norms. *Psychological Science,* 18, 429-434.

Seyfang, G. (2007). *Personal carbon trading : Lessons from complementary currencies. Centre for Social and Economic Research on the Global Environment.* Norwich, United Kingdom : University of East Anglia. Retrieved from http://infotek.fph. ch/d/f/2277/2277_ENG.pdf?public=ENG&t=.pdf

Sorrell, S. (2007). *The rebound effct : An assessment of the evidence for economy-wide energy savings from improved technology.* London : United Kingdom Energy Research Centre. Retrieved from http://www.uker.ac.uk/support/tiki-index.php? page=ReboundEffect&highlight=sorrel

Stern, P. C. (1985). (Ed.). *Energy efficiency in buildings : Behavioral issues.* Washington, DC : National Academies Press. Retrieved from www.nap.edu/catalog/10463.html

Stern, P.C., & Aronson, E. (1984). *Energy use : The human dimension.* New York : Freeman.

Van Rooijen, S., & van Wees, M. (2006). Green electricity policies in the Netherlands : An analysis of policy decisions. *Energy Policy, 34,* 60-71.

Wallander, S. (2008). *Price impacts of the ENERGY STAR label.* New Haven, CT ; Yale University, School of Forestry and Environmental Studies. Retrieved from http://cbey.research.yale.edu/uploads/EnergyStar.pdf.

第7章	# 魚類と野生生物の 生息環境の保護

1　問題の所在

　本章では，魚類と野生生物の生息環境を保護する行動に影響を与えることに焦点を合わせる。「生息環境」（habitats）はそこで暮らしている動物によってさまざまであるものの，しばしば，海洋や湿地帯，河川，草地，草原，森林，そして，裏庭（back yards）を含む，いくつかの主要な「生態系」（ecosystem）に分類されている。このいずれについても固有の問題状況を生み出している。

1．海　洋

　海洋は地球上の3分の2以上を覆っているだけではなく，食料とそれに関連する仕事を提供する上で，世界中の人々にとって生命線となる重要性をもつ，数千にも及ぶ魚類や無脊椎動物の棲家でもある。また，海岸の生態系（例えば，甲殻類の岩礁，海草，昆布棚，珊瑚礁）は，地域社会（community）を嵐の被害から守っている。残念なことに，今日，海の生き物はかつてないほどの脅威に晒されている。人類は海の環境を根本的なまでにつくり変えさせており，商業的な漁業からグローバルな環境変動まで，人の活動が影響を及ぼしていない海洋地域というものはもはやどこにもない（Halpern et al., 2008；Monterey Bay Aquarium, 2009）。

2．湿地帯・河川・湖・小川

　一般に，湿地帯には，沼地（swamps），湿地（marshes），湿原（bogs），および，それに類似した地域が含まれる。科学者たちの一部は湿地帯を自然の肝臓と呼んでいるが，それは，湿地帯が天然の浄化作用をもっているからである（『湿地帯の重要性』［*Importance of wetlands*], 2010）。河川や湖，小川とともに，湿地帯はさまざまな範囲の動植物種に豊かな生息環境を提供しており，また，洪水と浸食から

そうした土地（property）を守っている。不幸なことに，米国・環境保護庁（U. S. Environmental Protection Agency：EPA）によれば，農業地域と都市部から流出される水，外来種の侵入，ダム・用水の建設を含む人間の活動によって，これらの水生環境は脅威に晒されている。人々の行動の変化がそうした水生環境を回復させることに役立つのである（米国・環境保護庁［EPA］，2010）。

3. 草地・草原

　世界の草地はおよそ8億の人々の住まいであるという現実に加えて，数多くの野生生物種もまた，食物や隠れみの，および，営巣地として，この環境に頼っている。草地は風や水による土壌の浸食を減らすのに役立ち，また，化学物質を濾過するのにも役立つので，われわれの水の供給を守ってもいる。しかし，世界のすべての草地のうち，保存のために保護されているのは5％に満たず，また，その景観も外来種のまん延や自然火災の鎮火，農業・都市化のための用地転換によって，脅威に晒されている（NASA，2010）。

4. 森林と樹木

　カリフォルニアのアメリカスギの森から，スコットランドのマツ林，南米の熱帯雨林に至るまで，森林は，地球の大陸の4分の1以上を覆っている。樹木は私たちの呼吸する空気を補給し，野生生物に安全な場所を提供している。しかし，「自然保護委員会」（the Nature Conservancy）によれば，この星をもともと覆っていた森林のおよそ半分が失われている。また，その残りの多くについても，樹木種のゆるやかな絶滅を引き起こす病気や虫，野生生物種の生命維持に関わる生息環境を破壊する不法な伐採，そして，破壊的な火災の火種となる木材（woods）といった問題に見舞われている（「自然保護委員会」，2010）。

5. 裏　庭

　毎年，数千エーカーにのぼる野生生物の生息環境が住宅その他の開発計画に転換されるのに伴って，在来野生生物種の多くが生活し，また，訪れる場所はどんどん少なくなっていくだろう。裏庭の野生生物の生息環境，これは時に，「聖域」（sanctuary）とも呼ばれるが，これをつくることが1つの解決策である。われわれの多くは気づいていないかもしれないけれども，土地の所有者は生息環境の管

145

第Ⅱ部　家庭部門の行動への影響力

理者でもある。われわれが家の周りですること，あるいは，しないことが隠れ家や食料，水，営巣地の必要不可欠な要素を提供することで，多くの野生生物種にとっての生息環境の質に影響を及ぼすのである。

　他の章と同様に，いくつかの事例がここで焦点を合わせている環境領域に対するソーシャル・マーケティングのモデルの成功した適用法を実証している。この章で取り上げる2つの事例は，⑴「シーフード・ウォッチ」(Seafood Watch)：持続可能な海産物選択への影響（カリフォルニア州モントレー）と，⑵故意による野火の削減（英国，ウェールズ）である。締めくくりに，バージニア州における，在来植物の購入と植林に影響を及ぼすための試みの短い事例について説明することで，生息環境の保護に取り組むプログラムの管理者が直面する特有の問題に注目する。そこには，成功の機会を向上させる可能性に関する提案も含まれている。

2　問題解決を可能にするための行動

　「目標達成段階」における問題解決を可能にする行動に関する以下のリストは生息環境を保護するための試みに対して，選択可能なはるかに多くの行動の1つのサンプルに過ぎない。よく提案されているように，「ソーシャル・マーケティング・プログラム」のために選択される実際の行動は特定の生息環境を守る上でより積極的な影響をもつものであるべきだろうし，また，その中でも，より大きな採用可能性をもち，また，より市場に浸透しやすいものであるべきである。表7-1にリストされている行動は第1に，個人（下流）に対して奨励される可能性があるということに留意すべきである。もちろん，これらの試みは商業的な開発者や政策決定者を含む上流階層の人々も（あるいは，むしろ彼らこそが）対象となるかもしれない。

CASE #1　シーフード・ウォッチ（Seafood Watch）──持続可能な海産物選択への影響：カリフォルニア州モントレー

プログラム導入の背景

　「モントレー湾水族館」(Monterey Bay Aquarium) は，私たちの海洋が健全で，

第 7 章　魚類と野生生物の生息環境の保護

表 7-1　野生生物の生息環境を保護するための問題解決を可能にする行動

生息環境	採用される可能性のある「目標達成段階」における行動の例
海　洋	・持続可能な魚，シーフード・ウォッチのガイドに「最良の選択項目」としてリストされているものを購入すること。 ・海辺にカキの貝殻を残しておくこと。 ・船遊びをする時は，クジラから離れた沖の方に停泊すること。 ・珊瑚に立たない，座らない，壊さない，あるいは，触らないこと。 ・夜間は海辺に明るい光を照らさないこと。 ・船を錨泊させる時は確実に錨を砂場にしっかりと降ろすこと。 ・シュノーケリングする時はウミガメから20フィート（訳注：1フィート＝30.48cm，20フィート＝609.6センチメートル）以上離れること。 ・生きた生命体のいかなるものをも輸送しないことを確実にするために，すべてのレクリエーション装置を清掃すること。
湿地帯・河川・湖・小川	・海岸や沿岸地域でハイキングやキャンプ，ピクニックをする時には，プラスチック・ボトルをリサイクル・コンテナに捨てるか，もしくは，家に持ち帰ること。 ・小川や湖，河の近くに在来植物を植えること。 ・桟橋には，日光が漏れる素材を使うこと。 ・天然の水路で外来種を目撃したことを地元の農業機関，出先事務所，天然資源管理局（natural resource management agency）に伝えること。
草地・草原	・吸い殻を地面に捨てないこと。 ・道から逸れないこと。 ・自分の土地に資格があるならば，米国魚類野生生物局（U.S. Fish and Wildlife Service）を通じて，草地の地役権を設定すること。これによって，自分の土地を草地として維持し続けることに対して支払いを受けられること。
森林・樹木	・いずれ地表に火が出て野火につながったりするので，火がくすぶって根に火が付くかもしれない時には，キャンプファイアを地面に埋めて消火しないこと。 ・森林が伐採された地域への植林を手伝うこと。 ・オークの突然死のような病気を広めることを防ぐために，森でハイキングした後には，ブーツを念入りに掃除すること。 ・世界の森林について，「責任のある受託責任者」（responsible stewardship）の育成を促進している，「森林受託者協会」（Forest Stewardship Council：FSC）が認証する木材，家具，紙，その他の製品を選ぶこと。
裏　庭	・樹洞営巣鳥類のために，巣箱を設置すること。 ・種や実，花蜜（花），隠れ場所を提供できる樹木を選ぶこと。 ・小鳥の水浴び用水盤では，水かさを浅く保つ。典型的には，もっとも深い場所で1～3インチ（訳注：1インチ＝2.54cm，3インチ＝7.62cm）にすること。 ・小鳥の水浴び用水盤の藻と細菌を除去するために，毎月何回かはプラスチックのブラシで掃除すること。 ・鳥のえさ箱から鳥が病気や中毒になることを防ぐために，1週間おきに種や果物などを取り除き，えさ箱を掃除して乾かすこと。

147

第Ⅱ部　家庭部門の行動への影響力

人々が地球における自然の生態系の「完全性」（integrity）の保護に参画する世界を心に描いている。この水族館が1984年に開業した時，世界における天然海産物の水揚げはほぼ最高になっていた。この水揚げは現在では減少しているが，海産物が人々の食事療法の主な源になるにつれて，2010年には，養殖海産物が初めて天然海産物の水揚げを超えることが見込まれている。こうした水産養殖の営みが「水生生態系」（aquatic system）に重大な悪影響を与えていること，また，その多くが海洋の健全性を損なわせていることが懸念されている（モントレー湾水族館[Monterey Bay Aquarium]，2009）。

　健全な海洋というビジョンの実現を促進すべく，1999年，モントレー湾水族館は「シーフード・ウォッチ・プログラム」（the Seafood Watch program）を創設した。このプログラムは持続可能な海産物選択に影響を与えるためのものであり，プログラムでは，生態系に悪影響を与えずに生産を維持，ないし，増加させる収穫源，すなわち，天然物か，養殖物かということに基づいて，持続可能な海産物を定義している。米国のレストランで消費者に提供される海産物すべてのうちの3分の2，また，小売の販路を通じて売られるうちの24％と見積もられているが，消費者は持続可能な海産物の選択を通じて，海洋の保護の取り組みに貢献するかつてないほどの機会をもっている（Bridgespan Group，2005）。以下に示されているように，モントレー湾水族館の戦略は顧客層の「障害」に対処する革新的なツールを用いて，持続可能な海産物に対する市場の需要を増大させるインセンティブを生み出すことである。その結果は短期的にも長期的にも，刺激的なものである。

ターゲット層と望ましい行動

　下記の計画された一連の行動は，下流の消費者層が注文や購入をするように影響を与えるという戦略的意図を反映している。この消費者による注文や購入は中流の消費者層（レストランや外食企業，食料品店，魚市場といった業者）に影響を与え，そして，それがさらに，上流の消費者層（卸売業や水産業・養殖業者）が自分たちの消費慣行を変えるように促す。モントレー湾水族館は次のような結果を念頭に置いて，プログラムを開始している。

　1．消費者がより持続可能な海産物をもっと（あるいは，それだけを）買うこ

とを決めること。

2．消費者がレストランや食料品店，魚市場で質問や注文をし始めて，持続可能な海産物の問題に対する顕著性（salience）を生み出すこと。

3．こうした業者が持続可能な海産物の取り扱いを増やすように仕入れ先に働きかけること。

4．仕入れ先が購買方法を変えること。

5．大口の買い手顧客の需要に応えるために，水産業・養殖業者が漁獲方法を変更したり，あるいは，異なる事業に転換したりといった対応をすること。

　3,690人の米国人を対象とした，2004年のある調査が明らかにしているところによれば，「グリーン・コンシューマー」（Green Consumer）とみなされる初期の消費者層を優先するのは，彼らがオピニオン・リーダーや情報探索者であったり，新製品に関心をもっていたり，自分たちの買い物習慣に気を配っていたり，また，おそらくこれが最も重要なことだろうが，環境に関する製品情報を他者と共有することに積極的に関わっていたりするだろうという理由からである（Wolf & Lilley, 2004）。このような消費者層はモントレー湾水族館の姉妹動物園・水族館の来館者の大部分を代表する来館者と同じく，モントレー湾水族館にとって「ごく一般的な人」（a "natural"）なのである。

　さらに，重要なことには，こうした消費者層の中心的要素には潜在的な支援者とみられる人たちともに，財の流通チャネルも含まれる。確認されているパートナーの支援組織には，(1)動物園・水族館・科学館，(2)保護団体，(3)「沿岸管理委員会」（Coastal Commissions）のような準政府組織，および，(4)企業，特にレストランや食品市場がある。この地方の主要都市部におけるこれらの組織との協力関係を正式なものにすることによって，「シーフード・ウォッチ」（Seafood Watch）という「震源」（epicenter）は持続可能な海産物のメッセージをより広範な人々に伝えるとともに，いまだに保守的な志向をもつ消費者層にまで届かせることを確実なものにするのに有益であった。

　この事例では，消費者に影響を与えるために用いられる戦略にまず焦点を合わせ，最終的には，いかにしてそれらの活動がより上流の支援者層に影響を与えるのかということに注目する。

第Ⅱ部　家庭部門の行動への影響力

「障害」と「便益」

　消費者が持続可能な海産物を購入する時点で抱える「障害」（barriers）を理解することは，それが「グリーンな［訳注：環境問題への意識の高い］」（green）消費者であったとしても，大切なことである。

- 商店か，レストランかを問わず，購入時における持続可能な選択に関する情報不足
- 購入時に考慮に入れる情報に圧倒される感覚
- 持続可能な海産物は高いだろうという意識
- 提案への信頼不足——提案が何を検討課題としているのかということへの心配，および，こちらの魚は持続可能で，あちらの魚はそうではないということをその提案がどのように判定しているのかに対する疑問
- たとえ持続可能であったとしても，その海産物を選ぶことが個人的な健康の改善にどのように関係しているのかについての興味

　こうした環境志向のターゲット層にとっての根本的な「便益」（benefits）は海産物の持続可能な供給に貢献するということである。

プログラムの内容

　過去10年以上にわたって，「シーフード・ウォッチ」が生み出してきた製品はさまざまな「障害」の多くに真っ正面から取り組んできた。

　この新たな行動計画は米国の6つの地域のそれぞれに対する「シーフード・ウォッチ・ポケットガイド」（the Seafood Watch Pocket Guide）から始まった（図7-1を参照のこと）。このカードは単なる販売促進だけでなく，購買時点での意思決定のために設計されている。その地域で最も人気のある海産物の選択肢が「緑」（最良の選択［Best Choises］），「黄色」（よい代替案［Good Alternatives］），「赤」（回避［Avoid］）のようにリストされている。「最良の選択」の品目は豊富で上手に管理されており，環境にやさしい方法で漁獲，ないし，養殖されているものと定義される。「よい代替案」は，1つの選択肢ではあるけれども，しかしながら，漁獲，ないし，養殖の方法——あるいは，他の人的な影響に起因する生息環境の健全性——について懸念されるものではある。差しあたり「回避」するものは，

150

第7章　魚類と野生生物の生息環境の保護

図7-1　シーフード・ウォッチ・ポケットガイド

出所：モントレー湾水族館の広報責任者，ケン・ピーターソン（Ken Peterson）

他の海洋生物，ないし，海洋環境を傷つける方法で漁獲，あるいは，養殖された品目である。健康についての懸念事項に対処するために，リストアップされているそれぞれの品目に対して，水銀その他の汚染物質に関する懸念から消費を制限すべきかどうかについて，印（＊）を付して警告している。また，提案の信頼性に関する潜在的な懸念事項に対処するために，「シーフード・ウォッチ」のウェブサイトに掲載されている情報によって，政府の研究，研究誌の論文，白書を精査しているモントレー湾水族館の科学者が作成した報告書に基づいて，分類を決めていることを説明している。彼らはまた，情報源として，水産業と養殖業の専門家とも交流している。そして，この報告書は学会や政府，海産物業界の専門家による委員会において再検討される。これらの報告書に基づいて，6カ月ごとに新しい提案を提示したり，既存の提案を更新する。

　毎月，ウェブサイトでは，「シーフード・ウォッチ」のレシピが特集されており，その地方の最高の料理人の1人がつくったものもある。例えば，2010年3月のレシピは天然のシマスズキのたたき，トマトセージ「フォンデュ」（Fondue）

第Ⅱ部　家庭部門の行動への影響力

図7-2　シーフード・ウォッチのiPhoneアプリ

出所：モントレー湾水族館広報責任者，ケン・ピーターソン（Ken Peterson）

だった。これはコネチカット州ウェストポートの地元のレストラン，「ドレッシング・ルーム」（Dressing Room）の料理人兼オーナーである，ミシェル・ニシャン（Michel Nischan）によるものである。

　また，2009年には，電話のGPS機能を使ってその土地用の正しいガイドを読み込む，iPhoneの新しいアプリが提供された。このアプリでは，海産物をランクで並び替えたり，特定の魚のランクを検索する機能を用意している（図7-2を参照のこと）。特別な寿司ガイドでは，魚を共通の市場名と一緒に日本名でリストアップしている。

　ポケットガイドは送料込みの無料で，iPhoneアプリも同様である（マーケティングの4Psの価格）。非金銭的な報酬を説明するために，「シーフード・ウォッチ・プログラム」は2001年を皮切りに，重要な中流の支持者層の1つ——料理人——を評価するための取り組みを立ち上げた。5月に行われる年次イベントの「料理で課題解決！」（Cooking for Solutions）では，モントレー湾水族館の2日間にわたる公式祝賀会において，よい食材と地球にやさしい生活への情熱を共有する大陸中の料理人を表彰している。数多くの料理人の中から選ばれる料理人は，海洋と土壌の健全さを守る料理を普及させる上で，行動で示すリーダーシップを発揮した料理人である。毎年，最高の賞は「年間最優秀料理人」（the Chef of the

Year），および，「年間最優秀教師」（the Educator of the Year）の料理人に贈られる。2010年には，さらに，17人の料理人が「有名料理人大使」（Celebrity Chef Ambassadors）として，21人が「先進料理人」（Presenting Chefs）として表彰される。

　ポケットガイドは，電話，または，オンラインで注文でき，少量でも大量でも送付可能である。iPhone アプリをダウンロードするリンクは「シーフード・ウォッチ」のウェブサイトで提供されている。支援パートナーは水族館，動物園，レストランとともに，ポケットガイドを流通させ，ガイドが届く距離を伸ばす鍵である（マーケティングの4Psの場所［place］）。

　「シーフード・ウォッチ」は主として，ポケットガイドとウェブサイト，モバイルアプリ，フェイスブックとツイッター，および，特別なイベントを通じて，消費者の認知度を高めている（マーケティングの4Psのプロモーション〔promotion〕）。このプログラムが信頼性を獲得していくにつれて，多岐にわたる大衆メディア——オプラ・ウィンフリー（Oprah Winfrey）の『Oマガジン』（O Magazine）から，マーサ・スチュワートのテレビ番組，『ニューヨーク・タイムズ』（*New York Times*）や『タイム』（*Time*）誌から TreeHugger.com や Grist.org を含むウェブサイトまで——で特集されるようになった。年次の「料理で課題解決！」の祝賀会の広報宣伝パートナーは，『コースタル・リビング』（*Coastal Living*）や『サンセット』（*Sunset*）を含む雑誌での広告を通じて，認知度を高めている（訳注：オプラ・ウィンフリーは，米国の俳優で，テレビ番組の司会者兼プロデューサーである。彼女が司会を務める『オペラ・ウィンフリー・ショー』（the Oprah Winfrey Show）は米国のトーク番組史上最高の番組であるとされ，多数の賞を受賞している。『Oマガジン』は，『オプラ・マガジン』（*Oprah Magazine*）のことである。マーサ・スチュワート（Martha Stewart）は米国の実業家である。彼女は料理や園芸，手芸，室内装飾などのライフスタイルを提案しており，『マーサ・スチュワート・リビング』（*Martha Stewart Living*）という雑誌・テレビ番組をもっている。TreeHugger.com は，持続可能性を重視するウェブサイトである。持続可能性に関するブログの中でも高い評価を受けており，The Best of Green Awards という年次の表彰プログラムも運営している。Grist.org は，『グリスト』（*Grist*）という米国の非営利のオンライン・マガジンであり，環境問題に関するニュースやコメントを発表している。『コースタル・リビング』（*Coastal Living*）はタイム社のライフスタイル部門が発行している雑誌であり，およそ400万人の読者に沿岸部での生活を紹介している。『サンセット』（*Sunset*）はサンセット出版社の月刊誌である。およそ500万人の

第Ⅱ部　家庭部門の行動への影響力

読者を対象として，主に，旅行や食品，家や庭についてのすぐれた生活を紹介している）。

　2006年に立ち上げられた「アドヴォケート・プログラム」（Advocates Program）はウェブサイト訪問者に，持続可能な海産物に関する情報を友達や家族，および，この分野の事業と共有するオンライン上で「誓い」を奨めるようになっている。見返りとして，ウェブサイト訪問者は「アクション・キット」（Action Kit）を受け取る。これには，地域的なポケットガイドや事業で排除すべき回避リストにある品目ごとの統計量が含まれる「アクション・カード」（Action Card）セット，および，回避リストの品目について議論する際の論点として役立つ「フィッシュ・ファクト・カード」（Fish Fact Card）のセットが備えられている。

　料理人のパートナーは自分自身で誓約しているが，それは囲み記事7－1のような特徴をもつ「シーフード・ウォッチ」のウェブサイトを通じて，世界的に広がっている。

　注目に値するのは料理人やレストランとのある特定の試験的な取り組みである。2006年10月，自宅の近くで働いていた「シーフード・ウォッチ」のスタッフがモントレー湾地域で人気のあるレストランに，すべての「回避」種を店のメニューから自発的に外すよう説得し，スタッフに持続可能な海産物の選択に関する訓練を提供しようと，話を持ちかけて回った。24の施設がそれに調印し，顧客が支払いをする時に，「シーフード・ウォッチ・ポケットガイド」（the Seafood Watch pocket guides）を数多く配布した。参加しているすべてのレストランが彼らの参画を認証する盾の贈呈を受け，全国海産物月間の期間中，モントレー湾水族館が設置した地元の広告の目玉とされた。その後，モントレー湾の北部と南部に場所を移して，さらに17のレストランがこのプログラムに参加した。これらの試験的なプログラムとその結果は，現在では，これを再現する中心となる水族館のようなパートナー組織に対する手本として用いられている。

　評価は，下流・中流・上流の階層，すなわち，消費者，パートナー，小売，仕入れ先，水産業者といった職種階層ごとに行われた。

1．消費者の結果と成果

- ポケットガイド　2010年までに，3,400万枚のガイドが米国中の消費者のポケットに届いた。その多くは中心地のパートナーによって配布され，その数はモントレー湾水族館の訪問者だけでも90万人を超える。毎年，数十万のガ

第7章 魚類と野生生物の生息環境の保護

囲み記事7-1 料理人と料理リーダーの「誓い」

> 「料理人と料理リーダーの『誓い』」
>
> 　料理人と料理リーダーとして，私たちは特別の責任をもっています。メニューの選択，仕入れの決定，一般の人たちとの触れ合いを楽しむプラットフォームを通じて，私たちは流れを変えるのに役立つかけがえのない立場にあります。
> 　そこで，私たちは次のことを「誓い」ます。
>
> - モントレー湾水族館の赤い「回避」リストにある天然物，あるいは，養殖物の海産物を提供しないこと。
> - 他の人たちも私たちの仲間に加われるように，私たちのコミットメントについて——同僚や一般の人たちと——話をすること。
> - 持続可能な海産物は食べても美味しい，ということを示す新しい料理の開発に私たちのもてる能力を使うこと。
>
> 　海洋は回復力に富んでおり，魚類の生息数も元に戻すことができます——私たちがその機会を提供しさえすれば。私たちの活動を通じて，その問題解決の一助となることを目的とします。
> 　あなたが私たちの「海産物保護」の「誓い」に参加したいと思う料理人・料理リーダーであるならば，「シーフード・ウォッチ」のホットライン（877）229-9990（通話無料）に連絡するか，あるいは，e-mail を送って下さい。
>
> 出所：Monterey Bay Aquarium, *Save our seafood : Urgent action by chefs & culinary lieaders,* 2010. 下記 URL より検索。http://www.montereybayaquarium.org/cr/cr_seafoodwatch/sfw_predgechef.aspx

イドが出版物に折り込まれたり，増刷されたりしている。2007年には，ワーナー・ブラザーズ・スタジオ（Warner Brothers Studios）との独自の協力によって，900万枚のポケットガイドが，受賞作である『ハッピー・フィート』（*Happy Feet*）の DVD に同梱された（訳注：『ハッピー・フィート』は，2006年に制作され，ワーナー・ブラザーズから配給された米国の CG アニメーション映画である。南極を舞台に，踊りの得意なコウテイペンギンが主人公として描かれている。映画が公開された2006年のアカデミー賞で長編アニメ映画賞を受賞し，その主題歌は同年のゴールデングローブ賞主題歌賞を受賞した）。

- **ウェブサイト**　Seafoodwatch.org には，2009年だけで，53万5,559の訪問者

155

のセッションがあり，これは2008年から43％の増加である（訳注：セッション
とは，サイトのサーバーへのアクセスのこと。あるサイトの複数のページにアクセス
しても，1セッションと数えられる）。「海産物の状況報告書」（the State of
Seafood Report）が発行された週には，100万を超えるページ閲覧数と20万を
上回る訪問数があった。現在，Seefoodwatch.org はグーグル検索で，
seafood の語で検索した時の検索結果で1番上に表示される。
- **特別イベント** 年次の「料理で課題解決」イベントには6,000人近くが参加
  し，その他の各種会議や取引ショー，および，特別なイベントといった追加
  的な催しに，年間1万人を超える人々が参加している。
- **支持者** 今日（2010年）までに，1,200を超える人々がプログラムの支持者と
  なることに賛同しており，e-mail による通常の調査を通じて，彼らの活動
  を追跡することを承諾している。支持者の一部について行われた調査では，
  大多数の人たちが「アクション・キット」の少なくとも1つのアイテムを，
  また，18％の人々が「アクション・キット」のすべてのアイテムを配布して
  いる。また，およそ3分の1（63％）の人がそれらの素材を用いて，少なく
  とも1つのレストランに話を持ちかけている。
- **メディアの評価**（メッセージを見たり，聞いたり，読んだりした可能性のある人の見
  積もりの数） 2006年の1年間で，メディアの報道（印刷物，オンライン，および，
  放送を含む）は150件を上回り，少なく見積もっても1,900万人がそれに接触し
  ている。全体では，2006年の「シーフード・ウォッチ」のメディアのインプ
  レッション（impressions－効果）は2,325万4,000件であった（訳注：「インプレッ
  ション」はウェブサイトの広告の露出回数のことである。1つの広告が1回表示される
  と，1インプレッションとなる）。範囲を拡大した追加的な指標として，メディア
  に「持続可能な海産物」という言葉が出てくる頻度に関する簡単な調査・内容
  分析では，2002年から2008年の間に，その頻度は8倍以上となっている。

2．協力関係の成果

2010年までに，非営利組織や準政府機関，企業との間に161の協力関係が構築
された。これには67の「全面協力者」（full partner）が含まれており，それらの組
織は，1年間に少なくとも1万枚のポケットガイドを配布することやポケットガ
イドを読み解くための展示や展示会，あるいは，教育課程を開発すること，およ

第7章　魚類と野生生物の生息環境の保護

び，自分たちの地域で奉仕活動を実施することに合意している。また，45団体ある「準協力者」（assisstant partner）はポケットガイドを年間5,000枚配布する約束をしている。49の「企業協力者」（business partners）は，その多くがレストランであり，彼らは赤い「回避」の列に並べられている品目のすべてを自分たちのメニューから外す「誓い」を行っている。

3．小売りの成果

　米国のあるすぐれたスーパーマーケットの小売店のいくつかでは，持続可能な海産物の調達政策をすでに整えている。最近の「誓い」は，2010年1月にターゲット社（Target）とセーフウェイ社（Safeway）が声明の中で行ったものである（囲み記事7-2と7-3を参照のこと）（訳注：ターゲット社は，米国で第5位の売上高をもつ小売業者である［2008年現在］。ミネソタ州ミネアポリスに本社をもち，ディスカウン

囲み記事7-2　ターゲット社による海産物購買政策の強化

ターゲット社が自社の全店舗から養殖サーモンを除外――ターゲット社が所有する食品ブランドで天然物のアラスカ産サーモン限定を特色に！

ミネアポリス（2010年1月26日）：ターゲット社は本日，自社の国内店舗で提供している生鮮・冷凍・燻製の海産物から養殖物のサーモンをすべて除外することをお知らせいたします。この声明には，ターゲット社が所有しているブランド――アーチャー・ファームズとマーケット・パントリー――および，ナショナルブランドが含まれます（訳注：ナショナルブランド［NB］は，生産業者が商品につけたブランドのことを指す。これに対して，卸・小売業者が商品のつけたブランドは，プライベートブランド［PB］と呼ばれる）。ターゲット社が所有しているブランドで売り出されているすべてのサーモンは今後，天然物のアラスカ産サーモンとなります。また，養殖サーモンを売りにしたスシは2010年の終わりまでに，天然物のサーモンに完全に移行します。モントレー湾水族館の指導のもと，ターゲット社は，自社が提供するサーモンを種の豊かさと健全性を守るのに役立ち，また，地域の生息環境を傷つけることのない持続可能な方法で調達することを確実にするために，こうした重要な一歩を踏み出します（Target, 2010）。

　出所：Target, *Target eliminates farmed salmon from all Target stores. Target owned brands will feature only wild-caught Alaskan salmon*, 2010, January 26. 下記 URL より検索。
　http://pressroom.target.com/pr/news/target-eliminates-farmed-salmon.aspx

157

第Ⅱ部　家庭部門の行動への影響力

囲み記事7-3　セーフウェイ・ストアによる海産物購買政策の強化

ターゲット社とセーフウェイ社が海産物購買政策を強化

『オレゴニアン』，ローラ・ガンダーソン（Laura Gunderson）

2010年1月27日午後12時38分

　よりよい海産物政策の創造をめざして，セーフウェイ社（Safeway Inc.）は水産業の持続可能性を改善するために働いている非営利組織と協力することを発表した。

　この協力関係の一環として，カリフォルニア州を拠点とする食料雑貨店，プレザントン社（the Pleasanton）は乱獲されてきたといわれるハタ（grouper）とフエダイ（red snapper），アンコウ（monkfish）の販売を中止します（訳注：記事を掲載している『オレゴニアン』は，米国オレゴン州ポートランドの新聞である）。

　出所：Gunderson, L., *Target and Safeway strengthen seafood-buying policies*, The Oregonian, 2010, January 27. 下記の URL より検索。http://blog.oregonlive.com/windowshop/2010/01/target_andsafeway_strengthen.html

---

トストアの「ターゲット」など，2012年3月現在で米国に1,778店舗を展開している。また，セーフウェイ社は，カリフォルニア州プレザントンを拠点とする米国のスーパーマーケット・チェーンである。米国の小売業界で第10位の規模をもち，スーパーマーケット・チェーン業界では，第2位の地位を占めている。2013年9月7日現在，米国に1,406店舗，カナダ西部に223店舗を構えている）。

4．供給業者の成果

　米国の2大食品供給会社である，コンパスグループ・ノースアメリカ社（the U.S. Compass Group North America）とアラマーク社（ARAMARK）はモントレー湾水族館との共同声明を通じて，持続可能な海産物の「誓い」を行っている（**囲み記事7-4を参照のこと**）（訳注：コンパスグループ・ノースアメリカは，英国を拠点とするコンパスグループの子会社である。コンパスグループは，50カ国を超える国々で事業を行う給食事業者（contract foodservice）であり，50万人以上の従業員を抱える。コンパスグループ・ノースアメリカは米国とカナダで20万人を雇用し，1日当たり6万食を提供している。アラマーク社はペンシルバニア州フィラデルフィアに本社をもつ，米国の大手食品サービス関連企業である。アラマークの売上高は2012年で135億ドルに上り，雇用者数でフォーチュン500社の23位に位置づけられている）。

第7章　魚類と野生生物の生息環境の保護

囲み記事7−4　経営方針の変更についてのコンパス声明

持続可能な海産物の購買に関するコンパス・グループの重大な声明——危機に晒されている魚類の供給を守るための食品サービス供給業者の声明を「シーフード・ウォッチ」が称賛

シャーロット，N.C.（2006年2月13日）：コンパス・グループUSAは，本日，コンパスの購買を危機に晒されている魚類種から持続可能な調達方法で供給されたものに移行するという重要な経営方針を発表いたしました。この新しい経営方針は，コンパス・グループが年間に購入する，およそ100万ポンド（訳注：1ポンド＝453.592グラム，100万ポンド＝およそ454トン）の魚類に影響を及ぼします。
　この経営方針では，2006年3月1日から実施する計画で，指導的な自然保護活動家が購入を避けるように消費者に勧告している種である，大西洋タラをより環境にやさしい太平洋タラやスケトウダラ，および，その他の代替品に入れ替えます。コンパス・グループはまた，持続可能ではない方法で養殖されたエビとサーモンの使用を減らす方法を探す計画も立てています。この2つの種は消費者に大変人気がありますが，しかし，環境主義者の人たちが懸念している種でもあります。コンパス・グループは，モントレー湾水族館の「シーフード・ウォッチ・リスト」で「回避」とされている他のすべての種についても撤廃し，「最良の選択」とされる種の使用を増やします。

出所：Compass Group, *Seafood choices evaluation prepared for the David & Lucile Packard Foundation*, Boston：Bridgespan Group, 2006.

5．水産業者の成果

　水産業者のエコ認証が増えている。「シーフード・ウォッチ」のスタッフは持続可能な海産物のための世界の指導的な認証・エコラベルのプログラムであるMSCと協働しており，天然の海産物を持続可能な方法で管理し，また，追跡するための基準を開発してきた。2009年現在，世界の51の水産業者がMSC認証を受けており，これは，380万トン超，額にして10億ドル近くの海産物に相当している。加えて，MSC認証を受けるために，112の水産業者がその評価プロセスに参加している（訳注：MSC［Marine Stewardship Council：海洋管理協議会］は，持続可能な漁業を行う水産業者を認証する制度の認証機関であり，ロンドンに本部が置かれている。1997年に世界自然保護基金［WWF］とユニリーバが主体となって設立された。MSCは，国際連合食糧農業機関［FAO］の定める「責任ある漁業の行動規範」に沿って策定された環境基準に基づいて水産業者の認証を行い，基準を満たした水産業者は，商品

第Ⅱ部　家庭部門の行動への影響力

に「MSC エコラベル」を表示することができる）。

論　評

　このプログラムの中のいくつかの強力な構成要素はプログラムの成功に明らか
に貢献している。第1に，上流・中流・下流の各階層に対する効果的な「作業計
画」である。「シーフード・ウォッチ」のプログラムが行ってきた取り組みは消
費者のみ，レストランや魚市場のみ，あるいは，供給業者のみに向けただけでは
成功する可能性は低い。成功へのマジックはあらゆる影響力のある基本的要素を
網羅する「シーフード・ウォッチ」の統合的なアプローチにある。このプログラ
ムのもう1つの強みは消費者の「障害」に焦点を合わせた反応——意思決定を行
う実際の時点で消費者を支援するポケットガイドと，最近のモバイル・アプリ
——である。また，協力者を通じた中心地での普及も効果的なやり方で到達距離
を拡大させたい，と考える他の人たちの刺激となるモデルである。

　「シーフード・ウォッチ」のマネジャーが，以下のことについて考慮するのに
は意義があると思われる。

- 総菜店や魚市場の鮮魚に，ちょっとした「グリーン・ラベル」（green label）
の印を貼付して，それが「最良の選択」だということを証明すること。実際
のところ，これは有機食品のラベルと同じように機能するだろうし，また，
消費者がそれを探す——さらに訊ねる——ことができるようにもなるだろう。
シンボルには，さまざまなものを考えることができるだろう（例えば，緑色
の笑っている魚や MSC のロゴ）が，大切なのは，それが正しい選択だという
ことをさらにわかりやすくさせるということである。この可視化戦略は特に，
「シーフード・ウォッチ」のプログラムについては知っているものの，カー
ドを持っていない人たちに対して，環境にやさしい海産物の購入を促すだろ
う。
- 参画するレストランの数を増やすために，協力者として参画する上での懸念
や参画しない理由を識別すべく，対象となるレストランと一緒に「障害」調
査を実施すること。多くの「障害」調査と同様に，この調査は「障害」の順
位づけを支援する方法，おそらくは，回答率ができるだけ高くなるように誘
引するオンライン調査，を用いて行われるべきである。

第7章　魚類と野生生物の生息環境の保護

• 影響を報告するために，投資収益率と同様に，このプログラムの結果として
購入されなかった「赤色」の海産物の量を定量化するよう努め，また，支出
に関する予算情報を用いて，「回避」1ポンドあたりのコストを計算する。
こうして得られた結論を提示しているならば，これらの統計は現在，および，
潜在的な出資者やボランティアの協力者，支持者の意欲を引き出すことが期
待できるだろう。

CASE #2　故意による野火の削減：英国・ウェールズ

プログラム導入の背景

　山火事と草地の放火が英国のウェールズ各地で大きな問題となっており，その
数は年間7,000件を超える。そのほとんどすべて（95％）が故意によるもので，
残りの5％は管理された火入れ業務，あるいは，キャンプファイアの制御不能よ
るものであることが知られている。これらの火災は消防士と一般市民の生命だけ
でなく，財産をリスクのある状態の危険に晒している。さらに，こうした火災は
野生生物とその生息環境が破壊されている地方に極度に有害な影響をもたらして
いる。

　現在（2010年）までのところ，放火による野火で有罪と宣告された者は誰もい
ない。ある個人が野火の火をつけたところを捕まえたり，証明したりすることが
難しいだけではなく，その土地の所有者が誰もいないか，あるいは，土地の所有
者がその事態を追及する意思がない場合，告発することは不可能になる。

　2008年，ウェールズ地方にある3つの消防局地域の1つ，サウスウェールズ消
防局（South Wales Fire and Rescue Service：SWFRS）は故意による野火という形の
放火を減らす行動に影響を与えるべく，「ソーシャル・マーケティング・プログ
ラム」の開発を依頼した（S. Peattie, 私信, 2010年）。このテストの成果は，他の
2つの消防局地域への刺激となるだろうということだけでなく，SWFRS内の他
の行動に関連した問題に取り組むためにも用いられるだろうということが期待さ
れた。具体的な目標は，トニーパンディ（Tonypandy）の対象地区における故意
による野火の発生を2週間の学校のイースター休暇の間（2010年3月26日から4月
12日）に，アバデア（Aberdare）の対照区（control area）と比較して15％減少させ

161

第Ⅱ部　家庭部門の行動への影響力

ることに置かれた（気候その他の外的要因の違いを考慮に入れている）（訳注：ここで出てきている対照区［control area］は，対照実験［controlled experiment］の用語である。対照実験は，実験結果を検証するために比較対象を設定した実験のことであり，何らかの処理を加える実験群・処置群［experimental group, treatment group］と，処理を行わない対照群［control group］を設定し，処理に対する結果を比較する方法である。実験群は処置区［treatment area］，対照群は対照区［control area］とも呼ばれる）。

ターゲット層と望ましい行動

　あらゆる火災事件は，偶発的なものであろうと故意によるものであってもSWFRS において詳細に記録されている。事件データの5年間についての最初の分析では，1つの地域，ロンザ・カノン・タフ（Rhondda Cynon Taf.）において，一貫して最も多くの野火事件があったことが示されている。この地域には，トニーパンディとアバデアという2つの局があり，そのいずれについても，周辺の局と比較してきわめて高い野火の通報があるという類似した結果がみられる。そこで，アバデアを対照区として，トニーパンディがソーシャル・マーケティングの介入をする試験区（pilot area）に選ばれた。

　事件データによれば，「野火の時期」（grass fire season）のピークは，2月から5月で，とりわけ，イースター期間を含む3月から4月に発生していた。定量的な調査結果について精査したところ，以下のことが明らかとなった。

- 野火事件は2週間にわたる学校のイースター休暇の期間において，著しく悪化している。
- 事件のピークは週のすべての曜日について，午後5時から午後8時までの間となっている。
- 週のうち，金曜日，とりわけ，午後7時から午後9時までの間が最も穏やかな期間である。
- 最も慌ただしいのは，日曜日である。

　記録されたデータは，故意による火災事件がいつどこで生じているのかについて，きわめて有用，かつ，詳細な情報を提供してくれる。しかし，誰が犯人なのか，また，彼らはなぜ，そうした火をつけるのか，ということについては，非常

第7章　魚類と野生生物の生息環境の保護

に限られた情報しか存在しない。犯人像と彼らの障碍の理解，彼らがこうした行動に出るのを踏みとどまらせる動機について，その輪郭を描きはじめるために，一連の対象集団と徹底した面接調査が行われた。面接調査の第1ラウンドはSWFRSの主要メンバーと警察庁の代表者のような協力組織に対して行われた。面接調査の第2段階は，若者とその両親に実施された。すべての面接調査から得られたほぼ一致した意見は，次の通りである。

- 犯人は，大部分が男性である。
- 犯人は，集団で犯行に及んでいる。
- 年齢は7歳から17歳で，火をつけることに対する興味を共有している。
- より年上の集団は山のより高いところに行くのに対して，より若年の集団は自宅のより近くで火をつける。
- 若年の子供の両親が外で人と交流している金曜日の夜は，子供たちは自宅をたまり場にしやすくなり，また，金曜日の夜は，年上の子供たちは村の中心部に集まって酒を飲んでいるので，事件が発生する件数は少ない。
- ある若い犯人の，「なんで不良の子じゃなきゃダメなんだい？　自分は貧しい家の出でもないし，Ａの成績もとっているけど，やったぜ」という証言にあるように，犯人は，「不良」（naughty）とは限らない。
- この行動は未成年者の飲酒・麻薬としばしば結びついている。
- 火をつける主な理由は退屈さやスリルの追及，目立つため，仲間の圧力，自然な好奇心，および，実験，のためなどである。

　したがって，主要なターゲット層はトニーパンディ地域に暮らし，学校に通う13歳から16歳（9年生から11年生）と定義された。この年齢群は両親から社会的に独立し，仲間からの圧力にいまだに影響される傾向があるという理由で選択された。加えて，彼らは若年の子供たちの手本としての役割をも果たしている。
　中心となる地域的な集団（例えば，消防士や学校の先生，警察官）の支援と調整を促進することも大いに重視されるが，この事例では，若者とある程度は，その親を対象とした戦略に注目する。
　この計画された集団に望まれる行動は明白である。このプログラムは，放火の前歴がある者，および，放火犯に「なるつもり」（would-be）の者に対して，放

163

第Ⅱ部　家庭部門の行動への影響力

火することを控えるよう影響を与えたいのである。

「障害」と「便益」

　対象群（focus group）からの洞察とその群に実施された面接調査から，次のような深く根づいた姿勢が明らかとなった。

- これは，たわいもないお遊びである。
- それは単なる草で，また，生えてくる。
- 自分の両親もそうしたし，祖父母もそうした。実際のところ，山に植林をはじめたウェールズ森林局への1つの抵抗活動としてそうした行動が行われはじめた1970年代以降，そうした行動が社会的規範（norm）となってきた。
- その土地には地域資源としての価値がないか，あるいは，所有者がいない。

両親と直接話したところ，次のような課題が裏付けられた。

- 両親の大多数は，自分の子供が放火しているかどうか知らなかった。
- 何組かの両親は子供たちの外出や道端でもめ事を起こしていない時に何をしているのか，気に掛けていなかった。
- 両親の多くは，自分たち自身が野火の火つけを昔どれほどしていたかを覚えており，放火が問題だと感じていなかった。
- 数組の両親はこうした行動を両親の能力のいたらなさとよい手本がないことの結果だと考えていた。

　いくつか潜在的な要因が検証されたが，有望な反応は得られなかった。例えば，説得力のある市民に含まれる対象群に対して，疑わしい行動を目撃して犯罪ストッパー（Crime Stoppers）——個人に犯罪に対する匿名での通報を許可する独立組織——に通報することが検証された。こういった報告は報復に結びつくことが非常に懸念されるために，回答者からは効果がないものと考えられた。もう一つは，火事の費用を公表するというのも，金銭がその地区に返還されるのでもない限り，抑止手段になるとは考えられなかった。

　この時点で，プログラムの立案者たちは放火という行動に取って代わる何かし

第7章　魚類と野生生物の生息環境の保護

ら「カッコよくて，面白くて，タダで，人気のあるもの」を開発することに若者たちを注目させ，この現在の「規範」（norm）が野生生物とその生息環境の脅威となることを認識させる必要があることに気づいていた。

プログラムの内容

　戦略計画はひらめき（brainstorm）を促進し，重要な戦略——トニーパンディの若者たちの共感を呼び，また，支援を得ること——を優先するために，若者たちの委員会をつくることから始まった。この「青少年助言委員会」（Youth Advisory Panel）はトニーパンディの学校に通い，仲間内で人気者だと考えられる，13歳から16歳の8人の若者（5人の少年と3人の少女）から成る。

　委員会の最初の会合は2010年2月に行われた。その議題は2009年12月に企画され，12歳から17歳までの若者から63件の参加があった，プログラムの「ブランド競争」の審査を手伝うことであった。最終的に，彼らはバーニー（Bernei）という名前の羊のマスコットと，「草は環境にやさしい。放火は卑怯だ」（Grass is green. Fire is mean.）という標語を選んだ。誠実性（integrity）を維持するためにこのブランドを用いるという儀礼（protocol）によって，今では，バーニーがこの計画の顔となっており，また，アイデンティティになっている（図7-3を参照のこと）。

　すでに述べたように，プログラムの立案者と青少年助言委員会が直面している課題は，マーケティング担当者がしばしば「卓越した代替品」（a great substitute product）と呼ぶものを開発することにあった。効果的な代替品は，ターゲット層が既存の競合品に求め，また，享受しているものと同様の「便益」を提供する。この事例の場合には，その任務は重要なイースターの数週間に集団で行うことができて，なおかつ，カッコよくて，面白くて，タダで，人気があるとみなされる，そうした代替的な活動を生み出すことであった。以下に示すように，数件の活動が開発され，バーニーのウェブサイトに記載されている。

- **グラフィティ・アート（落書き芸術）**：「資格をもったグラフィティ・アーティストの指導付きで，グラフィティ・アート作品を描いたり，制作したりする方法を学ぼう。グループの友達を誘って（最大で10人），このアートに挑戦しよう。ワークショップはおよそ1時間半で，完成した作品は持ち帰ります」。
- **サバイバルスキル**：「ブッシュクラフト（Bushcraft—未開地で暮らす方法）コー

165

第Ⅱ部　家庭部門の行動への影響力

図7-3　バーニーのポスター

草は環境にやさしい
放火は卑怯だ

スはアウトドアでの基本的なサバイバル・スキルの入門コースです。そのために，多くの実践的な体験をします。森林地帯の環境で実施される時間割りによって，ナイフの使い方や火のおこし方，水を集めて浄化する方法，避難所のつくり方，ゲームの準備や料理の仕方・野外での食料探し，といった役に立つ知識と技術を幅広く身につけることができるでしょう」。

- 陶芸：「ろくろでつぼをつくるやり方を学ぼう。1時間のワークショップに参加して，完成した作品を持ち帰ろう」。
- アーソンラップ（訳注：放火［arson］対策のラップ・ミュージックプログラム）：「自分のCDを作ってレコーディングしよう。1時間半のワークショップに参加して，盤面作りとパフォーマンス，レコーディングを体験しよう。恥ずかしがらないで。音楽的な能力がなくても，新しいことをやってみようとする意欲があれば大丈夫」。
- 1日消防士：「1日消防士では，消防署で1日過ごし，消火活動に関する機会をもつことができます。消火活動には，はしご登りや散水，チームでの作業，そして，模擬的な事件で探索と救命の訓練を行います。また，火事の危険性や救命士の日々の活動を学び，あなたの地域で発生している野火のよう

166

第7章　魚類と野生生物の生息環境の保護

な事件がもたらす影響を理解する機会にもなります」。

　すべての活動が無料で，それぞれのイベントでは，お弁当と（または）軽食が提供される（マーケティングの4Psの価格［price］）。抑止力（非金銭的阻害要因）として，火事犯罪警備の可視性を高める必要があるために，事件に関するデータに基づいて最も多い期間と場所を特別巡回することも決定された。加えて，火事を目撃した市民が匿名の情報回線に（より一層）確実に連絡することも重要であった。

　イースター前の1週間とイースター後の1週間に，35を超えるワークショップ，または，クラスが開催された。開催時間は1日のうちのさまざまな時間で，いくつかは夜間に開催された。若者たちはオンライン，または，電話でイベントに登録することができたが，そこには，人数に限りがある――いくつかの例では，たったの10人――ことを強調して行動を促すメッセージが添えられていた。すべての活動がトニーパンディ（Tonypandy）の消防署で行われるか，もしくは，そこを出発点とした。これはトニーパンディの中心部に位置していて，そのために，若者の誰もが歩ける距離でアクセスしやすいからである（マーケティングの4Psの場所［place］）。

　プロモーションについては，このプログラムの立案者たちはこれらの火事を1つの言葉に統一する（および，その言葉にこだわる［stick］）重要性を主張した。かつては，野火（grass fire）や山火事（mountain fire），ワイルドファイア（wildfire［訳注：この語は，急速に燃え広がる炎というイメージをもっている］）といった，さまざまな言葉が使われていた。野火と山火事というとそこには違法なものという認識はなく，ワイルドファイアというと自然のもの，および（あるいは）華やかなものと捉えられるだろうし，メディアでもそのように表現されていた。故意による火事（deliberate fires）という用語を一貫して使うことで統一したのである。イースターの週の活動について，その言葉を広めるためにさまざまなメディアの経路が用いられた。

- 地元の新聞，メディア，および，イベントを立ち上げた一般大衆向けのPRイベントが旗やチラシ，風船，キーホルダー，クルマのステッカー，活動のパンフレットによって行われ，これらすべてにバーニーのロゴが組み込まれた。
- バーニー・フーディ（［訳注：帽子付きの］スウェットシャツ）が少年少女の中

167

第Ⅱ部　家庭部門の行動への影響力

でとても人気が出て，トニーパンディ出身の16歳の１人の女の子が，それを
着て BBC の『オーバー・ザ・レインボウ』という番組に出演した。

- バーニーの特別サイトを展開した。
- トニーパンディの10年生の演劇クラスの生徒たちが授業の一環として，10分
  間ドラマを作成した。バーニー計画に触発されて，生徒たちは演劇の題材に
  故意による野火の問題を選んだ。その準備のために，生徒たちには火事につ
  いての情報を提供し，トニーパンディ消防署に訪問する機会が設けられた。
  これによって若者たちは消防隊員に会って質問し，消防隊の役割と故意によ
  る野火に対処する時に直面する問題について，よりよく理解することができ
  た。
- 同様に，トニーパンディの10年生のメディアクラスの生徒たちが課題となっ
  ているフィルム政策にバーニー計画を選び，演劇クラスの生徒が野火の発生
  を演じるフィルムにすることに決めた。
- 介入期間前の３週間，消防隊員が毎日学校のお昼の時間に顔を出し，活動に
  参加する生徒の予約を取った。加えて，若者たちが活動に参加するよう促す
  ために，学校の職員も全面的に協力した。
- 個人教育，社会教育，保健教育のクラスの生徒たちが，バーニー計画に動員
  された。
- この計画について一般大衆と議論し，また，活動への登録を促すために，ト
  ニーパンディの町の中心部にあるアズダ（ウォルマート社）の外に案内所が設
  置された（訳注：アズダは，ウォルマート社の傘下にある英国の大手小売業者のこ
  とである）。

　長期間，信じ込んでいた神話をなくすことを含めて，故意による野火に関する
知識を向上させ，態度を改めるために，以下のようなメディア経路を用いた追加
的なキャンペーンが盛り込まれた。

- 新聞広告
- 街頭ステンシル（訳注：ステンシルは，もともとは，謄写印刷・捺染印刷で用いら
  れる型紙のことで，文字や模様の部分を切り抜いて，インクが透過するようにした型
  紙である。そこから，この型紙を用いて絵付けしたものもステンシルと呼ばれる）

第7章 魚類と野生生物の生息環境の保護

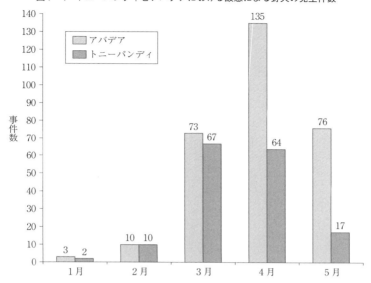

図7-4 トニーパンディとアバデアにおける故意による野火の発生件数

- チラシ
- 重要なメッセージを書いた看板
- ウェブサイト
- フェイスブック
- 報道発表

　イースターの活動に参加した若者には，その活動に参加したことを証明する修了証書が授与され，そこには，「ウェールズ中の故意による野火を減らすために，バーニーを手伝い，また支援します」という誓約が盛り込まれた。加えて，人々に署名してもらうために，学校と市街地で嘆願書を配布した。

　キャンペーンの評価はトニーパンディにおける故意による野火の事件数とアバデアの火災数との比較にもとづいていた。図7-4に示されている結果は，2週間のイースター期間における故意による野火の件数では，トニーパンディの方が53％少なく（トニーパンディ64件に対して，アバデア135件），イースター休暇後の5月では，78％少なかった（トニーパンディ17件に対して，アバデア76件）ことを示している。

169

第Ⅱ部　家庭部門の行動への影響力

追加的な結果と成果のデータでは，600着を超えるバーニー・フーディが配布されたこと，総計1,022名がバーニーの友達になったこと，および，312名の若者がワークショップに参加し，その男女比は50対50で均等だったことが示されている。

論　評

この計画における明らかな強みの1つは，いつ，どこで火がつけられたのかをよりよく理解するために使われた広範囲な2次調査であり，その後に行われた，誰が，なぜ，そこに火をつけたのかを特定するための定量的調査である。若者たちの「自制」（abstain）をうまく促すことに対して，競合品，ないし，代替品を開発するという意思決定は強力なアプローチであった。加えて，効果的，かつ，統一的な方法で協働するために，さまざまな協力者と利害関係者が現れた。最後に，試験実施の努力をしたことと，「対照」（control）となる都市を選択したことは将来の計画にとって強力な戦略上のガイダンスを提供した。下記には，検討すべき意見のいくつかがみられる。

- より持続可能で，一年を通して実施することができ，もしかすればより身近な「代替品」（a substitute product）の発想（例えば，署名したり両親の承諾をとったりしなくてよいもの）はあるだろうか。
- 提供された活動のいくつか（例えば，サバイバル・スキルや1日消防隊員）はスリルの追及や自然な好奇心，実験という点で若者たちのやる気を引き出し，その他のもの（例えば，アーソンラップとグラフィティ・アート）は退屈さを訴えていた。しかし，1年にはまだ50週が残されており，昔のやり方に戻る結果になってしまうかもしれない。彼らにとってその地域に足りないもの（例えば，青少年活動センター）についての考えを生徒たちに尋ねてみるのも面白いかもしれない。それらは進行中の基盤にとって，同じような効果を生むかもしれない。
- 火事がもっとも起きそうな時間と場所で，（より強い）刺激（例えば，疑わしい活動ないし実際の故意による放火に対する匿名の通報を想起させるもの）を用いることを考慮する。
- 評価結果は，介入が成功したことを確かに示している。しかしながら，キャンペーンのどの要素が行動の変化により貢献したのかについて，もっと理解

第7章　魚類と野生生物の生息環境の保護

することも面白いだろう。それは，ワークショップや学校での活動，実施の可視化の進行，マスコミによる報道のいずれだろうか，それとも，これらすべての組み合わせによるものなのだろうか。

3　その他のすぐれたプログラム

　野生生物の生息環境を守るための行動を促進することには，あらゆる環境にやさしい行動への変革の取り組みに共通する課題が数多くある。また，独自の課題もいくらかある。変革に対するそれぞれの典型的な「障害」を描き出すために，第3の事例を取り上げる。その事例は，バージニア州の東岸部における在来植物の利用を促進するために2009年に開始された，「バージニア沿岸部管理プログラム」（the Virginia Coastal Zone Management Program）というソーシャル・マーケティングの計画である（この事例の情報は，バージニア沿岸管理プログラムの支援調整員である，バージニア・ウィトマー［Virginia Witmer］から提供された）。東岸部在来植物植林（the Plant Eastern Shore Natives）キャンペーンにおける長期的な目標の1つは「中継地」（stopover）としてバージニア州の東岸部に依存している，数百万の渡り鳥の生息環境を改善することである。

「問題を理解していない」

　この「障害」は生息環境保護の取り組みに特に共通している。われわれの大部分はカナダ産サーモンの数が少なくなる時期を見分けることができないように，刺し網の中でもがいているイルカを見ることもできないように，あるいは，蝶が卵を産むのに適した植物を見つけるのに問題を抱えているということにも気づかないように，である。そうした問題を可視化して，具体化することが最優先である。この問題を実質化させるのに役だった，バージニア州の東岸部在来植物植林キャンペーンにおける鍵となるメッセージを考えてみよう。

　毎年，春と秋になるとバージニアの東岸部を訪れる，数百万羽の渡り性の鳴き鳥（songbird）にとって，在来植物は決定的に重要な意味をもっています。バージニアの東岸部は冬場の棲家である中南米まで数千マイル（訳注：1マイル＝1.61キロメートル，数千マイル＝数千キロメートル）もの旅をする鳴き鳥に

171

第Ⅱ部　家庭部門の行動への影響力

とって，大西洋岸にほんのわずかしかない休憩地点の１つなのです。ほんの半オンス（訳注：１オンス＝28.35グラム，半オンス＝約14グラム）の重さでしかない鳥たちにとって，これは途方もなく長い旅です。在来の樹木と低灌木は隠れ家となり，また，この長い旅のエネルギー源として鳥たちが食べる虫もまかなってくれます。……（中略）……ほんの小さな庭であっても，お腹を空かせた渡り鳥たちに「中継地点の生息環境」（stopover habitat）を提供することができるのです。

　鳥たちの（「数百万羽」ではなく）実際の数はどれくらいか，実際に休憩地点がどれくらい「少ない」のか，どれくらいが休む機会をもてずに渡りができなくなるのか，そして，これが時間とともにどれくらい変化したのか，ということに言及していれば，より説得力があっただろう。

「買うように薦められた商品を見つけられない」

　入念に意図されたターゲット層が奨励された製品を見つけることができない理由として，小売業者，もしくは，供給業者がその在庫をもっていないことが時にある（例えば，無リン液体洗剤）（訳注：窒素やリンは，川や湖に流れ込むと富栄養化の原因となる。かつては，液体洗剤にリン酸塩が配合されていたが，富栄養化を防ぐために無リン洗剤が使われるようになった）。同じように，お薦めの選択肢をはっきりと認識できないラベル（例えば，持続可能な海産物の選択）のように，興味をもった消費者がそうした製品を手に入れる方法と場所を知らないこともある。ヴァージニア州のキャンペーンでは，地元の園芸用品店で在来植物を手に入れられる可能性がほとんどないことが最も大きな「障害」の１つであることを対象群と調査報告書は示している。園芸用品店のマネジャーはこの理由を需要が限定されているからだと説明している。加えて，消費者は，苗木花店が在来植物を店に置いていたとしても，その見分け方がわからない，という意見も述べている。このことへの対策として，キャンペーンの立ち上げに先立ち，計画チームのメンバーが地元の園芸用品店と苗木花店を訪れ，取り組みに協力してくれるよう働きかけるとともに，在来植物の鉢に入れる札やキャンペーンの標語と「東岸部の在来植物売っています」（EASTERN SHORE NATIVE PLANTS SOLD HERE）というメッセージが書かれた看板，そして，センターで買える在来植物の一覧表をダウンロードでき

第7章 魚類と野生生物の生息環境の保護

図7-5a・図7-5b 看板と苗木の札,および協力者の苗木花店

(a)

(b)

出所:バージニア州環境質局,沿岸管理プログラム。

るキャンペーンのウェブサイトと地元の園芸用品店での購入を園芸家に薦めるキャンペーンのラジオ広告についての認識といった,キャンペーンで提供されるマーケティング素材を配布した(図7-5a,図7-5bを参照のこと)。そのお返し

として，園芸店には，目立つ場所に看板をつるすことと，すべての在来植物に札をつけること，バージニア東岸部の在来植物についての新しい手引書の参考図書を提供すること，そして，在来植物の販売量を追跡すること，が依頼された。

「自分の地所の見栄えがよくなるかを疑う」

　残念ながら，多くの園芸家は，環境主義者や政府が「形式よりも機能」を重視していることに疑いを抱いている。言い換えれば，環境への影響を最小化しようとするキャンペーンの賛助者は庭や菜園の見た目を重視していないという感覚である。バージニア州の取り組みについての「障害」・「便益」に関する調査が明らかにしていることは，多くの人々が在来植物というのは不揃いで雑草に似たものだと感じており，もしも，在来植物が実際にはとても色鮮やかで魅力的な植物だということがわかれば，彼らの動機づけになるだろうということであった。この調査に基づいて，キャンペーンでは，「これが海岸の美しさだ」（They're Shore Beautiful）というスローガンで，美しい在来植物に焦点を合わせた。メッセージには，次のようなものも含まれている。「在来植物はそうではない植物よりも，より実用的でお金がかからず，環境にもやさしいというだけではありません。在来種の多くは外来種をしのぐ魅力的な草花の飾りになります。土着の野草や樹木，灌木，草，そして，一年草はその地域の水の供給や野生生物を守るために，大切なだけではなく，とても華やかでもあることをますます多くの園芸家が発見しています。在来植物を植えれば，あなたもそうした園芸家の一員となるでしょう」。すばらしい無料ガイドには，バージニア東岸部の少なくとも100種のカラー拡大写真が掲載されており，その多くはきれいな花をつけたもので，いくつかは可愛らしい木の実をつけたものである。このガイドはその地域固有の在来種を提示した初めてのガイドである。加えて，在来植物の魅力と美しさを説明するために今日までに5つの実演サイトが立ち上げられており，「日陰のある庭」（shady garden），「臨海の森」（maritime forest），「花粉を運ぶ虫たちの庭」（pollinator garden），「海岸線の庭」（shoreline garden）といったものがある。地元の医療センターには「癒やしの」（healing）庭がしつらえられ，また，州立公園にある鳴き鳥の生息環境を再現した森の隣には，「生息環境」（habitat）の庭が置かれた。これらの説明サイトはこのキャンペーンのウェブサイト上に掲載され，それぞれのサイトで見られるすべての在来植物も掲載されている。

第7章　魚類と野生生物の生息環境の保護

「変革するには，金銭的なコストがかかる」

　金銭的なコストが主要な「障害」となっている時，あるいは，それなりに懸念されている時に，考えるべき戦術がいくつかある。割引クーポンやまとめ買い割引き，払い戻し，そして，補助金を提供している他の人たちと協力することで，金銭的なコストを減らすことができる。そうしたコストをキャンペーンの予算でまかなう必要がある場合も時にはあるかもしれないが，供給業者や小売業者が販売促進のためにそうしたコストを引き受けることもしばしばある。この問題のもう一方では，ある行動が金銭的・非金銭的なコストをどのように節約するのかを際立たせることもできる。例えば，東岸部の在来植物のコストが外来種のそれよりも高いと考えられるとすれば，これは多くの消費者層にとって「障害」になるかもしれない。これに対処するために，園芸家に広く配布され，また，園芸用品店や種苗店で購入する時に使える在来植物ガイドには，在来植物は虫や病気への耐性が強く，維持するための水や肥料，時間が少なくてすむので結果的に長く保つことから，在来植物は外来植物と比べて比較して値打ちだと書かれている。

　この在来植物キャンペーンの中間評価の結果は東岸部の園芸用品店の1つの店で，在来植物の売上が2009年におよそ10%増加した，という喜ばしいものだった。その他の園芸用品店・種苗店でも，園芸家の需要に応えるために，40種を超える在来植物の在庫を増やすことを決めた。また，東岸部在来植物区域を備えたり，近隣の展示用の庭の手入れを請け負ったりするだけでなく，環境にやさしく，上手な手入れ方法についての講演と講座を開く，新しい園芸用品店もオープンした。

　この東岸部の例で重要なのは，他の流域の品質の取り組みと同じように，プログラム担当のマネジャーは行動における変化（成果）と水質や野生生物の保護，あるいは，生息環境の保護における変化（影響）との比較に頼ることが必要だということである。流域の品質を大きく改善するためには，より管理された実験や大規模な実施，および，長期的な枠組みが必要となるだろう。

4　まとめ

　この章では，家庭向け市場と商業向け市場の双方における，魚類と野生生物の生息環境を保護する行動に影響を及ぼす戦略に焦点をあわせた。ここで取り上げた2つの事例と追加的な簡単な事例のいずれについても，「障害」に対処するた

175

第Ⅱ部　家庭部門の行動への影響力

めのさまざまな道具，特に，製品の道具の利用を実証している。

　モントレー湾水族館の「シーフード・ウォッチ・プログラム」は下流の消費者層に，より持続可能な魚類を購入するよう促すという戦略的意図をもって設計された。彼らは，持続可能な魚類は何か，また，それをどこで買ったり食べたりできるのか，という知識に関連する「障害」を抱える消費者層に向けて，新しい製品と消費者のポケットガイド，そして，iPhoneアプリを開発した。その成果は消費者の関心と選好を向上させ，最終的には市場を再構築させる，という元気づけられるものだった。2つ目の事例，ウェールズにおける故意による野火の削減の事例は既存の競合品と同じ「便益」を提供する代替品の力を実証した。その結果，地域の若者に向けた活動を開発して提供することが，野火と同じくらいカッコよく，楽しく，無料で，人気のあるもののようだったことが示唆されている。追加の注目に値する試みである，バージニア州における在来植物の購入と植林を増やす試みは生息環境の保護に関する次のような共通の障害に取り組んでいた。それは，(1)問題を理解していないこと，(2)買うように薦められた商品を見つけられないこと，(3)自分の地所の見栄えがよくなるか疑うこと，そして，(4)変えるには金がかかること，である。

― 演習問題 ―

① 「シーフード・ウォッチ・プログラム」の事例について，あなたは，購入を促すために，食料品店や魚市場で持続可能な魚類の印を見つけるのに時間と努力を費やしますか？　また，そうするのはなぜで，そうしないのはなぜですか？

② また，「シーフード・ウォッチ・プログラム」の事例に関連して，どこかの国がある海産物を「緑」にすべきだと信じており，その海産物を「赤」に分類することに反対している場合，プログラム担当のマネジャーは何をすべきでしょうか？

③ ウェールズの野火の事例について，ターゲット層にもっと訴求するかもしれない代替品には，他に何があるでしょうか？

④ バージニア州の在来植物の事例について，「課題」をよりうまく解決するために，あなたは何を提案しますか？

176

参考文献

Bridgespan Group. (2005).

Compass Group. (2006). *Seafood choices evaluation prepared for the David & Lucile Packard Foundation.* Boston : Bridgespan Group.

Gunderson, L. (2010, January 27). *Target and Safeway strengthen seafood-buying policies. The Oregonian.* Retrieved from http://blog.oregonlive.com/windowshop/2010/01/target_andsafeway_strengthen.html

Halpern, B. S., Walbridge, S., Selkoe, K. A., Kappel, C. V., Micheli, F., D'Argosa, C., et al. (2008). A global map of human impact on marine ecosystems. *Science, 319* (5865), 948-952.

Imprtance of wetlands. (2010). Retrieved from http: //legacy. ncsu. edu/classes/nr 400001/gradpage/Wetland_Mitigation_Home/wetland_importance.html

Monterey Bay Aquarium. (2009). Turning the tide. *The State of Seafood,* 11.

Monterey Bay Aquarium. (2010). *Save our seafood : Urgent action by chefs & culinary lieaders.* Retrieved from http: //www. montereybayaquarium. org/cr/cr_seafood watch/sfw_predgechef.aspx

NASA. (2010). *Earth observatory : Grasslands.* Retrieved from http://earthobserva tory.nasa.gov/Features/Grassland/

The Nature Conservancy. (2010). *Forest conservation.* Retrieved from http://www. nature.org/initiatives/forests/about/

Southwales-Fire. (2010). *Arson rap,* 2010. Retrieved from http://www.southwalesfire. gov.uk/English /bernie/pages/ArsonRap.aspx

Target. (2010, January 26). *Target eliminates farmed salmon from all Target stores. Target owned brands will feature only wild-caught Alaskan salmon.* Retrieved from http://pressroom.target.com/pr/news/target-eliminates-farmed-salmon.aspx

U. S. Environmental Protection Agency. (2010). *Threats to aquatic biodiversity.* Retrieved from http://www.epa.gov/bioiweb1/aquatic/threats.html

Wolfe, L., & Lilley, L. (2004). *Seafood Watch Literature Review.* Section 5.2.3, Quadra Planning Consultants Ltd. Gliano Institute for Environmental Social Research.

第III部

商業部門の行動への影響力

第8章 廃棄物の削減

　本章では，商業部門から排出される固形廃棄物の削減に焦点を合わせることにしている。ここでの目的はホテルやモーテル，レストラン，卸売業，小売店，クリーニング店を含む伝統的な商業施設と，その他のサービス企業，つまり，宗教団体や非営利組織，健康・社会・教育機関，連邦・国家政府・州政府・地方自治体，製造業・農業関連機関といったサービス部門について検討することである。

1　問題の所在

　この広義の商業部門における廃棄物には，家庭部門で排出されるものと類似したものがいくつかある（例えば，食品廃棄物，紙，庭ごみ，プラスチック容器，アルミ缶，ガラス）が製造や包装，植え付け，収穫，輸送のプロセスで用いられる物品の含有物には独自のものもある。国連の推定によれば，都市廃棄物が収集されている世界の67の国では，１兆8,000億ポンド（訳注：１ポンド＝約453.59グラム，１兆8,000億ポンド＝８億1,646万トン）の廃棄物が毎年排出されており，その３分の１超（69％）が埋め立て処理されている（United Nations, 2010）。

2　問題解決を可能にするための行動

　商業部門における廃棄物問題に対する１つの解決策は，外部の人たちが「行動を促す」ことなく，それらの組織が自分たちの廃棄物管理のやり方を変革するように期待することである。「変革主体」（change agent）にとって，よりよくもっとも効果的な戦略はそうした組織と協働して，新しい慣行を採用する約束の確認や「便益」の可能性の提示，および，現実的な「障害」への取り組みを支援することである。

180

第8章 廃棄物の削減

　大概の場合，変革主体は環境保護の使命を担う政府機関や非政府組織 (nongovernmental organization：NGO) を基盤とするが，営利企業であっても，自分たちの従業員，あるいは，他企業についてさえも，その廃棄物管理の行動を変えることに影響を与えられる可能性もある。民間部門，ないし，商業部門と協働する伝統的な政府機関には，米国・環境保護庁 (the U.S. Environmental Protection Agency：EPA) のような連邦・国家機関や環境保護局 (Department of Ecology) のような州当局，天然資源局 (Department of Natural Resources) のような地方当局，および，公共施設の固形廃棄物部門 (utility's Solid Waste Division) のような地方自治体の機関がある。商業部門における廃棄物管理業務と関わりをもつ NGO には野生生物の生息環境の保護に関心をもつものから，温室効果ガス (greenhouse gas：GHG) の削減のために活動しているもの，代替的なエネルギー源に焦点を合わせているものにまで及んでいる。

　変革主体が強調する「便益」には，コストの節約といった金銭的なものとブランド・ロイヤルティのような非金銭的なものがある。彼らが取り組まなければならない「障害」には，技能や知識の不足や，業務の変更に必要となる新しいシステムやインフラのための要件とコストの増加，および，廃棄物の排出と回復に関連するデータと追跡システムの不足がある。

　家庭部門と同じように，商業部門における廃棄物の削減には，「リデュース」(Reduce)・「リユース」(Reuse)・「リサイクル」(Recycle) という行動の序列がある。それぞれについての潜在的行動の例は，**表8-1**に示されている通りである。

　事例の物語はこれらの3Rを強調しており，次の事例が含まれている。(1)グリーン・ドット® (Green Dot®)：ヨーロッパにおける包装廃棄物削減の取り組み (欧州連合：EU)，(2)「フォーク・イット・オーバー！」(Fork It Over!)：食べ残しの再利用 (米国オレゴン州ポートランド)，(3)アンハイザー・ブッシュ社 (Anheuser-Busch)：米国・環境保護庁 (EPA) のウェイストワイズ (WasteWise) の殿堂の一員 (米国) など。

第Ⅲ部　商業部門の行動への影響力

表 8-1　廃棄物の削減に有益な商業的行動

焦点分野	採用される可能性のある「目標達成段階」における行動の事例
リデュース	・紙の資料ではなく，コンピュータの資料をできるだけ使うこと。 ・写真式複写機とコピー機は両面印刷を標準に設定すること。 ・未承諾の「郵送先名簿」（mailing list）から「商号」（business name）を削除すること。 ・ケース単位で洗剤を買う時には，ボトルの間に段ボール製の仕切りがないものを買うこと。 ・昔の従業員を郵送先名簿から削除すること。 ・重量の軽い梱包材を使用すること。 ・書類を紙に印刷する替わりに，フロッピーディスクに保存すること。 ・保健医療組織の場合，業者に梱包材を減らすように要求するか，もしくは，繰り返し使える耐久性のある包装を使うこと。保健医療施設の廃棄物の80％から85％ほどが無害な固形廃棄物である（Practice Greenhealth, 2010）。 ・調味料は大きな容器で提供すること。 ・洗面所では，布製の回転タオルを使用すること。 ・ファックスとプリンターのカートリッジは詰め替えたもの，あるいは，再生したものを使うこと。 ・手紙を再送する時には，できるだけ封筒を再利用して送ること。 ・飲料容器の重さを減らすこと。
リユース	・片面しか使用していない紙はメモ用紙にすること。 ・再利用トナーカートリッジを使用すること。 ・スタッフに再利用できるコーヒーカップを使うように促すこと。 ・充電池と充電器に投資すること。 ・梱包材をできるだけ再利用すること。 ・流通業者が再利用するために，段ボール箱と発泡スチロールを回収するシステムを構築すること。 ・古い家具や設備を従業員に販売，ないし，譲渡すること，あるいは，地域の慈善団体に寄付すること。 ・暖房・換気・空調のフィルターは再利用可能なものを使用すること。
リサイクル	・食品廃棄物を高品質な肥料にするために，生ゴミ処理機（worm bin）をオフィスに設置すること。 ・技術的な支援を得るために，電話帳の政府部門に掲載されているリサイクル担当者に連絡すること。 ・職場にあふれている裁断紙と余分な紙をリサイクルすること。 ・オフィスビルが大きく，リサイクル・プログラムがない場合には，全体でリサイクル・プログラムを実施するように，物件の管理者に働きかけること。 ・ゴミ箱に入れていいものと悪いものを示すはっきりとしたラベルをゴミ箱に貼ること。

第8章 廃棄物の削減

CASE #1	グリーン・ドット® (Green Dot®)
	——ヨーロッパにおける包装廃棄物削減の試み：EU

プログラム導入の背景

1990年代初頭のドイツでは，埋立地容量が減り続けると同時に，商業部門から排出される包装廃棄物は増加し続けていた。包装廃棄物はすでにヨーロッパの埋立地の25％から30％と見積もられており，一見したところ，産業部門はそれを減らすためにほとんど何も行っていなかった（Green Dot® Compliance, 2010）。埋立地を満杯にさせてしまう包装廃棄物の量を削減することを狙った法律をドイツが通過させると，EU（European Union：欧州連合）の他の国々もその後に続いた。1994年までには，5つの国々（ドイツ，ベルギー，オーストラリア，スウェーデン，フランス）で，国内における「容器包装法令」遵守のための組織が編成され，各国の「容器包装再生プログラム」を管理していた。

ヨーロッパは次いで，企業，特に，複数の国々で業務を行っている企業がさまざまな種類の容器包装に関する指令を遵守するのに苦戦していることを認識した。各国の取り組みを統合・強化する試みとして，1994年末，EU は「包装，および，包装廃棄物に関する指令」（Packaging and Packaging Waste Directive）を発令した。また，EU は，企業がこの指令を守るのを助けるためには統括する組織が必要だと認識し，1995年に，「プロ・ヨーロッパ」（PRO EUROPE：Packaging Recovery Organization Europe）を設立した。この組織の使命は経験と最優良事例を交換するフォーラムを傘下のメンバーに提供することで国内の再生業者を支援し，また，リサイクル・再生の取り組みに関連するコストを減少させる2次原料の市場組織を支えることであった。その強みの1つは地元の権力者や市民とともに，包装業者や充填業者，配送業者といった，容器包装の連鎖（the packaging chain）におけるすべての当事者が参加していることにある。また，このシステムでは，包装廃棄物の排出と廃棄物の管理に関するデータが集められており，参加国が報告義務を果たすのに役立っている。これはまた，政策決定者が現在の指令の効果を評価する時の助けにもなる（PRO EUROPE, 2010）。

「プロ・ヨーロッパ」の主な責任は生産者責任と効率的な包装廃棄物の象徴となる，グリーン・ドット®のロゴの使用を管理することである——この事例の焦点はここにある。

183

第Ⅲ部　商業部門の行動への影響力

ターゲット層と望ましい行動

　プロ・ヨーロッパがグリーン・ドット®の対象としている消費者層は自分たち
の商品を収納したり守ったりするために，あるいは，取り扱いや配送をしやすく
したり，もしくは，見栄えをよくしたりするために，何らかの資材を使っている
人たちである。そうした資材には，包装用のプラスチックや包装紙，充填物，お
よび，段ボールや金属，木材といったその他の輸送用資材が含まれる。

　グリーン・ドット®は，DSD 社（Duales System Deutschland：Dual systems of
Germany）の登録商標であり，企業がその国で容器包装の削減と再生計画に自発
的に参加していることを消費者に伝えるロゴである。メンバーは手数料を支払い，
その資金は製造業者の使用済み「消費者包装」（consumer packaging）をその国で
回収し，選別し，リサイクルする業者に供給される（訳注：「消費者包装」は，物品
などについて消費者の手元に渡るために行う包装であり，商品価値に関係している。これ
に対し，「工業包装」（industrial packaging）は物品を輸送・保管するために行う包装であ
る）。手数料を支払うことによって，その企業は，EU の「包装，および，包装
廃棄物に関する指令」を遵守していることになる。大切なのは，グリーン・ドッ
ト®を管理するプロ・ヨーロッパの組織もまた，製造業者の製品用の包装資材の
量を減らすために，そうした業者と直接，協働していることである。

「障害」と「便益」

　すべての製造業者がこの枠組みに乗りたいと切望しているわけではない。それ
は次のような懸念を 1 つ，あるいは，複数もっているからである。

- 包装材の重さと種類による割当料金，および，年会費を支払うこと。
- 削減・包装・経過報告のガイドラインに従うこと。
- 対象となる容器包装の種類を知ること。
- 既存の指令とグリーン・ドット®のガイドラインの違いを理解すること。

　対象企業にとって魅力的なのはコストの削減と売上高の増加，という「便益」
である。企業の意欲をかき立てるのは，消費者がグリーン・ドット®のロゴが表
示されている製品に対して，環境責任をよく果たしている企業と結びつけている
ことを示す証拠である。企業は，小売業者がグリーン・ドット®の付いた製品に

シェルフ・スペースを優先的に割き，さらに，ロゴのない製品を排除しているのかどうかを知りたいだろう。公的指令がもつ問題よりも，グリーン・ドット®のガイドラインに従う問題の方が実際には少ないことを知れば，懸念をもつ企業も安心するだろう。

プログラムの内容

「プロ・ヨーロッパ」はメンバーに対して，付加価値のあるさまざまなサービスを提供している（マーケティングの4Psの製品 [product]）。

「プロ・ヨーロッパ」は国際的なマーケティング戦略や情報交換のネットワーク，包装システムの開発といった，さまざまな話題についてのワーキング・グループに参加する機会を会員に提供している。こうしたワーキング・グループを通じて，「プロ・ヨーロッパ」の会員は「欧州委員会」（European Commission）と「欧州議会」（European Parliament）にとって重要な議論相手となる。ワーキング・グループはまた，例えば，包装と製品に該当するものは何か，といった定義付けを基礎とする課題の明確化に加わる。

訓練は，容器包装の削減に関する最優良事例が効率を向上させ，利益を増加させる方法になること，を証明している。引用されている1つの例はプロクター＆ギャンブル（Procter ＆ Gamble）の例である。それまでの箱で使われていた高密度可塑性ポリエステルの取っ手とスチール製の締め付け鋲を廃止することで，段ボール容器の重さが180.4gから109gに減少した。また，真空充填剤によって，ビニール袋の量と重さが17gから13gになった。容器包装におけるこれらの変更によって，1次包装を50％多くパレットに載せることができるようになり，また，輸送量を30％以上削減することが可能となった。段ボール製の洗剤容器については55便のトラック輸送を節約し，また，詰め替え容器については257便を節約した（PRO EUROPE, 2006/2007）。

メンバーが支払うグリーン・ドット®の手数料はグリーン・ドット®製品の容器包装を廃棄するサービスを消費者に提供し，また，容器包装の削減を促すために使われている。請求される手数料には，2つの種類——年間のライセンス料，および（あるいは），企業が排出する容器包装の種類と量に基づいて変化する手数料——がある。いくつかの国では，従量手数料と会費，両方を課しているが，その他の国では，どちらか片方だけを課している。

図8-1 グリーン・ドットRのロゴ

出所：プロ・ヨーロッパ

多くの国で、ライセンス手数料を容器包装の素材と重さに基づいて算出しているために、メンバーは市販している容器包装を削減する財務的なインセンティブをもっている。包装廃棄物を削減している製造業者は究極的には手数料を支払わなくてもよいので、このシステムは廃棄物の削減を促進する。加えて、グリーン・ドット®のプログラムに加わることで、多くの企業が経費がかさんで実行は難しいと考えている、使用済み容器の回収プログラムを自前で構築することから免れられる。もしもそれを免れなければ、各国の規制当局によって法令違反の罰金が課せられる。罰金は額も大きく、強制的である。最後に、潜在的なメンバーとのやり取りでは、配送業者や小売業者が自社の製品の仕入れを拒否するという抵抗にあうかもしれないという証言が得られている。

製造業者はオンライン・システムを使ってグリーン・ドット®プログラムに国ごとに参加登録することができる（マーケティングの4Psの場所［place］）。

グリーン・ドット®のロゴは、その製造業者が包装材の再生とリサイクル、および（あるいは）、再利用を支援するための手数料を支払っていることを消費者に示している。大切なのは、このロゴはその容器包装がリサイクル材でつくられていることを保証するものではないとしても、リサイクルのブランド・ロゴとの「つながり」（connection）を伝えているのだ、ということである（図8-1を参照のこと）。

「プロ・ヨーロッパ」の出版物や報告書、ウェブサイトは、包装を減らすことで生産者が受ける環境的・経済的な優位性を主張している（マーケティングの4Psのプロモーション）。その例は具体的で、箱の二重底をなくしたラッフィングカウチーズや、ガラス瓶の厚みを薄くしたネスレコーヒーといった、よく知られた製造業者の証拠が含まれている（訳注：「ラッフィングカウチーズ」はフランス、ベル社の登録商標である。主にチーズ製品に使われており、日本でもベルジャポン社を通じて販売されている。フランス語でのブランド名は、La Vache qui rit［笑う牛］で、赤い牛がチーズのイヤリングをしているロゴで知られる。日本で販売さているベル社のチーズには、他に、「kiri」などがある）。

第8章　廃棄物の削減

　ヨーロッパの消費者には，集中的なコミュニケーション・キャンペーンとメ
ディア活動を通じて接近し，それらは容器包装の影響に関する認知度を向上させ，
また廃棄物の分別の仕方の指導を提供するように設計されている。多くの活動は
生産者と地元の権力者，再生業者，リサイクル業者，そして，顧客の合同による
協力プログラムとして実施されている。グリーン・ドット®の法令遵守に関する
計画（scheme）では，毎年，廃棄物処理・再生工場での公開日を設けており，ま
た，廃棄物の削減をテーマとした巡回興行に人々を招いている。フランスでは，
一般大衆と直接触れ合い，廃棄物の分別やリサイクルについて専門的な方法で伝
達するパブリック・リレーションズの担当者，ないし，「リサイクル大使」
（recycling ambassodor）を対象としたプログラムやセミナーをエコ・アンバラー
ジュ社（Eco-Emballages）が開催している（PRO EUROPE, 2006/2007）（訳注：エコ・
アンバラージュ社は，1992年に設立された，フランスの包装リサイクル部門の企業である。
フランスでは，包装リサイクル業者の組織化と指導について国から認証を受けた企業が2
つあるが，同社はその認証を受けた企業の1つである。もう1つは，アドルフ社
［Adelphe］である）。

　さまざまなコミュニケーション活動を通じて，ヨーロッパの22カ国が参加して
いることを強調することで，規範に対する認識が広まった。その22カ国には，
オーストリア，ベルギー，ブルガリア，キプロス，スイス，エストニア，フラン
ス，ドイツ，ギリシャ，ハンガリー，アイルランド，ラトビア，リトアニア，ル
クセンブルグ，マルタ，ポーランド，ポルトガル，ルーマニア，スロバキア，ス
ロベニア，スペイン，および，スウェーデンが含まれる。加えて，「プロ・ヨー
ロッパ」は類似するシステムについて，英国とアイスランド，フィンランド，お
よび，ウクライナと共同契約を締結している。

　メンバーは，自らが流通させている容器包装の全量を報告し，それに対応する
ライセンス手数料を支払うことに同意している（「誓い」［commitment］）。収集業
者は消費者と企業に対して，容器包装の削減・再利用・リサイクルの方法を教え
ることに同意している。

　以下のようなさまざまな測定基準が評価基準となる。

・2010年現在，26カ国の17万社がグリーン・ドット®のシステムに登録されて
　いる。

187

第Ⅲ部　商業部門の行動への影響力

- 360万を超える市民が「プロ・ヨーロッパ」のメンバー・システムが資金提供した分別回収を行った。
- 2008年だけで，プロ・ヨーロッパのメンバー・システムが再生した容器包装は，およそ3,100万トン（620億ポンド）に及んでいる。
- プロ・ヨーロッパのメンバー・システムの働きによって，2008年だけで，2,400万トンの CO_2 が削減された。
- 2008年，300万トンを超えるプラスチック容器が「プロ・ヨーロッパ」のメンバー・システムによってリサイクルされた。
- 容器包装の連鎖全体で使われる原料の量は現在でも減少し続けている。重量と素材について削減が行われているので，容器包装はより軽量になっている（2010年の J. クウォーデン［J. Quoden］との個人的な連絡による）。

論　評

　グリーン・ドット®のプログラムは，三者共の利益＝ウィン・ウィンの状況を生み出しているようにみえる。企業は技術的な援助とネットワークをつくる機会を得ることで，包装を減らすとともに，最終的には，コスト削減と包装に関する既存の政府指令違反によって被る罰金を回避するのに役だった。30カ国近くのヨーロッパ各国の政府は埋立地を拡大する必要性を減少させた。そして，消費者は自分の購買行動において「環境にやさしい企業」（green company）に見返りを与えるのに格好の機会を手にした。

　まだメンバーになっていない企業について，もっと知ることが有益であろう。そうした企業はメンバーになっている企業と何が異なるのだろうか。加盟数の広がりは事業部門や規模，地理的な場所，廃棄物の管理方法，あるいは，その他の要因によって異なるのだろうか。「プロ・ヨーロッパ」が加盟数を増やしたいのだと仮定すれば，この「実行者対非実行者」（doer vs. nondoer）分析は，将来のターゲット層，および，「障害」・「便益」の分析にとって示唆に富むものとなるだろう。また，生産における原料のリサイクルとリユースといった，グリーン・ドット®が示した追加的で，代替的ですらある環境活動について考えることにも価値があるだろう。これは，グリーン・ドット®は包装に関する政府指令の要求に適合するのを単に避けるための方法なのではないか，という一部の懸念のおそれに応えることにもなるかもしれない。

188

第8章　廃棄物の削減

| CASE #2 | 「フォーク・イット・オーバー！」（Fork It Over!）
——食べ残しの再利用：米国オレゴン州ポートランド |

プログラム導入の背景

　2000年におけるポートランドの都市部の状況を，「最悪の状況」（the perfect storm）と呼ぶ人もいるかもしれない。この地域の固形廃棄物システムで廃棄される食品の量が，年間18万トン（3億6,000万ポンド）と見積もられたのである。直接選挙による地方政府であるメトロ（Metro）は3つの地方の都市部の150万人にサービスを提供しており，この廃棄物を削減する方法を探していた（訳注：メトロは，オレゴン州ポートランド都市圏における地域政府のことである。ポートランド都市圏の住民投票で選ばれた議員によって運営されており，ポートランド都市圏内の3つの群と25の市をまたぐ150万人を超える住民に公園の手入れ，ゴミ処理，リサイクルなどのサービスを提供している）。このメトロ地域における固形廃棄物の再生率は57％を誇っていたものの，次の3つの分野，つまり，(1)企業のリサイクル，(2)建設・解体によるがれき類，および，(3)有機性食品廃棄物の分野では，その再生率が低かった。時を同じくして，オレゴン州のフードバンク（food bank：食糧銀行）は，同州が飢餓と食糧難の発生率において国内で最も高いものの1つであることから，州民に新鮮で栄養のある食品の供給源を提供することに苦しんでいた。空腹をかかえている人々の多くはフルタイムで雇用されているが，しかし，月によっては，食糧源を確保するのに十分な金銭を稼ぐことができなかった。フードバンクと固形廃棄物局の組み合わせは必ずしも直感的に理解できるものではないが，非常に示唆に富むものである。資源を共有し，接触をもつことによって，今日まで活動し続けている共同プログラムの開発に至ったのである。

　「フォーク・イット・オーバー！」はモデル・プログラムとしての役割を果たし，州と地方のあらゆる場所で適用されてきた。そのコンセプトはきわめてシンプルなものである。すなわち，食品事業者が空腹な人たちのために活動する機関に生鮮食品と余った加工食品を寄付するための安全で便利な方法を提供することであり，「食糧救援プログラム」（Food Rescue Programs）と呼ばれている（図8-2を参照のこと）。

189

第Ⅲ部　商業部門の行動への影響力

図8-2　持ち越される余剰食品

出所：写真は，オレゴン州ポートランド・メトロ，および（ないし）Cメトロ（C Metro）の厚意による。2010年。

ターゲット層と望ましい行動

　食品の寄付についてのターゲット層は主として，レストランや食堂（cafeteria），食料品店，および，学校である。救援機関には，フードバンクや教会，「ボーイズ・アンド・ガールズ・クラブ」（Boys & Girls Club），グループホーム，保育園，YMCA，高齢者センター，救世軍，ホームレスのための保護施設などがある。メトロから職員が配属されている「フォーク・イット・オーバー！」の役割は寄贈者と食糧救援機関との持続的な協力と結びつきをつくり出し，食品事業者が安全，かつ，寄付しやすくさせるとともに，支援機関への対応と信頼を高めることにある（訳注：「ボーイズ・アンド・ガールズ・クラブ」は米国の非営利団体で，青少年向けに「放課後プログラム」を提供している。本部はジョージア州アトランタにあり，2012年現在，独立的な地域のクラブ数は4,000拠点を超える。グループホームは麻薬中毒者や発育障害児，虐待を受けた子どもなど，社会扶助を必要としている人々を集めて生活支援をする個人の住居である。YMCA は，Young Men's Christian Association，キリスト教青年会のことであり，教育・スポーツ・福祉・文化などの分野で事業を行う非営利公益団体である。日本においても，公益財団法人日本 YMCA 同盟として全国180拠点で活動を行っている。救世軍は，英国に本部を置き，126カ国・地域で活動する国際的なキリスト

［プロテスタント］教団体である。軍隊を模した組織を編成しており，日本においても47の小隊［教会にあたるもの］での伝道活動などを行っている）。

「障害」と「便益」

　2003年，メトロは食品産業の管理者が余剰食品の寄付について理解している「障害」と「便益」（benefits）を識別するために包括的な研究を行った。72の企業に面接調査を行い，包括的な文献調査も行われた。この研究によって，メトロはターゲット層のニーズと関心，すなわち，業界内部におけるコミュニケーションの方法や信頼できる情報源は何か，また，複数の事業をまたいで食品がどのように流通するのかについて，比較的信頼できる実態を知ることができた。主な関心事項には次のものがある。

- その食品は安全だとみなされるだろうか？
- 何か問題が起きた時に，責任を負えるだろうか？
- どれくらいの追加的な時間と労働力が必要になるのだろうか？
- 食糧救援機関を見つけるのはどれくらい難しいのだろうか？
- そうした機関というのはどれくらい信頼でき，専門性はどれくらいあって，反応の早さはどれくらいだろうか？　通常の勤務時間と営業日にここに来てくれるのだろうか？
- その機関が回収するまで，食品をどこにどうやって保管すればよいのだろうか？

　プログラムの立案者を驚かせたのは食品の寄付について最大の「便益」だと理解されていたものが，メトロとフードバンクが想定していたような，税控除や廃棄物処理料の節約，あるいは，その他の財政的な「便益」ではなかったということである。それは廃棄物の削減と飢えを満たすことを同時に行うことが，単に「やるべき正しいこと」（the right thing to do）——それまでは余分だったものが，今度は貴重な資源になるということ——だったのである。

プログラムの内容

　潜在的な寄贈者に対して，プログラムに参加するいくつかの簡単な方法を提供

第Ⅲ部　商業部門の行動への影響力

するサービス，すなわち，単純なオンラインでの自助的なシステム（マーケティングの4Psの場所［place］）から，現地政府のリサイクル担当の専門家が企業を訪問し，また，そうした企業のためにプログラムを設定する（マーケティングの4Psの製品［product］）といったサービスが開発された。「フォーク・イット・オーバー！」のウェブサイト，www.forkitover.com におけるオンラインでのプログラムの指示は単純である。寄贈者が所在地と寄贈したい食品を入力すると，そのニーズに適合し，最も近隣にある食糧救援機関のリストが画面に表示される。画面に表示される情報には，その機関の連絡先とその機関が食糧を供給する相手，および，集荷サービスを行っているかどうかも含まれている。これによって，潜在的な寄贈者は自分たちのニーズに適合しており，地理的に最も近接した機関を選ぶことができるようになる。また，企業はメトロのリサイクル情報回線に電話をして，食糧救援機関を見つけるための個別対応（マーケティングの4Psの製品［product］）を受けることもできる。一度いずれかの機関と連絡を取ると，企業は集荷の詳細を計算し，また，長期的な関係を維持する責任を負う。

　すでに述べたように，寄付から受ける最も大きな「便益」だと認識されているものは本質的に金銭的なものではない。税控除や廃棄物処分料の節約という潜在的な可能性は「素晴らしいこと」（nice）ではあるけれども，最も魅力的なのは正しいことを行う機会なのである（非金銭的インセンティブ）。

　参加している企業では，食品を必要なところに届け，捨てないことを確実にすることで地域に十分に配慮している企業で働くことについて，従業員がますますやる気を出し，誇りをもつようになっているようだ（さらに，今でもプログラムに参加しているあるホテルでは，まず従業員に食品を分け，その後で食糧救援組織に分けている）。

　食糧救援組織の収容力を支援していくために，冷凍トラックや冷蔵庫，冷凍庫，および（あるいは）生鮮食品を安全に回収・輸送・保管・配送するのに必要な設備の購入に充てる補助金がメトロによって交付されている。

　2003年11月，食品寄贈の「障害」と「便益」を識別する包括的研究（the comprehensive Food Donation Barrier and Benefit Identification Study）の結果を携えて，プロモーション戦略のチームが編成された。そのチームには，マーケティング事務所や食品産業に特化したパブリック・リレーションの会社であるオレゴン・フード・バンク（Oregon Food Bank）社の元マーケティング担当取締役

第8章　廃棄物の削減

(marketing director)，公共サービスへのTVコマーシャルの提供に前向きなメディアの支局，および，意見と助言を提供する意思のある食品業界の有名人が参加していた。

他の食糧救援プログラムのロゴやキャッチフレーズを調査した結果，多くのプログラムでは，「豊穣の角」（cornucopia）や小麦を束にしたもの，ハート，そして，手といった実証済み（でありきたり）のモチーフが用いられていることがわかった。メトロはそれらとは異なり，目立って力強く，人の心を捉えそうなものを求めた。プログラムの名称として，「フォーク・イット・オーバー！」が選ばれ，1つのロゴがデザインされた（図8-3を参照のこと）。

図8-3　プログラムのロゴ

フォーク・イット・オーバー
飢えと廃棄を減らすために
出所：図は，オレゴン州ポートランド・メトロおよび（ないし）Cメトロ（C Metro）の厚意による。2010年。

このプログラムを促進するために，日刊紙の食品欄に広告が掲載され，業界の出版物に論文と広告が載せられた。また，報道発表も行われ，食品産業の企業を対象に手紙が送られた。地元新聞の社説と特集記事は，プログラムの正当性をより高めるのに役立った。郡保健局（Country Health Department）の飲食店検査官は，通常の年次検査の際に，「フォーク・イット・オーバー！」の冊子を配布した。また，図8-4に示されているように，チラシには，重要な「便益」と主な「障害」への対処が強調されている。

このプログラムに登録し，継続的な支援を受けるためにメトロに連絡するように企業を促すために，マグネットが配布された。食品会社の顧客を引きつけるために，レストランと仕出し屋の電話帳にリストを掲載し，支持者が企業に「フォーク・イット・オーバー！」に依頼するように気づかせるようにした。

2004年6月には，対象となる食品会社に焦点を合わせて，定期的に食品を寄付することを書面で公式に誓約させるための新しいキャンペーンが立ち上げられた。この「誓い」はその後，印刷広告やウェブ上の掲示，無料メディア（earned media）を使って補強され，公表された。冊子とポスターによって，プログラムの詳細な情報が提供された。草分け的な寄贈者はスポークスパーソンに選ばれ，

第Ⅲ部　商業部門の行動への影響力

図8-4　プログラム・フライヤー

フォーク・イット・オーバー

ワシントン郡保険局とメトロは，飢えと廃棄とたたかうために，メトロのフォーク・イット・オーバー！食料寄付プログラムへの参加をみなさんにお願いします。

　　出所：図は，オレゴン州ポートランド・メトロ，および，（ないし）Cメトロ（C Metro）の厚意による。2010年。

寄贈の安全性と単純さ，そして，行うべき正しいことだということを実演した（図8-5を参照のこと）。こうした先駆者たちには，彼らの同業者に参加を促す手紙への署名も依頼された（規範的訴求［norm appeal］）。このプログラムの初期採用者（early adopters）にもまた，誓約書への署名が依頼され，プログラムに彼らが参加していることを大きく宣伝するポスターと「窓用の広告」（window clings）が贈呈された。広告には，プログラムへの支援と最大限の努力を求められた企業

第8章　廃棄物の削減

図8-5　プログラムの初期採用者が,「調理済みの傷みやすい食品でも寄付は簡単・安全で,食糧救援機関の需要が大きい」ことを売り込んでいる。

出所：写真は,オレゴン州ポートランド・メトロ,および（ないし）Cメトロ（C Metro）の厚意による。2010年。

の名前が掲載され,ウェブサイトにも掲示されている（インセンティブ）。

- 1999年から2005年までの間に,およそ9,000トン（1,800万ポンド）の食品が食糧救援組織に「回され」（forked over）,食品を輸送・保管する支援機関に,総額70万ドルの助成金が配分された。
- 2002年の研究では,食品の回収によって今日までに節約された食品廃棄費用（5,181トンで64万7,650ドルと見積もられる）と,回収された追加的な食品によるフードバンクにとってのドルベースの価値は1,730万5,208ドルであった。また,配分された助成金1ドル当たりの平均では,31ドルの利益があった。
- プログラムのウェブサイトへの訪問件数は2004年のキャンペーンが始まる1ヵ月前の時点での34件から,2004年6月には948件に増加した。

論　評

「フォーク・イット・オーバー！」は確かに,「脅威」（threats）を機会とみなし,いまだ使用されていない既存の資源でニーズを満たすように鼓舞している。プログラムのマネジャーはまた,調査対象層を調査することの威力を理解した。

195

第Ⅲ部　商業部門の行動への影響力

マネジャーは，両方のターゲット層（食品事業者と救援機関）の「ウォンツ」
（wants）と「ニーズ」（needs）の聞き取りに時間を割き，努力を傾けるだけでな
く，その聞いたことを実行した（訳注：「ニーズ」は，人間が生活する上で必要な充足
状態が不足している状況，つまり欠乏感のことであり，「ウォンツ」は，その「ニーズ」を
満たす具体的なものが欲しいという欲望のことである。「ニーズ」は抽象的欲求，「ウォン
ツ」は具体的欲求とも呼ばれる）。この聞き取りがなければ，食品事業にとって，自
分たちの負担は限定的だと知ることがどれほど重要か，また，便利で信頼の置け
る機関の見つけやすさがいかに重要か，ということをマネージャーが知ることは
なかったかもしれない。もしも，企業に対してコストの節約だけを売り込み，ど
れほど多くの人たちが，彼らが捨てているもので養えるのかを強調しなかったと
すれば，「多くの人を驚かせる」（have "rised many eyebrows"）ことはなかっただ
ろう。そして，追加的な設備と貯蔵機器に充てる補助金を受けられずに，パート
ナーのフードバンクがどれほど「行き詰まって」（stuck）いたのかを理解するこ
ともなかったかもしれない。

　企業は「フォーク・イット・オーバー！」に参加しているという合図を顧客に
送るために，いくつかの取り組みを行ったと思われる。しかし，顧客の認知度を
一層向上させることがプログラムにとって利益となるだろう（普及）。顧客がレ
ストランのメニューでこのロゴを定期的にみるならば，プログラムに参加してい
る組織の顧客ロイヤリティが向上するだろうし，さらに，「フォーク・イット・
オーバー！」に参加していない組織に質問するかもしれない。

CASE #3　アンハイザー・ブッシュ社──米国・環境保護庁の「ウェイ
ストワイズ・プログラム」リサイクルの殿堂の一員：米国

プログラム導入の背景

　2005年，米国・環境保護庁（U.S. EPA）は，アンハイザー・ブッシュ社を「よ
りよい環境の醸成」（Brewing a Better Environmnet）について「応援」（cheered）
し，「ウェイストワイズ・プログラム」（賢明な廃棄物削減プログラム：WasteWise）
のパートナーに贈られる最高の栄誉である，「ウェイストワイズの殿堂」
（WasteWise Hall of Fame）に加えた。「ウェイストワイズ・プログラム」は固形廃
棄物の除去に対するメンバーの取り組みを支援する，自由で自発的な米国・環境

保護庁のプログラムであり，アンハイザー・ブッシュ社の過去数年における数々のすばらしい業績に注目した。1994年に創立会員として，「ウェイストワイズ・プログラム」に加わって以来，アンハイザー・ブッシュ社は，ビールの醸造と梱包の際に発生する固形廃棄物を97％削減する，という全社的な目標を達成してきた。リサイクルされる素材には，ブナ材のチップや，アルミニウム，ガラス，醸造の絞りかす，金属くず，および，段ボールがある。2004年単独では，次のような成果があった。(1)会社の醸造所が製品を詰めるのに使う缶の100％リサイクル，(2)ビールの輸送に使う収縮包装用フィルムのリサイクルの確実化，(3)アルミニウムの2,000万ポンドの削減が期待される，缶蓋の小さなものへの変更，(4)紙容器の厚さを減らすことによる280万ポンドの板紙の削減，(5)荷台を硬材（hardwood）からポリプロピレンのものに転換することによる，消費エネルギーと輸送コストの削減，および，(6)ウェブベースの電子伝票の利用増加，である（WasteWise/U. S. EPA, 2010）。

　これを受けて，アンハイザー・ブッシュ・グループの醸造業務・技術担当副社長は，製造過程で排出されるほぼすべての資源のリデュース・リユース・リサイクルの力となったのは，従業員のアイディアと行動だったと会社は信じているとして，「従業員 1 人 1 人」(each of our employees) を称えた。

　この事例では，まず，企業が従業員に影響を与えるために行ったことに焦点を合わせ，続いて，「ウェイストワイズ・プログラム」が採用した戦略に焦点を合わせる。

プログラムの内容

1．ターゲット層としての従業員

　アンハイザー・ブッシュ社はおよそ 4 万2,000人を雇い，米国内に12の醸造所を運営する世界で有数の醸造会社である，アンハイザー・ブッシュ・インベブ社（Anheuser-Busch InBev）の完全所有子会社である。アンハイザー・ブッシュ社はセント・ルイスを本拠地とする米国でも有数の醸造会社であり，米国における対小売り売上高で48.9％のシェアをもつ。同社は世界で最も販売されているビールである，バドワイザーとバドライトを製造している（Anheuser-Busch, 2010）。3 Rはこの企業の環境対策ではなじみ深い重点方針であり，源流での廃棄物削減が環境面で最も大きな利益となること，また，そのための最もよいアイディアは従

業員自身から生まれるとして，従業員を重視している。

「アイデアによる品質と卓越のパートナー」（Partners in Quality and Excellence Thru Ideas）はアンハイザー・ブッシュ社の従業員にとって，企業の資金を節約したり，業務を改善したり，顧客満足を強化したりするための新しいアイディアを提案する主な原動力となっている（マーケティングの４Psの製品［product］）。従業員が廃棄物の削減を含む特定の環境面での改善策を提案するのは主に，この経路を経由してからである。現場の環境対策チームは，自分たちの施設が環境に及ぼす影響を教える方法を探索している。廃棄物削減の可能性について，単純で，見過ごされやすいアイディアが求められる。例えば，ある醸造チームは，従業員の手袋が汚れた時に処分される方法に替わるものに注目した。このチームは手袋を集めてきれいにし，それを再利用にまわす洗濯サービスを設置した。清掃員は建物中に汚れた手袋を集めるための容器を配置し（マーケティングの４Psの場所［place］），従業員にこのプログラムに参加するように働きかけた（普及）。従業員には，自分たちの環境問題に関するアイディアと関心事を電子掲示板とＥメールを通じて伝えることが奨励されている（マーケティングの４Psの場所［place］）。さまざまな伝達経路が従業員の参加を支援している。例えば，過去２年で，企業のニューズレターの１つである『イーグル』（Eagle）では，１件を除くすべての号で，手袋のプロジェクトのような環境問題に関する企業内の活動についての記事を掲載していた。『アースデイ（Earth Day）』（地球の日）イベントの週には，「グリーン週間」（Green Week）と呼ばれる年次イベントがアイデア共有への従業員参加を促すために企画された活動を呼び物にして開催される（WasteWise Update, 2010）。

1995年には，「環境への奉仕とリーダーシップに関する誓いと約束賞」（the Pledge and Promise Environmental Stewardship and Leadership Awards）を創設して，環境への取り組みについて従業員を表彰している。最初の１年だけで，60を超える従業員のチームがこの賞のコンペに参加した。

２．ターゲット層としてのアンハイザー・ブッシュ社

1994年に設置された「ウェイストワイズ・プログラム」は50を超える業界の2,400以上のパートナーに対して，購買の削減と廃棄物の減量化に関する技術的な支援を行っている（マーケティングの４Psの製品［product］）。調達・生産・包装・輸送に関連した固形廃棄物と産業廃棄物を削減するために，多彩な手法を奨

励している。この支援はオンラインによる情報源とリンク，出版物，事例研究，および，教材とともに，通話料無料の助言ダイヤルを通じて受けることができる（マーケティングの 4 Ps の場所「place」）。『ウェイストワイズ・アップデート』（*WasteWise Update*）は，「ウェイストワイズ・プログラム」の主要な技術的支援の定期刊行物である。いずれの号も，廃棄物削減戦略を 1 つ詳細に取り上げ，その戦略をうまく実施した組織の事例をいくつか紹介している。地域ごとのフォーラムでは，ネットワークをつくり，情報を共有する機会を提供している。

　米国・環境保護庁は毎年，企業部門・政府部門・教育部門の分野ごとに賞を贈呈して，顕著な成功を収めた会員を表彰している（インセンティブ）。品質のために，会員は廃棄物の削減トン数と関連コストの削減，および，従業員・顧客・供給業者に対する「ウェイストワイズ・プログラム」の働きかけについて詳細に記載した完全な年次報告書を提出しなければならない。贈呈される賞には次のものがある。

- **殿堂**（Hall of Fame）は，「ウェイストワイズ・プログラム」の会員に贈られる最も名誉なものであり，廃棄物の削減活動の進展に継続的に取り組んでいることを表している。
- **年間優秀会員**（Partners of the Year）は，全般的な廃棄物の削減の実現，リサイクル製品の購買，ないし，生産，および，「ウェイストワイズ・プログラム」を促進する活動を表彰する。
- **年間優秀推薦者**（Endorser of the Year）賞は「ウェイストワイズ・プログラム」の促進に顕著な貢献を行った組織を表彰するもので，廃棄物の削減の取り組みについて他の会員を支援した州政府・地方政府機関と事業者団体，および，非営利組織や企業が対象となる。
- **優秀成果賞**（Gold Achievement Awards）は，気候変動や建物の緑化，「プロダクト・スチュワードシップ（製品の受託者責任）」（product stewardship），および，「再生資源」（secondary materials）の有効活用といったような重点分野における，会員のすぐれた成果を表彰する（訳注：「プロダクト・スチュワードシップ」とは，製品を中心とした環境保護に対する取り組みである。製品ライフサイクルの各段階，つまり，生産者，小売業者，消費者，廃棄物処理業者の各段階において，製品の環境への影響を減らす責任を共有することが求められる）。
- **佳作賞**（Honorable Mentions）は，廃棄物の発生予防，リサイクル収集，および，

第Ⅲ部　商業部門の行動への影響力

リサイクル製品の購買と製造について，顕著な成果を上げた会員を表彰する

　環境に関して，このプログラムが提供している最もすばらしいサービスの１つはおそらく，地方自治体の固形廃棄物の情報を収集・整理・分析し，その結果を報告するために，会員が利用可能なデータ管理・報告システムであろう。設備の数にかかわらず，「Re-TRAC システム」（データの再追跡システム）によって会員が自分たちの全般的な業務に関する廃棄物管理データを追跡・統一化することができるようになる。このシステムによって，米国・環境保護庁はアンハイザー・ブッシュ社のような組織に対して次のような公式声明を出して報告（および，表彰）することができる。

　　アンハイザー・ブッシュ社のアルミニウムのリサイクルと原料の削減に対する2004年の取り組みは環境面とエネルギー節約面で大きな「便益」を生み出した。米国・環境保護庁の「廃棄物削減モデル」（Waste Reduction Model：WARM）に基づけば，この2004年における取り組みは炭素に換算して176万トン（Metric Tons of Carbon Equivalent）の温室効果ガスの排出を削減した。これは，130万台の自動車が年間に排出する量に相当する（EPA Newsroom, 2006）。

論　評

　アンハイザー・ブッシュ社や「ウェイストワイズ・プログラム」にメンバーとして参加している，その他の企業が環境面で差異を生み出していることは明らかである。従業員が誇りを向上させているのは明らかであるし，また，この醸造会社の取り組みに気づいている消費者はよい印象を強く抱いているようである。メンバーの活動がもたらす金銭的な「便益」を追跡し，報告することもまた，米国・環境保護庁と「ウェイストワイズ・プログラム」にとって有益かもしれない。おそらくこれは現在の追跡システムを拡大することで達成できるだろう。

　最近の報告では，今日（2010年）までに，米国に2,400の会員が加入していることが示されている。会員の間にはっきりとした廃棄物削減の成果がみられることを前提として，廃棄物を大量に排出している非会員企業についてもっと理解するのもおもしろい――おそらくは重要でもある――だろう。「ウェイストワイズ・プログラム」に加わることに対して，彼らが抱える「障害」とは何か，また，ど

200

んな戦略をとれば彼らの懸念に対処できるのか。彼らは会員になることの「便益」に気づいているのか、また、それを評価しているのか。もしもそうでないとすれば、何が彼らの動機づけとなるのか。同様に、従業員に関しては、より多くの従業員とチームがアイディアを提案するよう動機づけるにはどうすればよいのか。

3　その他のすぐれたプログラム

この節では、商業部門における廃棄物の削減について、いくつかの追加的な成功事例に触れる。それぞれの事例は、変革主体が商業部門の企業に自らの事業のやり方を変えるよう説得する方法について、7つの提案を1つずつ解説する機会として用いている。下記のしばしば実現される企業の「便益」の1つ、あるいは、複数について、その潜在的な可能性を重視することをお勧めしたい（Kotler & Lee, 2008）。

1．ブランド・ポジショニングを支える

コトラー（Kotler）とアームストロング（Armstrong）はブランドのポジションを「消費者がその製品を他の競合製品と比較した時に抱く、「認知」（perceptions）、「印象」（impressions）、および、「感情」（feelings）の複雑な組み合わせ」であると説明している（Kotler & Armstrong, 2001, p. 269）。スバル（Subaru）が望むポジショニングは、「乗り心地と環境性、そして、安全性の高度なレベルでの調和」である。彼らのリサイクル率はこのポジショニングを守ることに役立っており、ウェブサイトで報告されているように、過剰・余分な鉄、プラスチック、木材、紙、ガラス、および、その他の原料の97％がリサイクルの経路にのせられ、残りの3％は蒸気を発生させるために焼却炉に運ばれる（Subaru, 2005）。

2．ブランド選好の創出

2004年にコーン社（Cone, Inc.）が実施した市民調査（Citizenship Survey）によれば、米国民の86％が、「もしもそのブランドが慈善活動を行っていれば、あるブランドから他の類似の価格・品質のブランドに乗り換えるつもりがあるでしょうか？」という設問に対して「はい」と回答している（Cone, Inc., 2004）。このことは「エナジー・スター」（ENERGY STAR）の成功を多少とも説明するのに役立つ。

「エナジー・スター」は第6章で述べたように，米国・環境保護庁とエネルギー省（U.S. Department of Energy）の共同プログラムであり，消費者が金銭を節約するとともに環境を保護することを支援している。「エナジー・スター」のラベルは，エネルギー効率がよいとみなされる製品を製造する企業がブランド選考を創出するのに役立っている（ENERGY STAR, 2010）。

3．輸送網の構築

　ベスト・バイ社（Best Buy）は携帯電話やプリンターのカートリッジ，DVD，CD，コンピュータなどの不要になった電化製品のリサイクルを無料にするとともに，利便性を高めた。ベスト・バイ社の店には無料の売店が屋内にあり……そこでは，あなたがリサイクルする物品の引き換え品の購入を検討することになるだろう。2009年に，ベスト・バイ社は6,000万ポンドの中古電化製品をリサイクルした。

4．売上高の増加

　ベター・ワールド・ブックス社（Better World Books）は営利の社会的企業であり，古本を集めてそれをオンライン上で販売することで，世界のリテラシー問題の解決に向けた取り組みのための資金を稼いでいる。その創設者は自分の仕事について，不用になった本の新たな家を見つけることだと考えており，会社を「魂をもったオンライン書店」（Online Bookstore with a Soul）と呼んでいる。この企業は320万冊を超える本を埋め立て処分から救い，その過程で，非営利のリテラシー機関，図書館，および，大学といった協力相手のために，760万ドル以上を稼いだ（Better World Books, 2010）。

5．コスト削減による収益性の改善

　ヨーロッパにおけるグリーン・ドット®のプログラムをメインにした第1の例では，プログラムの会員が収益性を改善させる可能性に注目し，ラッフィングカウチーズ社が二重底を止めたことで包装を13％削減したことを指摘した。また，グリーン・ドット®の出版物では，その他にも，缶に使用する素材の量を23％削減したコカ・コーラ社（Coca-Cola）や携帯電話の一部を小さくすることで包装材の重量を34％削減したフィリップス社（Philips）といったその他の例についても触れられている（PRO EUROPE, 2010）。

第8章　廃棄物の削減

6．熱心で信用できるパートナーを引きつける

　「フォーク・イット・オーバー！」の成功で，すべての部門（民間部門，公共部門，非営利部門）がいかに重要であったかを考えてほしい。余った食品を寄付するためには食品会社が必要であり，責任と信頼のある集荷にはフードバンクが必要だった。そして，そうした「障害」を乗り越え，「便益」を確保し，関係を促進するプログラムを創出するためには，公的な機関であるメトロが必要であった。

7．社会変革に実際の影響を与える

　ベライゾン・ワイヤレス社（Verizon Wireless）の株主と従業員は，この会社が2006年だけで総計66万個の中古携帯電話を収集し，修復して，再販売したという影響力を誇らしく感じている。彼らは実際に貢献したのである。修復済みの携帯電話を販売することで，彼らのホープライン®のプログラムはその年に，家庭内暴力の予防と発見に取り組む，およそ300の組織に130万ドル寄付することができた（Verizon, 2010）（訳注：ベライゾン・ワイヤレス社は，米国の加入者第1位の携帯電話事業者である）。

4　まとめ

　本章で取り上げた3つの例は商業部門における廃物管理の3Rに焦点を当てた。この3つの成功物語のいずれについても，三者共の利益＝ウィン・ウィン・ウィンの状況，つまり，変革主体，企業，環境にとっての利益が観察されたことがわかるのは興味深いことである。「プロ・ヨーロッパ」におけるグリーン・ドット®のプログラムは組織の環境面での使命を果たし，企業の資金を節約し，さらに顧客が「環境にやさしい」（green）企業に報いる機会を与えることに役立った。メトロの「フォーク・イット・オーバー！」の取り組みは当該地域における廃棄物の流れの中で有機物を削減し，食品会社が「正しいことを実践する」（do the right thing）ための便利で，信頼のおける方法を提供するとともに，食糧銀行が自分たちの依頼人に応えるためのより多くの物資を提供した。そして，米国・環境保護庁の「ウェイストワイズ・プログラム」は技術的な助言とネットワークの支援を提供するという使命を遂行し，アンハイザー・ブッシュ社の受賞に値するリサイクル率と殿堂への受け入れに貢献した。最後の節では，商業部門において

203

第Ⅲ部　商業部門の行動への影響力

廃棄物の削減に成功した，いくつかの追加的な事例について述べ，変革主体が商業部門の企業に対して，自らのやり方を変革するように説得する方法として，7つの推奨するやり方について説明した。その追加的な企業の事例はスバルとエナジースター，ベスト・バイ，ベター・ワールド・ブックス，そして，ベライゾン・ワイヤレスの各社である。

演習問題

① 表8‒1［廃棄物の削減に有益な商業部門の行動］では，「目標達成段階」における行動の例を示しています。3Rのそれぞれについて，少なくともあと1つ挙げるとすれば，何があるでしょうか？

② グリーン・ドット®のプログラムに関して，このプログラムと関連する企業活動をリサイクルとリユースの業務も含めるように拡大する上で，論評の項目で推奨している方法についてどのように思うでしょうか？

③ 「フォーク・イット・オーバー！」の事例に関して，食品会社に対する消費者の支持を高めるためには，どのようなツールを用いればよいでしょうか？

④ アンハイザー・ブッシュ社の事例について，職場でアイディアを提案したり，あるいは，推奨されている方法を実践したりすることに対する従業員の参加を増やすことのできる追加的なツールには，どのようなものがあるでしょうか？

参考文献

Anheuser-Busch. (2010). *Welcome to Anheuser-Busch, where making friends is our business*. Retrieved from http://www.anheuser-busch.com/company.html

Best Buy. (2010). *e-cycle. Frequently asked questions for electronics recycling program*. Retrieved from http://www.bestbuy.com/site/null/null/pcmcat174700050009.c?id=pcmcat174700050009

Better World Books. (2010, March 22). *Better world Books awarded 2009 WasteWise Gold Award*. Retrieved from http://www.betterworldbooks.com/custom.aspx?f=wastewise-award

Cone, Inc. (2004). 2004 *Cone Corporate Citizenship study : Building brand trust executive summary citizenship study*. Retrieved from http://www.coneinc.com/stuff/contentmgr/files/0/84d3119bfe09009ccba4134a2c9fd5ae/files/2004_cone_corporate_

第8章　廃棄物の削減

citizenship_exec_summary.pdf

ENERGY STAR. (2010). *Overview of 2009 achievements.* Retrieved from http://www.
energystar.gov/ia/partners/annualreports/2009_achievements.pdf

EPA Newsroom. (2006). *Anheuser-Busch : Brewing a better environment.* Retrieved
from http://www.epa.gov/osw/inforesources/news/2006news/04-busch.htm

Fork It Over poster C Metro, Portland, Ore. 2010.

Fork It Over program logo C Metro, Portland, Ore. 2010.

Green Dot® Compliance. (2010). *About Green Dot and Europe's packaging waste
recovery efforts.* Packaging Waste Compliance Europe Green Dot Consultants.
Retrieved from http://www.greendotcompliance.eu/en/about-green-dot/php

Kotler, P., & Armstrong, G. (2001). *Principles of marketing.* Upper Saddle River, NJ :
Prentice-Hall.

Kotler, P., & Lee, N. (2008). *Corporate social responsibility : Doing the most good for
your company and your cause,* New York : Wiley.

Practice Greenhealth. (2010). *Waste reduction. Why focus on waste?* Retrieved from
http://cms.h2e-online.org/ee/waste-reduction/

PRO EUROPE. (2006/2007). *Effective packaging—Effective prevention.* Retrieved from
www.pro-europe.info

PRO EUROPE. (2010). *About PRO EUROPE : Mission statement.* Retrieved from
http://www.pro-e.org/About.html

Subaru. (2005). Reusing and Recycling : Manufacturing without waste at SIA. *Drive
magazine.* Retrieved from http://www.subarudrive.com/Sum05_SubaruDifference.
htm

United Nations. (2010). *United Nations Statistics Division—Environmental statistics.
Municipal waste treatment.* Retrieved from http: //unstats. un. org/unsd/environ
ment/wastetreatment.htm

Verizon. (2010). *HopeLine® from Verizon Wireless.* Retrieved from http://aboutus.vzw.
com/communityservice/hopeLine.html

WasteWise Update. (2010). *Employee education.* Retrieved from http: //www. epa.
gov/wastes/partnerships/wastewise/pubs/wwupda4.pdf

WasteWise/U.S. Environmental Protection Agency. (2010). Anheuser-Busch : Brewing
a better environment. Retrieved from http://www.epa.gov/wastes/inforesources/
news/2006news/04-busch.htm

205

第9章	水質保全

　水は地球上で最も貴重な天然資源である。すべての生命の源であるとともに，地球の持続可能性にとってもきれいな水が必要不可欠である。それにもかかわらず，地球の至る所で人間の活動が水質に悪影響をもたらしている。「淡水保留地」（freshwater reserves）の汚染から海洋汚染まで，水質は深刻な環境問題となっているのである。

　世界の水質汚濁は地域や水域によって著しく異なっている。例えば，開発途上国では，きれいで，運搬可能な水へのアクセスが深刻な課題である。国連の見積もりでは，11億人が浄水の供給が行われていない地域で暮らしており，さらに，24億人はいかなる浄化衛生施設にもアクセスできないでいる（United Nations, 2008）。その結果，「地表水」（surface water）の糞便による汚染が大きな国際問題となっており，水に起因する病気で毎年およそ200万人が死亡している。

　淡水汚染の直接的な結果に加えて，世界の海洋や沿岸部の汚染も深刻な環境問題をもたらしている。世界の海洋汚染の大多数は地上における活動に起因しており，化学物質，ゴミ，廃棄物が小川や河川に押し流され，最終的に沿岸部の水路に達している。上流での人間活動による副産物が水の流出を通じて下流に流れ込み，その結果，最終的に汚染が河口や湿地帯，湾，海に到達している。地表のそれぞれの地域が1つ，あるいは，複数の分水地点となっており，こうした分水地点における人間の活動が世界の水質汚染の主な原因となっているのである。

1　問題の所在

　それぞれの地域がそれ自身独自の水質問題に直面しているが，ここでは，水質汚濁のいくつかの一般的な種類に関する重要な論点に焦点を当てる（U.S. Environmental Protection Agency [EPA], 2009）。

第9章 水質保全

- **溶存酸素**:「溶存酸素」(Dissolved Oxygen) は多くの水生生物——特に，魚と無脊椎動物——にとって不可欠である。食品その他の有機廃棄物が葉や草のような植物に付着することで水中の酸素量が減少し，最終的には魚とその他の生物有機体を害する。

- **病原体**:バクテリアやその他の微生物（例えば，サルモネラ菌やウイルス，鞭毛虫〔giardia〕）は，他の有機体が摂取したり触れたりすると，病気や死の原因となる。そうした病原体は不適切な下水処理が行われている地域でもっとも典型的にみられるが，水漏れのある下水システムによって汚染された水や家畜の高度集積地帯においてもみられる。

- **化学物質による汚染（有機物）**:合成洗剤，獣油・食用油といった食品廃棄物，石油・原油，衛生用品や化粧品のように，頻繁に水路に排出される有機化学物質は数多い。

- **化学物質による汚染（無機物）**:無機物の排出は，主として，建築や伐採活動において取り除かれた沈泥と堆積物から生じるが，しかし，肥料による硝酸塩とリン酸塩，水銀・鉛・銅・ヒ素といった金属，および，産業プロセスからの化学廃棄物（例えば，ダイオキシン，ポリ塩化ビフェニル〔PCB〕）も含まれる。

　水質汚濁の原因は「点汚染源」(point source)，あるいは，「非点汚染源」(nonpoint source) のいずれかに分類することができる。「点汚染源」には，工場や下水処理場，街の雨水管といった個別の特定できる場所が含まれる。「非点汚染源」は農業地帯で用いられる肥料による窒素，あるいは，街路と市街地からの排水といった，数多くの小規模な原因の累積的な効果である。歴史的には，水質汚濁はもともと「点汚染源」によるものであったが，今日では，「非点汚染源」による汚染が水質汚濁の主要な原因であることが広く認められている (U.S. EPA, 2010)。つまり，汚染は人間活動の累積的な影響であり，個別の無分別な会社，ないし，企業が大きな汚染の原因となっているのではないのである。その結果，ソーシャル・マーケティングが水質保全と改善のための重要な手段の1つとなる。

207

第Ⅲ部　商業部門の行動への影響力

2　問題解決を可能にするための行動

　世界の水質汚濁は人間の行動によって引き起こされている。歴史的には産業プロセスが水質汚濁の主な犯人であったが，今日では，「非点汚染源」の累積的な影響が原因となっている。多くの場合，水中にみられる汚染物質は特定の行動や特定製品の利用に遡ることができる。例えば，建築活動はしばしば，地域の水路に流れ込む泥や堆積物の原因となるし，冬場の道路の氷や雪の除去は塩の流出をもたらす。また，レストランで敷物や設備をホースで洗えば，獣油と食用油が流れ出す。

　それぞれの地域がそれぞれ独自の水質汚染問題に直面しているため，汚染源の上流で汚染物質を追跡することが重要である。ソーシャル・マーケティングの見方からすれば，これがキャンペーン開発の重要な第1歩となる。水質の監視と検査は特定の有害物質の水準を明らかにするであろうし，また，そのそれぞれについて地元，ないし，地域の限度量——1日の最大限度の総量（Total Maximum Daily Load：TMDL）のこと。TMDL の例と議論については，米国・環境保護庁のウェブサイト，www.epa.gov/owow/tmdl を参照されたい——と比較することもできる（訳注：TMDL は，米国の「水質浄化法」［Clean Water Act］で定められた規制用語であり，水質基準に適合する上でその水域で許容できる最大限度の汚染物質量を意味している）。

　世界レベルでは，国連が世界の海洋汚染の基本的な原因についてまとめている。その原因は図9-1に示されているように，汚染物質の排出をもたらす多種多様な人間活動を反映している。この図は河口——潮間帯や湿地帯——と外洋に対するさまざまな種類の人間行動の影響を示している。もちろん，これらの活動の類型のそれぞれについて，より特定的な「目標達成段階における行動」（end-state behavior）に還元する必要があるが，しかし，最大の影響をもつ行動の種類を検討するのには役立つ。特に注目すべきなのは，商業部門の主体が水質劣化の基本的な原因としての役割を果たしていることである——建設から農業，伐採，採掘まで，商業部門の主体は水質に対して重要な役割を果たしているのである。

　本章では，商業的な主体と企業を巻き込んだソーシャル・マーケティングの活動とに注目する。その活動は数多くの形態として現れる。本章で注目するのは商

第9章　水質保全

図9-1　世界における水質汚濁の原因

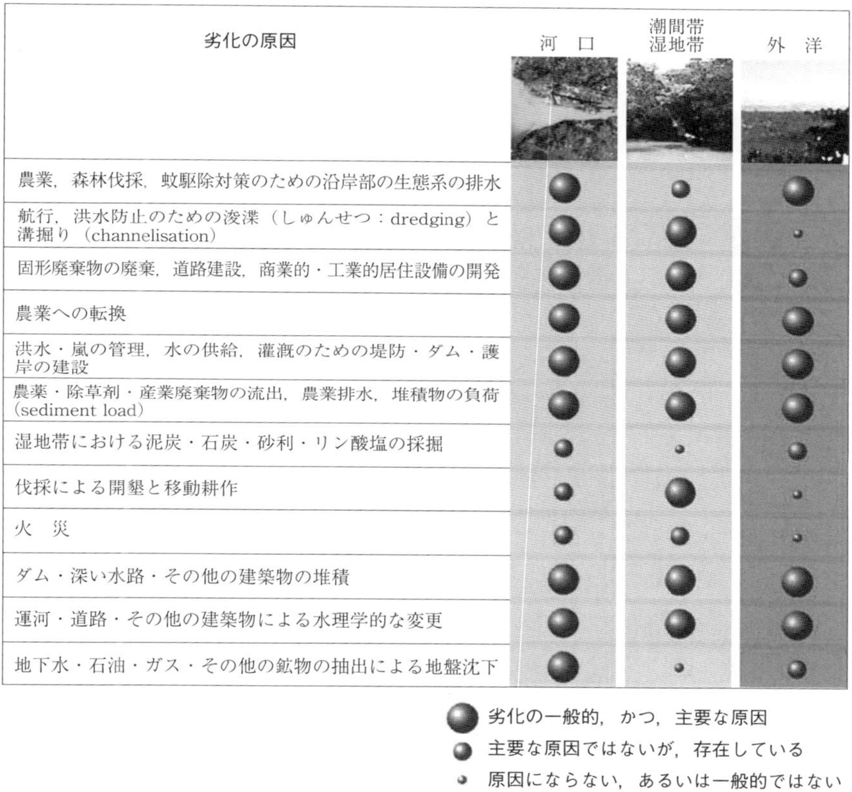

劣化の原因	河口	潮間帯湿地帯	外洋
農業，森林伐採，蚊駆除対策のための沿岸部の生態系の排水	●	・	●
航行，洪水防止のための浚渫（しゅんせつ：dredging）と溝掘り（channelisation）	●	●	・
固形廃棄物の廃棄，道路建設，商業的・工業的居住設備の開発	●	●	・
農業への転換	●	●	●
洪水・嵐の管理，水の供給，灌漑のための堤防・ダム・護岸の建設	●	●	●
農薬・除草剤・産業廃棄物の流出，農業排水，堆積物の負荷（sediment load）	●	●	●
湿地帯における泥炭・石炭・砂利・リン酸塩の採掘	●	・	●
伐採による開墾と移動耕作	・	●	●
火　災	・	●	・
ダム・深い水路・その他の建築物の堆積	●	●	●
運河・道路・その他の建築物による水理学的な変更	●	●	●
地下水・石油・ガス・その他の鉱物の抽出による地盤沈下	●	●	●

● 劣化の一般的，かつ，主要な原因
● 主要な原因ではないが，存在している
・ 原因にならない，あるいは一般的ではない

出所：国連環境計画（United Nations Environmental Programme：UNEP），http://www.unep.org/dewa/vitalwater/jpg/0321-human-actions-EN.jpg。掲載許可済み。

業的な主体をターゲット層にしたソーシャル・マーケティングの活動——すなわち，企業活動の変更の促進を試みるソーシャル・マーケティングの活動——である。しかしながら，ソーシャル・マーケティングの活動は従業員をも対象にすることができ，また，職場における個人の行動の変革を狙うこともできる——例えば，漁船を借りる時には人間の排泄物用の貯蔵タンクを搭載しているものを使い，それを海に捨てないよう労働者に働きかける——ということを指摘しておくことが大切である。そして，最後に，ソーシャル・マーケティングの活動は対象顧客ではなく，商業チャネルを通じても生じる。例えば，農薬の流出削減を狙いとした「ソーシャル・マーケティング・プログラム」では，特定の化学物質を含む製

第Ⅲ部　商業部門の行動への影響力

品を回収する交換プログラムを立ち上げるために，地元の企業と協働するかもしれない。1つの例として，最近，農薬のダイアジゾンが米国で禁止され，現在，多くの地域で未使用製品の収集プログラムを開発しはじめている。

　それでは，商業部門における変革の誘導を狙ったソーシャル・マーケティングのプログラムの事例に移ろう。

CASE #1　「Chuyen Que Minh」（私の祖国の物語）
　　　　　　——コメ農家における殺虫剤使用の削減：ベトナム

　世界の水消費の多くは農業に起因する。水の全消費量の75％が穀物の水やりのために使われており，産業用の水の使用はおよそ20％，そして，家庭目的での使用は5％に過ぎない。農業活動は数々の重要な経路で水質と結びついており，それには，農薬と肥料の使用，土地の開墾と作物への水やりによる堆積物の流出が含まれている。最初の事例はベトナムにおける田舎のコメ農家に向けたソーシャル・マーケティングのキャンペーンである。

プログラム導入の背景

　アジアでは，コメが主食である。世界のコメのおよそ90％はアジアで生産されており，ベトナムのような国に住んでいる人々にとって，コメは1日のカロリー摂取量の50％から80％を占めている（Huelgas, Templeton, & Castanar, 2008）。ベトナムのコメ農家は，大部分が家族経営の事業であり，小規模個人農家がコメのかなりの部分を生産している。生産性を向上させる取り組みとして，1980年代に多くの農家が噴霧式の殺虫剤を使い始めた。殺虫剤使用の増加は生産性を向上させるという経済的な圧力によって後押しされており，それは殺虫剤業界の宣伝キャンペーンと噴霧装置の購入を奨励する銀行の融資と結びついていた（Conway & Pretty, 1991）。

　1990年代末までに，アジア中のコメ農家に殺虫剤の使用が広まった。2000年の調査では，面接調査を行った農家の97％が少なくとも1種類の農薬を使っており，平均的な農家では生育期に複数回の噴霧を行っていた。しかしながら，使用されている噴霧式殺虫剤の80％相当は不必要なものであった。実際，農家の殺虫剤使用に関する研究では，有効成分の75％以上が対象とする植物に届かず，結局は水

210

や土壌に撒かれていたことが示されている。農業に関する研究では，葉を食べる虫がコメの収穫量に及ぼす影響はわずかであることが明らかにされているのだが，農家は葉を食べる虫が最も重大な害虫だと認識しているのである（Escalada, Heong, Huan, & Chien, 2009）。

　殺虫剤は適切に用いれば，作物の収穫量を増やすのに役立つが，その効果は一般的には短く，また，深刻な有害な結果をもたらす可能性がある。第1に，化学物質はぜんそくや目の炎症，肺障害を含む人間の健康問題をもたらす。第2に，化学物質が土壌を汚染し，長期的には作物の収穫量を減少させる。そして，第3に，化学物質はその地域の他の動植物に有害な影響を与える（Heong & Escalada, 1997 を参照のこと）。例えば，農薬を使っていないコメ農家では，コメと一緒にある種類のエビを養殖することができる。しかし，農薬を使用している地域では水が汚染されるために，エビやその他の種類の魚の同時養殖は起こりえない。

ターゲット層と望ましい行動

　このキャンペーンのターゲット層はホーチミン市の南にあるビンロン県で暮らすベトナム人コメ農家である。この県の総人口は100万人を超えるが，そのうち88万3,000人は田舎で暮らしている。この地域の主要な経済活動は農業であり，毎年100万トン近くのコメを生産している。

　対象となる行動は殺虫剤の見境のない散布である。殺虫剤使用の撲滅を試みるというよりはむしろ，このキャンペーンでは，殺虫剤のより効率的な使用を促進し，「統合的な害虫管理」（Integrated Pest Management）を奨励することを狙いとしている。対象となった行動は殺虫剤を使用してもあまり効果のない苗を植えてから最初の40日間は散布を避けることである。この40日間に加えて，このキャンペーンでは，肥料と種のより効率的な使用や化学物質を使わない害虫管理の解決策の普及を促進させた。

「障害」と「便益」

　ベトナム人農家からの調査データは，このプログラムの15年以上前から行われてきたものである。既存のデータは殺虫剤が広く使われていることと，農家の間では葉の損傷が作物の収穫量を減らすだろう，などの意見が一般的であることを示している。また，このデータでは，一部の農家は殺虫剤を薬のようなものとみ

第Ⅲ部　商業部門の行動への影響力

ており，通常は農地をより健康にさせると信じているという発見もあった。

プログラムの内容

　キャンペーンは，ラジオのメロドラマ，「Chuyen Que Minh」（私の祖国の物語と訳される）から構成されている。このラジオ番組はベトナムの主要な放送局で週に2回，1年間放送された。それぞれ20分間の放送で，家族の成員が日々の課題に直面している農家の話が語られている。物語を通じて組み込まれているのは「統合的な害虫管理」の原理と望ましい農業の行動様式である。物語の登場人物はその地域の典型的な家族を描くために，人口学的分析を通じて識別された現実の農家を基にしている。脚本を書く際には，各話に組み込むことのできる活動や行動，および，共通の言い回しについて学ぶために，制作チームが定期的に家庭を訪問した。

　ラジオの脚本への組み込みやポスター，小冊子といった宣伝材料は農業コミュニティのメンバーたちとの一連の勉強会を通じて制作された（試験［pilot］）。加えて，すべての宣伝材料は仕上げや配布に先だって地域的な「ラジオ・クラブ」（radio clubs）を通じて予備試験が行われた（図9-2を参照のこと）。

　2004年から2005年の1年の放送期間で，総計104話が放送された。

評　価

　このプログラムがベトナム人農家に与えた影響を評価するために，調査データが用いられた。最初の調査は信念と慣行を識別し，また，キャンペーンの素材と開発についての情報を提供するために，対象地域の605の農家に対して実施された。次いで，プログラムの立ち上げに先立って，600の農家に事前調査を行った。最後に，プログラムの終わりにあたって，609の農家を対象としたもう1つの調査が実施された。

　この1年間で，41％の農家がこのメロドラマを聞いたと報告している。事前調査と事後調査を比較すると，多くの重要な影響があることに気づく。第1に，植え付け後の最初の40日間に殺虫剤を散布することが必要だと信じている農家の割合が80％から48％に減少し，また，葉の損傷が作物の収穫量の減少につながると信じている農家の割合も59％から38％に低下した。加えて，農家は農地に殺虫剤を散布することが健康に悪影響をもたらすと考える傾向が強い（事前テストの62％

第9章　水質保全

図9-2　Chuyen Que Minh：ベトナムにおけるコメ農家の殺虫剤使用を減らすためのラジオメロドラマ

出所：写真は，国際コメ調査機関である Kong Luen Heong の厚意の提供による。

から，事後テストでは，86％になっている）。

　行動に関しては，噴霧式殺虫剤の割合が大きく減少しているとプログラムは報告している。事前テストでは，平均的な農家で1シーズンに1.9回噴霧していたが，事後テストでは，平均的な農家で1.3回――31％の減少率――であったことが報告されている。この効果はメロドラマを聞いていたと応えた農家で特に強く，彼らの中では噴霧回数が60％減少したことを事後調査は示している。加えて，メロドラマを聞いていたと応えた農家は聞いていなかった農家と比較して，いかな

213

る殺虫剤も使わない傾向がかなり強い（聞いていた農家で54％，聞いていなかった農家で15％）。さらに詳細については，ヘオン他（Heong and colleagues, 2008）を参照されたい。

論　評

　「Chuyen Que Minh」のラジオによるメロドラマは，普及した商業的な文脈（a diffuse commercial context）で変革を促進するために設計されたソーシャル・マーケティングの独創的な事例を提供している。筆者たちはこのアプローチを「エンターテインメント教育」（entertainment-education）と呼んでいるが，これは単純な教育を実際に大きく超えるものである。ラジオの物語を通じて，各回の物語が適切な行動に関する社会的規範を伝達している。これはつまり，各回の物語が焦点とする行動を導入した手本となっているのであり，そうした行為は一般的で認められたものなのだというメッセージを伝えているのである。バンドゥラ（Bandura, 2002）はこうした「連続ドラマ」（serial dramas）は視聴者に自信をもたせ，また，自己効力感の組み込みに役立つと論じている。連続ドラマのこの他の例については，ダグロン（Dagron, 2001）を参照されたい。

　「Chuyen Que Minh キャンペーン」の結果は明白な効果を示している。とりわけ顕著なのは，このプログラムでは，地域の参画に焦点を合わせており，キャンペーンを通じて，ベトナムの農業コミュニティのメンバーを素材の開発と予備試験に巻き込むように努めていることである。このプログラムのもう１つの強みは植え付け後の最初の40日間は殺虫剤の使用を避ける，という単一の行動に焦点を合わせたことである。また，このプログラムの事前と中間，そして，事後に収集された調査データは全体的な影響を評価するためのすぐれた手法を提供している。

　「Chuyen Que Minh キャンペーン」は，「効果的な影響力のある事柄」（what works）の明らかな例を提供している。しかしながら，このプログラムを強化したと思われる，いくつかの要素も存在している。第１に，評価はもっぱら調査データに頼っており，その結果のパターンも明らかではあるものの，行動観察がこの発見を強化したであろう。行動データの事例には，当該地域の中から無作為に選ばれた農家での水の検査，観察，植え付け後の最初の40日間の苗木のサンプル抽出，あるいは，現地の販売者と小売店から農薬販売の領収書をサンプル抽出

することも含まれていることもある。

　第2に，このプログラムは受動的なラジオ・メッセージに大きく依存している。本書の他の箇所で述べられているように，マスメディアのメッセージは，「気づき」（awareness）を向上させたり，あるいは，「好ましい態度」を促進させたりする上で特に効果的である。しかし，これは行動の最終的な変革へと誘導するのにはしばしば苦労する。メッセージを強化するために，このキャンペーンには直接的に農家に届くプログラムの要素——例えば，殺虫剤の購買地点で小売スタッフが提案することや有益な害虫管理の行動を促進・強化するために地域での勉強会を企画すること，あるいは，農業の拡張的なネットワークを通じて農家と個人的に接触すること——を加えることができただろう。

　第3に，対照集団による評価も有効であっただろう。つまり，この国でメロドラマが放送されていない類似した地域の農家から得られた調査や行動データを比較するのである。前述の結果は事前・事後の比較に基づいており，明らかな効果を示していたものの，プログラムが実施されなかった場合にどうなっていたかについては不明確である。地域的な傾向はおそらく，農薬利用の削減の方向にすでに動いている，もしくは，殺虫剤のコストが劇的に増加している。こうした外的な出来事が報告されている結果の原因となっているために，可能性は低いかもしれないが，対照集団を用いることで，こうした代替的な説明を排除することに役立つし，このキャンペーンの因果的な影響を探し出す上でも有益である。

　このプログラムの成功はベトナムやその他のアジア地域における関連プログラムの開発をもたらした。その1つの事例は環境問題と環境保護についてコメ農家を教育し，有害な農業慣行を減らすことを目的として，2006年に立ち上げられた，「Que Minh Xanh Mai」（いつまでも緑豊かなわが祖国と訳される）がある。もう1つの例については，本章の最後に記載されている「3R3G プログラム」を参照されたい。

CASE #2　「汚染された酪農場」（Dirty Dairying）：ニュージーランド
（訳注：酪農場による水質汚濁への防止運動）

プログラム導入の背景

　水質保全のためのソーシャル・マーケティングの2つ目の事例はニュージーラ

第Ⅲ部　商業部門の行動への影響力

ンドからである。ニュージーランドの水質は一般的に良好で，盛況な旅行業と娯楽産業を誇っている。しかしながら，それにもかかわらず上水の全般的な記録では，窒素とリンの汚染水準が1990年より上昇し続けている（New Zealand Ministry for Environment], 2007)。「点汚染源」による水の汚染は顕著に改善されているものの，「非点汚染源」からの汚染が増加してきているのである。

　ニュージーランドにおける水質汚濁について，1つはっきりしている原因は酪農業である。過去100年間，畜産はニュージーランドの中心的な経済活動であり続けている一方で，近年の傾向では，家畜と酪農の増加がみられる。ニュージーランドにおけるこの家畜の増加は水質の劣化と直接結びついており，特に動物廃水が雨水の流れや川，そして，貯水池に流出することによる（Hamil & McBride, 2003)。ニュージーランドの酪農場における現在の慣行は牛に空き地で自由に草を食べさせるというものである。しかし，この慣行は，牛が普通に小川を横切り，糞尿が貯水池や水路に洗い流されることを意味している。動物の排泄物に加えて，酪農の生産性向上に対する経済的圧力が牧草地における肥料の使用量の増加をもたらしており，それがまた窒化とリン化に拍車を掛けている。

　数々の構造的・政策的な解決策が提案されてきている一方で，ソーシャル・マーケティングには，水質汚濁を制限するやり方を取り入れるよう酪農家に働きかけるという重要な役割が残されている。行動の実践の1つは，家畜が水の中で直接排便しないようにするために小川に柵をめぐらせることである（Environment Waikato, 2004)。柵をめぐらせることはまた，他の水生生物を守り，河岸の浸食を防ぐのにも役立つ。しかし，柵という解決策の実施について，酪農家の反応は鈍い（Bewsell, Monaghan, & Kaine, 2007)。

　水質汚濁に対する酪農場の役割に関するニュージーランドの一般大衆の「気づき」を促す取り組みとして，2000年初頭，フィッシュ・アンド・ゲーム・ニュージーランド（Fish and Game New Zealand）がキャンペーンを立ち上げた。

ターゲット層と望ましい行動

　「汚染された酪農場」（Dirty Dairying）キャンペーンには，数々のターゲット層が存在している。第1（また最大のもの）は酪農家そのものであり，このキャンペーンの最終的な目的は水質汚濁をもたらす酪農業の慣行の変化を促すことにある。しかし，第2のターゲット層はニュージーランドの住民であり，この問題に

対する「気づき」を向上させることで，地元の政治家と意思決定者に圧力をかけることをこのキャンペーンでは狙っている。

　主要な行動対象は柵をかけることであり，放牧地の小川と水路に柵をめぐらせるよう酪農家に働きかけることである。関連する行動の1つは家畜を水から遠ざけるために主要な水の合流地点に橋を架けることである。

「障害」と「便益」

　キャンペーンの立ち上げに先だって，「障害」（barriers）と「便益」（benefits）に関するデータは収集されなかったが，この話題への関心の高まりが酪農家に関する数々の後発的な研究を促した。ベウゼル他（Bewsell and colleagues, 2007）はニュージーランドの4つの貯水池地区の30の酪農家に行った面接調査の結果を報告している。この面接調査は酪農家の「最良の実践成果」への従事に対する意思決定とこれらの行動から考えられる「便益」に注目している。対象となる行動に含まれるのは水路に柵を巡らせること，ため池のシステム（a pond system）を導入して廃水を管理すること，肥料の使用を控えること，橋の架かった水の合流地点を設けること，そして，その他のいくつかの特定の行動を実行することである。ここでの私たちの焦点は柵を巡らせることの結果である。酪農家を異なる集団に分類するために，定量的な結果が用いられた。

　その結果，農家の人々が認識する「便益」，あるいは，（環境問題を心配しているのでは必ずしもなく）地域の法律と規制を遵守する上で認知される「便益」がある場合に，酪農家は柵を巡らせる活動に従事しやすいことが示唆されている。面接調査が示していることは，酪農家の意思決定が農場の文脈的な要素に大きく基礎づけられているということであり，それには，農場の業務の拡大，ないし，再設計の計画や農場の境界として役立つ水路，（酪農業務を改善するために）家畜の移動を管理する柵の必要性，そして，（家畜が身動きが取れなくなる）湿地や沼地の存在が含まれている。これらの文脈的な要素のそれぞれが，酪農業務の効率，ないし，利便性に結びついており，下流の汚染に対する大局的な見地からでは必ずしもないことに注意されたい。この調査の著者は，「農家にとって『便益』がない場合には，採用は緩やかになるかもしれず」，また「水路に柵を巡らせることに対するプロモーションは農家にとっての『便益』と強く結びついていなければならない」と結論づけている（Bewsell et al., 2007, p. 201）。こうした農家への直接的な

217

第Ⅲ部　商業部門の行動への影響力

「便益」がない場合，法令遵守と罰金の恐れ，あるいは，売上高の減少から，規制が中心的な理由となると思われる。

プログラムの内容

「汚染された酪農場」キャンペーンは，ニュージーランドの諸地域に流した一連のメディア・メッセージから構成されている。キャンペーンの素材は湖や河川，水路の汚染に酪農場が果たしている役割と，それがニュージーランドの人々にとって悪い結果となることを強調している。メッセージの骨格は，現在の酪農のやり方は不名誉なもので，一般に指示されないというものである。

評　価

この問題に対する一般大衆の認知，ないし，認識について利用できる詳細はほとんどないけれども，2003年における「ニュージーランド酪農業ときれいな水路の協定」（the New Zealand Dairying and Clean Streams Accord）のきっかけとして広く認識されている。これは，「フォンテッラ」（Fonterra：ニュージーランドの１万を超える農家業が参加する大規模農業協同団体）とニュージーランドの環境省，農林水産省，地方議会との自発的な協定である。この協定は酪農業の仕事の変革を促進し，水質汚濁を減少させることを狙いとしている。また，この協定では，家畜が水路に入ることの防止（2007年までに全家畜の50％，2012年までに90％）や農場の家畜のために架橋した合流地点の建設（2007年までに50％，2012年までに90％）といった特定の目標を設定している。これらの目標を達成するための取り組みとして，これに違反する農家に罰金を課すことを許可する，という監視・強制計画が導入されている。

2008年の報告では，水路から家畜を排除することについては83％の遵守率であり，水路の合流地点の架橋については93％の遵守率であったことが指摘されている（New Zealand Ministry for the Environment, 2008）。

論　評

「汚染された酪農場」キャンペーンはソーシャル・マーケティングの威力を示している。しかし，本書で述べられている多くの事例とは異なり，このキャンペーンは公共政策と重要な意思決定者（最も顕著なのは，フォンテッラ）に影響を

与えたからこそ成功した。「気づき」を促すためにキャンペーンが用いた不名誉さと，農家に対する社会的圧力を利用したことは政策決定者と業界の指導者の迅速な対応をもたらした。

「フォンテッラ」によって自発的に採用された政策は「監視・強制プログラム」（monitoring and enforcement）となった。望ましい農業のやり方を採用するよう農家に働きかけること，ないし，動機を与えることよりもむしろ，政策では違反に対する制裁と罰金を課した。このアプローチはニュージーランドでは効果的だったものの，行動を変えるための道具としての罰金や制裁がもつ，その有効性に影響を与えるいくつかの側面を考慮することが重要である。一般的には，査察・強制プログラムは下記のような場合に最も効果的となる。

- **可視性**（Visible）：強制プログラムはそのターゲット層にその成果の可視的な指標をもって，明確に伝達されていなければならない。その例には，標識を立てること，あるいは，地元の業界紙，ないし，小売の現場にメッセージを印刷することがある。加えて，きわめて明らかなごくわずかな失敗例はそのプログラムの特徴を維持するのに大いに役立つ。
- **強制可能性**（Enforceable）：対象となる行動ははっきりと定義されなければならず，その罰則も明白，かつ，強力な必要性があるとともに，これらが強制メカニズムとなっていなければならない。加えて，制裁を科す全般的な責任には正当性があるとともに，政府組織と理想的に連携していなければならない。
- **公正性**（Equitable）：監視・強制は体系的な査察と統一的な罰則をもってターゲット層に公平に適用されなければならない。
- **持続可能性**（Sustainable）：ひとたび強制されたならば，その政策と罰金は長期間にわたって影響を持ち続けなければならない。その行動に従事する動機は個人の外にあるので（例えば，個人は罰則を避けるためにその行動を行う），処罰の脅威が実施されている限りにおいて，守られるに過ぎない。このプログラムが終われば，あるいは，その重要性と強制が実質的に退行していけば，個人は「その機会に賭ける」だろうし，遵守率は落ちるだろう。

これらを考慮すれば，「監視」（monitoring）と「強制」（enforcement）はソー

第Ⅲ部　商業部門の行動への影響力

シャル・マーケティングの活動の役割を果たすことができる。「汚染された酪農場」キャンペーンが示しているように，「罰金」（fines）と「制裁」（sanctions）はターゲット層の行動を迅速に変革させることが可能である。しかし，そうしたプログラムにはいくつかの深刻な限界が伴うこともある。（第1に）これらはケースを監視し処理するために必要な人員とインフラに費用がかかる。また，（第2に）強制プログラムは一般に，ターゲット層のメンバーから嫌われ，個人の側では法令を守ることにいくらかの政治的な抵抗もありうる。そして，第3に，こうしたプログラムによって誘導された変化は強制される行動に特殊なものである。「監視・強制プログラム」が関連する行動に波及することは滅多にない。つまり，ニュージーランドの酪農家の事例において，もしもプログラムが柵を巡らせるような家畜管理のやり方に特化していれば，（もちろん，特定の行動ではなく，排出が監視・強制されているのでない限り）農家が水中の窒素濃度を減らすために肥料の使用を控えるといった自発的な活動はほとんど起こりえないのである。

3　その他のすぐれたプログラム

　本章で示した事例は商業的な主体に向けて水質を守るために用いられるソーシャル・マーケティングのよい事例を提供している。しかし，もちろん，その他にもすばらしい事例が数多くある。本節では，数件の注目すべきプログラムについて簡単に触れる。

1.「3R3G」キャンペーン

　アジアにおける田舎の農家を対象とした「ソーシャル・マーケティング・プログラム」の成功をもとに，「3R3G（Three Reductions, Three Gains）」キャンペーン（「3つの削減と3つの利益」キャンペーン）は種の使用削減，窒素系肥料の使用削減，殺虫剤使用の削減（3R＝「3つの削減」）という3つの行動を促進するために設計された。農業慣行におけるこれらの変化と結びついた「便益」は生産費の削減，コメ農家の健康改善，および，環境保護である（3G＝「3つの利益」）。このキャンペーンはベトナムの13の県から構成され国内のコメ生産量の52％（年間およそ3,600万トン）を占めるメコン・デルタ地帯の農家を対象としている。「3R3Gキャンペーン」は「Chuyen Que Minh」のメロドラマを活用しており，現場におけ

る農家との多くの奉仕活動に結びつけられている。このキャンペーンには，広範なメディア配置（例えば，広告用掲示板，TV，印刷物，パンフレット）と，実演や「農家の運動会」（farmer field days）といった地域行事が含まれている。このメディアと地域行事の結果，「農家が 3R3G を耳にしないというのはほとんどあり得ないこととなった」と著者は指摘している（Huelgas et al., 2008）。

　プログラムを評価するデータはそれぞれの州の農家を無作為抽出して実施された一連の調査によるものである。この調査は，フォーカスグループと州の小売店からの価格データ，現地の政府当局者と農業改良普及員（extension workers），そして，種苗業者への面接調査によって補完されている。調査結果は 1 年間続いたキャンペーン後，80%の農家がこのプログラムのメッセージに気づいたことを示している。このことについて，筆者は広範なメディア配置によるものだとしているが，それだけではなく，「メディアはさまざまな活動に影響を及ぼす『気づき』を超えるものであった」と指摘している。この観点からすれば，地域行事と農業労働者の地域密着型の活動が行動の変化を促進するのに役立ったのである。「メディア・キャンペーンはあるシーズンから次のシーズンまで徐々に投入量を減らしていくことによって，小さなリスクで済むと専門家が農家を動機づけやすくさせた」のである（Huelgas et al., 2008）。

2.「シンク・ブルー」（Think Blue）キャンペーン：サンディエゴ

　世界の多くの沿岸地帯と同じように，サンディエゴ市は雨水の流出による汚染に直面している。雨の流出は灌漑その他の水利活動（例えば，洗車や道路での水まき）とともに都市部からの汚染物質を集め，湾や河口，海外沿いにそれを堆積させる。そうした汚染物質の多くは周辺地域の住民と企業の特定の行動による直接的な結果であるために，汚染を削減するには行動の変化が必要となる。雨水汚染の防止は，主に，ペットの排泄物や肥料，自動車の各種液体といった特定の汚染物質を管理することが一般的に思い浮かぶが，しかし，水の流出を防ぐことも含まれている。流出を削減する例には，適切に調整された地形の灌漑や歩道の掃除に水を撒くのではなく，箒を使うこと，あるいは，浸食と水の流出を防ぐために被覆植物を植えることなどが含まれている。これらの変化を育むために，サンディエゴ市は「シンク・ブルー」（Think Blue）というキャンペーンを開発した。「シンク・ブルー」は「住民と企業，および，業界の指導者に対して，雨水汚染

第Ⅲ部　商業部門の行動への影響力

の影響と汚染が自分たちの環境を害するのを防ぐ方法について教育する」ために，2001年に立ち上げられた（Think Blue, 日付不明）。「シンク・ブルー」はプログラムを開発・実施・評価するための指針的な枠組みとして，「コミュニティ基点型のソーシャル・マーケティング」（community-based social marketing：CBSM）を採用した。プログラムの活動それぞれについて，1つ，ないしは，もっと多くの特定の汚染物質を対象とし，特定のターゲット層における肯定的な行動への変化を重視している。したがって，「シンク・ブルー」のブランドは包括的なメッセージを提供するとともに，規制上の要求（例えば，TMDL：1日の最大限度の総量）に応える上で，また，行動を優先する分野において，特定の奉仕活動も実施している。そのプログラムの1つがラ・ホーヤ浜で実施されている企業の奉仕活動である（Tabanico & Nichols Kearns, 2009）。

　定期的な水質監視調査を実施する上で，市はまず初めに，ラ・ホーヤ浜の入り江における微生物水準を確認した。ラ・ホーヤ浜地区は「カリフォルニア州水資源管理局」（the California State Water Resources Control Board）によって，「特定生物保護地区」（an Area of Special Biological Significance：ASBS）に指定されており，また，旅行と行楽の地域的な拠点の役割を果たしている。微生物汚染は浜辺の閉鎖をもたらし，水質に影響を与え，また，最終的には入り江の海洋生物に有害な結果をもたらす。ターゲットとされたプログラムは微生物汚染の原因を特定する取り組みにおいて，地域の観察から開始した。この観察によって，ゴミ（くずゴミとたばこの吸い殻），ペットの排泄物，および，通りや排水路，路地のたまり水（standing water）といった，数々の潜在的な対象の行動が明らかになった。このそれぞれについて，居住者に対するペットの排泄物プログラムや公共の場所でのごみ容器の追加といった，別々の介入が行われた。企業に対しては，このプログラムでは特に排水に焦点を当てた。観察によれば，以下のような水の流出に関連する日頃の商慣行が示唆されている。

- レンタル店で，浜辺用品（サーフボードやカヤック）にホースで水をかけて洗うこと。
- 地元の商店で，店先や休憩所に水をまくこと。
- 鉢植えに水をやりすぎたり，店の周りに造園したりすること。
- 「大型ごみ容器」（Dumpsters）をあふれさせること。

第9章　水質保全

・レストラン（特に，閉店時の路地）でマットや備品に水をかけること。

　観察に続いて，チームはラ・ホーヤ浜地区の現地企業に対する面接調査を実施し，水の流出に関するさまざまな商慣行，および，いくつかの管理上の「最良のマネジメント活動」（best management practices：BMPs）の「障害」と「便益」について質問した。チームはこの面接調査から，一連の訓練教材を開発するとともに，企業の所有者と従業員と１対１の集会を行った。訓練はサンディエゴ市と海岸の保護に従事する地元の NGO（非営利組織—nongovernmental organization）（コーストキーパー［Coastkeeper］）のスタッフと共同で実施された。訓練集会のいずれも事業の種類に合わせたもので，その内容には現場の視察や教材，（否定的な行動を並べるのではなく）肯定的な行動を強調する鮮明な言葉を使って BMP をカスタマイズしたパンフレットが含まれており，締め括りには，出入り口に貼るシンク・ブルーの窓ステッカーを企業に提供した。

　評価データは，ラ・ホーヤ浜の商業地区と「コミュニティ基点型のソーシャル・マーケティング」型の企業支援プログラムを受けていないサンディエゴの類似商業地区（ウィンダンシー［Windansea］）で実施された行動観察によって収集された。この「ソーシャル・マーケティング・プログラム」は18カ月間続き，同じ観察手続きを予備テストと事後テストで行った。対照区と比較して，ラ・ホーヤ地区ではいくつかの特徴的な結果が確認された。

・１年にわたって観察された排水路内の水が67％減少した。対照区でも排水路の水はわずかに減少したが，「処置地域」（treatment community）ほどではなかった。
・道沿いの水抜き穴（weephole）から流れ出す水が67％減少し，対照区では，同じ期間に水抜き穴の排水がわずかに増加した。
・ラ・ホーヤ地区における排水路内の土砂（debris）が77％減少し，対照区ではわずかに増加した。
・砂浜の設備を洗うことによるたまり水がラ・ホーヤ地区では85％減少した。

　これらの変化に加えて，観察された行動のいくつかが処置区と対照区とでは異なっていた。植物への水のやり過ぎ，水たまり，路地のたまり水，湿潤路面の量

223

第Ⅲ部　商業部門の行動への影響力

には対象期間を通して変化はなかった。加えて，ゴミ（litter）の量とペットの排泄物の量については，処置区と対照区との間に顕著な違いはなかった。

3．「スマート・アバウト・ソルト（Smart About Salt）」プログラム：カナダ，ウォータールー地区

　世界の寒冷地では，道路と歩道から雪と氷を取り除くために塩と砂が用いられている。塩は安価で，砂や塩化カルシウムのような他の生成物と混ぜることで，氷を溶かし，「静止摩擦」（traction）を改善する上で効果的な作用を提供する。しかし，除氷のために塩を広く用いることは多くの否定的な副次的効果をもたらす。第1に，塩は金属を腐食させ，乗り物や，橋・ポストといった金属製の構造物を痛める原因となる。また，塩は環境に影響を及ぼす。飲み水を汚染し，淡水魚その他の生物有機体に悪影響を及ぼすとともに，動物を道路に引き寄せて死亡・事故を増加させる（例えば，ヘラジカとシカはしばしば塩を含んだ表面をなめる）。

　除氷による塩の有害な効果を減らすための試みとして，カナダのウォータールー地区では，「スマート・アバウト・ソルト」（Smart About Salt）のプログラムを開発した。このプログラムは歩行者と運転者の安全を維持しながら，塩の利用率を減少させるために，民間の除雪業者（snow contractor）と駐車場と歩道に塩を使う設備の所有者を対象に2008年に立ち上げられた。プログラムには，訓練と認証評価，および，企業による継続的監視が含まれている。訓練は経営に関する「最良のマネジメント活動」と塩を貯蔵・管理・利用するための特定の戦略の実施に焦点を合わせた。プログラムを立ち上げて初めの1年に，ウォータールーのプログラムは12の業者を認証し，追加的に40の業者をプログラムに登録した。加えて，このプログラムはいくつかの業界団体からの支援を受け，また，除雪・除氷業界（the snow and ice industry）に特化した保険業者から，認証を受けた業者に対して5％の割引を提供するという約束を取りつけた。プログラムが業者と企業を引きつけることに成功した結果，現在，プログラムはオンタリオ州全域を網羅するまでに拡大している（www.smartaboutsalt.com を参照のこと）。

4　まとめ

　本章では，商慣行を変え，水質保全を行うことを狙いとした「ソーシャル・

マーケティング・プログラム」について検討した。人間活動の影響がこれほど大きいところは水質をおいて他にはない。水は私たちの星の生命にとって基本だが，世界の湖や海，および，水場は汚染され続けている。歴史的には，水質汚濁の多くが工場や製造設備のような単一の「点汚染源」からきていたが，今日では，「非点汚染源」が水質汚濁の大部分を占めている。これらの非点汚染源の多くは商店や農家，民間の業者といった小規模の商業主体である。

　本章では，商慣行を変える上で，ソーシャル・マーケティングがもつ役割を示している2つの詳細な事例を提示した。第1の事例では，ベトナムのコメ農家を対照とした「Chuyen Que Minh」のラジオ・メロドラマについて検討した。「エンターテインメント教育」のアプローチは効果的な農業慣行についての情報を提供するだけでなく，田舎の農家の家族が日々直面する課題についてのより大きな連続ドラマの中に埋め込まれていた。1年間のプログラム後，対象となる地域の農家では，自分の作物に殺虫剤を噴霧する回数が31%減少したと回答しており，また，この劇を聞いていると答えた農家では，その効果は特に大きかった。

　第2の例では，ニュージーランドの「汚染された酪農場」キャンペーンについて検討した。ニュージーランドで最大の商業活動の1つが酪農業であり，牛の群れを管理する活動が水質汚濁に直接的な影響を及ぼしている。このキャンペーンでは，酪農家に特定の方法の導入を求める「地域的な協定」(accord) の採用を促した。2008年までに，83%の農家が家畜を水路から遠ざける柵を設ける戦略を採用し，93%が水の交差点に橋を設けている。

演習問題

① リーン（Leanne）はカナダの「スマート・アバウト・ソルト」のプログラム開発を手伝っています。このプログラムの中核となる要素は小規模な除雪事業を営む業者を訓練し，認証することです。ソーシャル・マーケティングの観点からすると，業者をこのプログラムに引きつけるために，他にどのような要素を加えることができるでしょうか？　具体的に述べましょう。

② ティム（Tim）はサンディエゴにおける「シンク・ブルー・プログラム」の役員です。沿岸部の微生物汚染に対処する取り組みの中で，ティムはチョーヤス川（Chollas Creek）の事業地帯における雨水管にごみが入るのを防止するソーシャル・マーケティングのキャンペーンを開発しています。彼はまず，ゴミの発生源を

第Ⅲ部　商業部門の行動への影響力

確認するために，小売現場における観察からはじめました。この観察から，小売地区において，買い物客による意図的なポイ捨ての行動が高い割合を占めていることが指摘されています。もっとも頻繁にポイ捨てされる品目はたばこの吸い殻と食べ残し，購入した商品のプラスチックのラップ，および，食品の包み紙でした。ティムはゴミを減らすためのソーシャル・マーケティングのキャンペーンを実施したいと考えています。彼の観察結果とあなた自身のソーシャル・マーケティングに関する知識を用いると，あなたはどのようにこのキャンペーンを開始しますか？　次の段階にあなたが推奨するものは何ですか？

③　本章で述べた「Chuyen Que Minh」のラジオ・メロドラマでは，ベトナムのコメ農家の実務において，多くの肯定的な結果と変化が報告されています。ラジオ・メロドラマはあなたの地域における水質問題に取り組む上で，効果的なコミュニケーション経路になると考えられるでしょうか？　このマーケティング・アプローチについて考える上では，異なる対象行動，彼らの「障害」と「便益」，および，さまざまなターゲット層を考慮しましょう。

④　リズ（Liz）はニューポート湾地域で働いています。最近の水質報告書では，海水中の銅の溶解水準が高いことが示されています。その測定値は29ppb（訳注：ppb は parts per billion の略で，10億分のいくらかを表す単位）であり，州の基準で許されているのは3.1ppbに過ぎません。諸研究によれば，この銅の多くは船腹に塗られる（硫酸銅を含む）防藻塗料と船体のブラシが小さな塗料片を払い落とすところに由来することが示されています。ソーシャル・マーケティングの観点からすると，この問題に取り組むキャンペーンにとって，ターゲット層の識別はどのように取り組めばよいでしょうか？　（詳しい背景については，Johnson & Gonzalez, 2005，を参照のこと）

参考文献

Bandura, A. (2002). Environmental sustainability by sociocognitive deceleration of population growth. In P. Schmuck & P. W. Schultz (eds.), *Psychology of sustainable development*, New York: Kluwer.

Bewsell, D., Monaghan, R. M., & Kaine, G. (2007). Adoption of stream fencing among dairy farmers in four New Zealand catchments. *Environmental Management, 40*, 201-209.

Conway, G. R., & Pretty, J. N. (1991). *Unwelcome harvest: Agriculture and pollution.*

第 9 章　水質保全

London : Earthscan.

Dagron, A. G. (2001). *Making waves—Stories of participatory communication for social change*. New York : Rockefeller Foundation.

Environment Waikato. (2004). Clean streams : A guide to managing waterways on Waikato farms. Retrieved from http://www.ew.govt.nz/PageFiles/984/cleanstreams1.pdf

Escalada, M. M., Heong, K. L., Huan, N. H., & Chien, H. V. (2009). Changes in rice farmers' pest management beliefs and practices in Vietnam : An analytical review of survey data from 1992 to 2007. In K. L. Heong & B. Hardy (eds.), *Planthoppers : New threats to the sustainability of intensive rice production systems in Asia* (pp. 447-456). Los Banos, Philippines : International Rice Research Institute. Retrieved from http://ricehoppers.net/wp-content/uploads/2010/04/Escalada-et-al-2009.pdf

Hamill, K. D., & McBride, G. B. (2003). River water quality trends and increasing dairying in Southland. *New Zealand Journal of Marine and Freshwater Research, 37*, 323-332.

Heong, K. L., & Escalada, M. M. (eds.). (1997). *Pest management of rice farmers in Asia*. Los Banos, Philippines : International Rice Research Institute.

Heong, K. L., Escalada, M. M., Huan, N. H., Ky Ba, V. H., Quynh, P. V., Thiet, L. V., et al. (2008). Entertainment-education and rice pest management : A radio soap opera in Vietnam. *Crop Protection, 27*, 1392-1397. Retrieved from http://beta.irri.org/news/bulletin/2009.06/PDFs/Heong_2008.pdf

Huelgas. Z., Templeton, D., & Castanar, P. (2008). *Three reductions, three gains technology in South Vietnam searching for evidence of economic impact.* オーストラリア農業資源経済学会（the Australian Agricultural Resource Economic Society）の第52回年次会合（キャンベラ）で配布された資料。

Johnson, L. T., & Gonzalez, J. A. (2005). *Nontoxic antifouling : Demonstrating a solution to copper boat bottom paint pollution.* 第14回隔年沿岸水域会議（the 14th Biennial Coastal Zone Conference）の議事録。Retrieved from http://www.csc.noaa.gov/cz/CZ05_Proceedings/pdf%20files/JohnsonL.pdf

New Zealand Ministry for the Environment. (2007). *Environment New Zealand, 2007*, Wellington, NZ : Author. Retrieved from http://www.mfe.govt.nz/publications/ser/enz07-dec07/environment-nz07-dec07.pdf

New Zealand Ministry for the Environment. (2008). *The dairying and clean streams accord : Snapshot of progress*, Wallington, NZ : Author.
Retrieved from http://www.maf.govt.nz/mafnet/rural-nz/sustainable-resource-use/

第Ⅲ部 商業部門の行動への影響力

resource-management/dairy-clean-stream/dairycleanstream-06-07.pdf

Tabanico, J., & Nichols Kearns, J. (2009). Behavior matters : Focused outreach to maximize behavior change. 2009. CASQA の2009年の年次会合で提示されたもの。Retrieved from http://stormwaterconference.com/LinkClick.aspx?fileticket=Ip0u60PxweY%3d&tabid=199

Think Blue. (n.d.). *About Think Blue*. Retrieved from http://www.thikblue.org

United Nations. (2008). Vital water graphics : An overview of the state of the world's fresh and marine waters (2nd ed.). Retrieved from http://www.unep.org/dewa/vitalwater/

U.S. Environmental Protection Agency. (2009, January). *National water quality inventory : Report to congress, 2004 reporting cycle*. Retrieved from http://www.epa.gov/owow/305b/2004report

U.S. Environmental Protection Agency. (2010). Polluted runoff (nonpoint source pollution). Retrieved from http://wwwepa.gov/nps/

第10章 　**有害排出ガスの削減**

1　問題の所在

　多数の排出源から，商業部門による「有害排出ガス」(emissions) が増加している。そこで，本章では，輸送時に発生する有害排出ガスを削減するプログラムを再検討する（商業部門における他の有力な排出源であるエネルギー使用に関連した有害排出ガスの削減についての議論は第12章を参照のこと）。商業部門による炭素公開プロジェクトが作成した報告書 (Carbon Disclosure Project, 2010) によれば，全世界では，輸送のうち98％は石油由来の燃料を使用しており，二酸化炭素排出量の13％を輸送が占める。

2　問題解決を可能にするための行動

　商業におけるさまざまな活動は，有害ガスの排出に影響を与える (Cairns et al., 2008)。以下は輸送時に発生する有害排出ガスの削減をめざす場合の「目標達成段階」における行動のリストの一部である。

　本章の2つの事例では，交通に関する行動を対象として行われた注目すべき結果を紹介する。最初の事例は世界中のさまざまな場所で実行された「バイク・シェアリング・プログラム」(bike sharing programs) である。2番目の事例は2つの巨大通信会社におけるテレワークの実行についてである。

CASE #1　バイク・シェアリング運動

プログラム導入の背景

　最初の「バイク・シェアリング運動」(bike sharing programs) は1965年7月に

229

第Ⅲ部　商業部門の行動への影響力

表 10-1　輸送時に発生する有害排出ガスを削減する商業活動

分　野	採用に向け選択可能性のある，「目標達成段階」における行動の事例
車両の購入と維持	・適切な空気圧を維持 ・定期的にエンジンをメンテナンス ・燃料効率のよい車両を購入 ・適切な大きさの車両を購入
車両の使用	・制限速度以下で運転 ・駐車時のエンジンを停止 ・冬季，エンジンを暖めるためのアイドリングをしない ・急加速しない ・最も効率的なルートを走行 ・一度の運行で済むように複数の用事を組み合わせる
通勤・通学	・自転車で通勤 ・徒歩で通勤 ・相乗りして通勤 ・在宅勤務 ・公共交通機関で通勤

オランダのアムステルダムで始まった。「ヴィッテ・フィエステン・プログラム」（Witte Fiesten Program）では，白色に塗装された，地域全体で自由に利用できるごく普通の自転車が用いられた（DeMaio, 2009）。その着想は単純である。ちょっとした距離を移動する必要がある人は自転車を1台，目的地まで利用でき，目的地で乗り捨てると他の人が利用できる。しかしながら，開始当初，心なき破壊者が自転車を運河に投げ入れる，泥棒が盗むなどの事件で，「ヴィッテ・フィエステン・プログラム」は混乱した。45年を経て，「バイク・シェアリング運動」は円滑に機能するようになった。125の都市において，約100の「バイク・シェアリング運動」が行われており，さらに2010年だけで，45のプログラムの導入が計画されている（Shaheen, Cuzman, & Zhang, 2010）。これらのプログラムへの参加は紆余曲折を経ながらも存続している。例えば，パリの「ヴェリブ・プログラム」（Velib Program）では，2万3,600台の自転車が用意され（DeMaio, 2009），1日平均7万5,000件の貸し出しがあった（Erlanger, 2008）。中国の「杭州公共バイク・システム」（Hangzhou public bicycle system）は2008年に1万台の自転車で始まり，5万台まで拡張する計画がある（New York City Department of Planning, 2009）。実際，全世界で，約13万9,000台の自転車がさまざまな「バイク・シェアリング運動」において利用されている。

　自転車共有の初期の試みである「ヴィッテ・フィエステン・プログラム」の問題点は，利用者によって使用された自転車が不幸にも周囲に放置されたことにあった。最初の大規模な試みである第2世代のプログラムは1995年，デンマークのコペンハーゲンで行われた「バイクレン・プログラム」（Bycyklen Program）で

ある（DeMaio, 2009）。そのプログラムでは，頻繁な使用に耐えられるよう頑丈な自転車が用意された。保証金を支払って，市内のいくつかの場所で自転車を乗り降りすることができた。第1世代よりも改善がなされているものの，デマイオ（Demaio）によれば，第2世代のプログラムも，利用者の匿名性により依然として盗難に悩まされた。第3世代，および，現世代の「バイク・シェアリング運動」では，スマート・カードの利用，電気的に施錠できる自転車ラック，自転車を追跡するための廉価なGPSの搭載，その他の改善により，匿名性の問題に取り組んでいる（Shaheen et al., 2010）。この第3世代以降，「バイク・シェアリング運動」は急激に成長してきた。

ターゲット層と望ましい行動

「バイク・シェアリング運動」には，複数の対象となる利用者がいる。まず，おそらく最も重要と思われる対象者は公共交通機関を利用する通勤者である。公共交通機関の欠点の1つは，通勤者が最終目的地に直接，到達できないことである。そのために，電車・地下鉄・その他の公共交通機関の利用者は駅から最終目的地まで歩くか，もしくは，タクシーを利用するかしなければならない。公共交通機関の結節点に設けられたバイク・シェアリング拠点は通勤の最初と最後に，駅と自宅・勤務先とを結ぶ便利な通勤手段を提供する。「バイク・シェアリング運動」の2番目のターゲットは自動車で通勤するものの，市内中心部のちょっとした距離を自転車で移動する通勤者である。最後に，「バイク・シェアリング運動」は公共交通機関に加えて自転車を利用する，または，自転車だけを利用する旅行者を対象としている。1日券や1週間券を購入する旅行者から，かなりの収入を得ることができる（New York City Department of Planning, 2009）。

「バイク・シェアリング構想」は普通，サービスを利用可能な見込み客が密集した市の中心部において，比較的，短距離の通勤手段を提供することをめざしている。複数の大学では，自転車を借りた場所と同じ場所に返却するプログラムを実行してきた。米国では，こうしたプログラムが65程度あり，さらに，2010年に10のプログラムの開設が計画されている（Shaheen et al., 2010）。

「障害」と「便益」

「バイク・シェアリング運動」の提供に関連して，多様な「障害」がある。デ

第Ⅲ部　商業部門の行動への影響力

マイオとギフォード（Gifford）は「バイク・シェアリング運動」に対する十分な需要が不可欠であること（例えば，バイク・シェアリング運動は小さなコミュニティでは機能しない傾向にある），自転車利用者が安全に目的地に到達できること，「バイク・シェアリング運動」自体で収益を上げることができること，そして，自転車の盗難や破壊を阻止できること，を挙げている（DeMaio and Gifford 2004）。それらに加えて，自転車は定期的に手入れされ，利用者が望む時に利用可能であるように，自転車が返却される必要がある（Shaheen et al., 2010）。利用者が安全であると理解することは自転車利用への決定的な条件である（逆説的だが，ヘルメットを義務化すると，自転車利用が減少することが明らかにされている）。一般的な理解ではないものの，自転車利用による事故発生の可能性よりも，健康増進にはるかに重きが置かれている（Pucher, Dill, & Handy, 2010）。そして，危険が低下すればするほど，多くの人々が自転車を利用する（Gardner, 2010）。米国オレゴン州ポートランドでは，1991年から2006年までに69％事故が減少するのに伴い，自転車利用が400％増加した。ガードナー（Gardner）によれば，人口当たりの自転車利用率が最高である国は交通事故死率が最小である。また，天候は「バイク・シェアリング運動」の重大な「障害」である。モントリオールの「ビクシー・プログラム」（Bixi Program）などいくつかのプログラムは冬の厳しさゆえに特定の季節にのみ運営されている。

　「バイク・シェアリング運動」には関連する多数の「便益」がある。デマイオとギフォードによれば，「バイク・シェアリング運動」は「十分な公共交通サービスが行き渡らない目的地に到達でき，わずかな社会基盤だけで済み，購入や維持が比較的安価で，一般に交通渋滞を高めず，運営によって公害を発生させず，利用者にさらなる運動の機会を提供する」（DeMaio and Gifford, 2004,.2）。「バイク・シェアリング運動」は整備に要する時間について，他の交通基盤システムとは際立って異なる（Shaheen et al., 2010）。「軽便鉄道による地下鉄システム」（light rail subway systems）が整備に10年，ないし，それ以上かかるかもしれないのに対して，「バイク・シェアリング運動」はその時間のごく一部で実行可能である。事実，ニューヨーク市計画局（New York City Department of Planning, 2009）によれば，フランス・パリでは，「ヴェリブ・プログラム」は当初，700の自転車ステーションと1万台の自転車をわずか6カ月で配置し，運営開始から1年間で倍増させた。新たに設置されたバイク・ステーションは太陽光エネルギーを用いるために，大

第10章 有害排出ガスの削減

図10-1 モントリオール・ビクシー（Bixi）のバイク・ステーション

出所：Graphic provided courtesy of Bixi Montreal.

規模な掘削工事を必要とせず，すぐに運営を開始できた（Shaheen et al., 2010）。同様に，太陽光エネルギーを用いたプログラムとして，モントリオールの「ビクシー・プログラム」がある。現地の幹部スタッフの示唆によれば，バイク・ステーションをわずか20分で設置できる（New York City Department of Planning, 2009. 図10-1を参照のこと）。

プログラムの内容

現代の「バイク・シェアリング運動」では，利用者は通常，オンライン，または，バイク・ステーションで，1日・1週間，ないし，1年間単位で利用契約を

233

第Ⅲ部　商業部門の行動への影響力

する（流通）（Aceti, 2009）。契約後は番号を入力するか会員証を磁気読取機に通すだけで，自転車（製品）を利用できる。その後，利用者は目的地まで自転車に乗り，近所のバイク・ステーションに自転車を返却する（Shaheen et al., 2010）。多くの場合，275メートル（300ヤード）以下ごとに，利用者が自転車を返却できるよう膨大な数のバイク・ステーションが設置されている（利便性）。しばしば，最初30分間の利用は課金されず（動機づけ），また，バイク・ステーションで自転車を返却する場所が空いていなかった場合には，15分間の猶予が与えられる。自転車が24時間以内に返却されなかった場合には，盗まれたと判断され，利用者のクレジットカードに自転車の費用が課金される。

　既存の「バイク・シェアリング・プログラム」の大部分は，地方自治体が契約者に対して，自転車やバイク・ステーションに掲出する広告スペースを販売できることを見返りとして，「バイク・シェアリング運動」の運営を許可するフランチャイズ契約により運営されている。他の形態として，地方自治体自らがプログラムを運営する，自治体に代わってサービスを提供する輸送会社を設立する，または，非営利団体を設立するなどがある（DeMaio, 2009）。

　自転車の返却台数が少ないバイク・ステーションへ自転車を返却してもらうように（それにより，管理者が自転車を移動する手間が省ける），利用者に時間的・金銭的な刺激を時に与える。これらの刺激は返却台数が少ないバイク・ステーションに自転車を返却してもらうのにかなりの効果がある（Shaheen et al., 2010）。

　デマイオ（Demaio）によれば，「バイク・シェアリング運動」は自転車の利用が少ない都市において，自転車利用を１〜1.5％増加させる（DeMaio, 2009）。例えば，パリでは，自転車利用率が2001年の１％から2007年の2.5％まで増加し，ヴェリブでは，最初の２年間だけで5,000万回の移動が行われた。ただし，これらの増加は「バイク・シェアリング運動」単独によるものではなく，プログラム導入により自転車利用を支援する基盤が整備されることとしばしば関連している。

　バイク・シェアリングは有害なガスを排出しない交通手段である。しかしながら，自動車を利用する代わりに自転車を利用するとは限らないために，バイク・シェアリングによる有害排出ガスの削減量を推定することは困難である。それでもなお，自転車が１日に移動する距離は非常に長い。例えば，パリではヴェリブの利用者は１日に平均７万8,000回，合計31万2,000kmを移動する（Shaheen et al., 2010）。もしこれらの移動が自動車と完全に入れ替わるものであれば，１日に

約 5 万7,720kgの二酸化炭素を削減できる。これらの移動のうち，個人的な自動車利用はどの程度だろうか？　ワシントン DC におけるスマートバイク（SmartBike）の利用者調査によれば，バイク・シェアリングを通じて，個人の自動車によると思われる移動の16％を自転車利用が代替すると示唆されている（Shaheen et al., 2010）。一方，欧州の複数の都市においては，個人の自動車利用の約 8 ％が自転車利用となるようだ。タクシー利用も含めれば，この値はパリでは13％へ増加する（Gardner, 2010）。

　バイク・シェアリングには他にもいくつかの利点がある。近年，健康保険コストが急上昇している。コスト増加の中心的要因は活動的でないライフスタイルによる健康への悪い影響にある。ガードナー（Gardner）によれば，ミネソタにおいて，健康保険コストは太り過ぎや肥満の場合，各々12％，37％高い（Gardner, 2010）。さらに，ミネソタ州政府の予想によれば，2005年から2020年に上昇する健康保険コストのうちの31％は，太り過ぎや肥満が引き起こす健康問題と関連する。「バイク・シェアリング運動」は太り過ぎや肥満の人に自転車利用を促すことにより，健康保険コストの低減のみならず，生活の質の改善にも貢献できる。

　自動車から自転車への乗り換えによる有害排出ガスと交通渋滞の削減，健康の増進に加え，「バイク・シェアリング運動」は自動車利用のための社会基盤整備に比べ，非常に低廉なコストで提供できる（Shaheen et al., 2010）。例えば，自転車のための駐輪場は駐車場に比べ1/30 から 1/300 の費用で整備できる。

論　評

　「バイク・シェアリング運動」はさまざまな方法で発展させることができる（Shaheen et al., 2010）。例えば，（イベント実施に対応して）スポーツ・イベント会場と近隣の地下鉄駅とを移動するための自転車台数を増やすなど，バイク・ステーションの可動性を高めることにより，社会内の多様なニーズに機動的に対応できる。前述のように，モントリオールの「ビクシー・プログラム」では，バイク・ステーションに太陽光エネルギーを用いるので，必要に応じて，ある場所から別の場所へと比較的容易にバイク・ステーションを移動できる。

　太陽光エネルギーを用いたバイク・ステーションはステーションを設置する際，電気工事を事前に行う必要がない。さらに，自転車を追跡できるようにすれば，盗難を抑止できるのみならず，管理者は自転車を利用可能である場所について必

要な情報を得ることができる。また，自転車の耐久性を高めることにより，修理の必要性を減少させることができる。

「バイク・シェアリング運動」の提供方法を改善することに加え，さまざまな施策を通じて，自転車の魅力と安全性を高めることができる。これらの施策は自転車利用のみならず，「バイク・シェアリング運動」の実行可能性も高めることになる。自動車から自転車を視覚的・物理的に分離する自転車専用レーンの場合，自転車専用レーンまでの距離に応じて，自転車の利用頻度が異なることが明らかにされている。自転車専用レーンとの距離が近い（800メートル以内）個人はそれより少し遠い個人に比べて，自転車を利用する傾向にある（Vemez-Moudon et al., 2005）。その他の施策として，自転車のスピードを低速化することや駐輪場やシャワーを整備することなどがある（Pucher et al., 2010）。

CASE #2　AT&T とノーテル（Nortel）における在宅勤務の取り組み：米国，カナダ

プログラム導入の背景

30年以上前から，電気通信技術とコンピュータ技術の進歩を背景に，従業員がオフィスではなく，自宅で仕事を実施できるように，非公式の取り決めがなされ，従業員・上司により準備が進められてきた（Atkyns, Blazek, & Roitz, 2002）。こうした，オフィス以外での労働についての初期の試みは企業・政府・その他の組織における大規模な在宅勤務の実施へと発展してきた。在宅勤務は，従業員がコンピュータと電気通信技術を用いて，伝統的な職場以外で働くことである。在宅勤務には４つの方法がある。すなわち，自宅，雇用主から提供されたサテライト・オフィス，複数の機関の従業員が働く在宅勤務センター，または，これらの組み合わせ，もしくは，他の場所である（Transport Canada, 2010）。在宅勤務の潜在的な効果は大である。米国・運輸省（The U.S. Department of Transportation）は全自動車の走行距離の少なくとも１／３は通勤によると推定している（U.S. Office of Personnel Management, 2010）。

カナダ運輸省によれば，在宅勤務には多数の利点がある。具体的には，

• 渋滞が緩和すること。

第10章　有害排出ガスの削減

- 輸送時に発生する有害排出ガスが減少すること。
- 都会への通勤が減る，または，なくなることにより地域コミュニティが活性化すること。
- 労働力の分散により，天候悪化，停電，テロリストによる攻撃など大規模な災害・事件による混乱が減少するために，企業・政府・組織の活力が高まること。

　しかしながら，在宅勤務には思いもよらぬ負の効果もある。例えば，一度の移動で済んでいた用事を個別に移動して行わなくてはならなくなる。さらに，（通勤していた時には）家族が利用できなかった自動車を利用できてしまうようになる。これらの負の効果は自動車の移動距離を削減する効果を弱める（Sorrell, 2007）。さらに，在宅勤務は都市のスプロール化とより長距離の通勤をもたらすかもしれない（訳注：都市の市街化地域が無秩序に拡大して，都市の周辺部を蚕食する現象のこと）。市の中心部へ毎日通勤する必要のない従業員はより遠い郊外に自宅を購入し快適に過ごそうと思うかもしれず，より遠隔地に引っ越したことで，用事を済ませるための移動が増加することに加え，職場へ通勤しなければならない時の通勤距離が長くなるという意図しない負の効果もあるかもしれない。

ターゲット層と望ましい行動

　在宅勤務の伝統的な対象者は職務の多くをコンピュータと電気通信を利用して行うオフィス環境で働き，他の従業員や顧客と日常的に顔を合わせる必要がない従業員である。

　在宅勤務のターゲットはオフィスで働く従業員の日々の通勤である。彼らは近距離のサテライト・オフィスへの通勤や自宅での仕事へと変更することにより，メイン・オフィスへの通勤を減らす，または，他の場所へ通勤するようになる。なお，在宅勤務の大半はサテライト・オフィスではなく，自宅で行われる（Transport Canada, 2010）。

「障害」と「便益」

　在宅勤務には，従業員，雇用主の双方にとって，「障害」（barriers）と「便益」（benefits）が存在する（Canadian Center for Occupational Health and Safety, 2010）。従

業員にとって、「便益」は生産性が向上し、仕事と私事のバランスを改善可能になり、そして、より多くの時間が自由となること、である。カナダ・運輸省（Transport Canada）の推定によれば、普段、1日に片道30分通勤する従業員は、通勤を止めることにより、1年間に6勤務週に相当する時間を節約できる（Transport Canada, 2010）。在宅勤務には、従業員にとって複数の重大な「便益」がある一方、いくつかの特筆すべき「障害」もある。まず、肉体的活動が減少することである。これは、大部分の在宅勤務が自宅で行われる結果、オフィス勤務に比べ、歩行しなくなる傾向にあることによるものである。さらに、仕事と仕事以外とが曖昧になること、家族が迷惑を被ること、同僚との関係が希薄になることなどが挙げられる。

　雇用者の「便益」として、従業員の退職を防止できること、生産性が向上すること、欠勤が減少すること、交通渋滞などで出勤が遅れることによる就業時間の短縮が少なくなること、地理的な条件を除去することで潜在的な雇用対象者が増加すること、そして、必要なオフィス・スペースの削減により経費を削減できることなどがあるだろう。「障害」として、職場における情報の安全と秘匿を守ること、職場の管理が難しくなること、業務に関連する事故が発生する危険性が高まること、そして、在宅勤務や分散して勤務する従業員を管理するための環境を整備する費用が発生することがあげられる（Canadian Center for Occupational Health and Safety, 2010 ; Transport Canada, 2010）。

プログラムの内容

　大規模な在宅勤務（製品）の実行に際して、雇用者側の計画が必要となる。多くの組織では、この準備を人事部門、組合、情報技術部門、法律部門、管理部門など関連部門の代表から構成される計画委員会を設けることから始める（U.S. Office of Personnel Management, 2010 ; Transport Canada 2010）。この委員会では、どの場所で在宅勤務するのか（例えば、自宅、サテライト・オフィス）、誰に在宅勤務の資格があるのか、どのように在宅勤務を管理するのか、そして、在宅勤務で提供するトレーニングと評価を決定しなければならない。さらに、雇用主は組織に対して、在宅勤務プログラムに参加するように促さなければならない。在宅勤務プログラムは非常に多様な組織で行われてきた。以下、それらのうちの2つを紹介する。

米国の通信会社である AT&T は「テレワーク・プログラム（在宅勤務プログラム）」(telework programs) を1992年以降，実施している。2009年時点で，１万人以上の従業員の在宅勤務が認められている（AT&T, 2010）。9,000人以上の在宅勤務者に対する最近の調査によれば，仕事と生活とのバランスがプログラム参加の最も重要な「便益」であった（動機づけ）。これらの従業員の往復通勤時間は平均113分であり，参加者によれば，現在では，その時間を個人や家族の生活を豊かにするために使用している。さらに，少なくとも96％の回答者によれば，在宅勤務によって節約できた時間は従業員の生産性を高めるために用いられた。この発見は在宅勤務従業員を監督している管理者からの報告と合致している。これらの管理者の98％は，在宅勤務は従業員の生産性に正，または，中立の効果がある，と述べている（AT&T, 2010）。2009年，AT&T の在宅勤務により，通勤距離として約２億2,848万 km を削減できた。さらに，これらの通勤距離の削減は，従業員がガソリンを購入せずに済んだために，金銭的な節約にもつながった。AT&T の推定によれば，通勤を削減する試みにより，毎年６万1,637m^3トンに相当する CO_2 を削減できる。重要なことは，これらの効果はもし日常の通勤があったのならば，その一部分として行われたと思われる用向きや移動を考慮していることである。

　カナダの通信会社であるノーテル（Nortel）は在宅勤務プログラムを10年以上にわたって実施してきた。調査によれば，環境への負荷を減らすことに加え，従業員はプログラムへの参加により生産性が向上し，ストレスが減り，幸福となった，と報告している。少なくともノーテル従業員の10％はフルタイムの在宅勤務者で，85％は時折，事務者から離れた場所で勤務している（Nortel, 2010）。ノーテルは従業員に，電子メール，ソフトウェア，従業員名簿，さらに，安全・確実なイントラネットを提供している（Transport Canada, 2010）。

論　評

　「テレワーク・プログラム」の成否は雇用者と従業員双方に生じる「便益」次第である。環境分野においては，関係者すべてに対して，このような明確な「便益」が生じるプログラムは稀である。しかしながら，前述のように，成功に向けての「障害」もある。最も重要な「障害」の１つは在宅勤務により同僚や上司との直接的関係が制限されることである。関係の欠如はビデオ会議を頻繁に行うこ

第Ⅲ部　商業部門の行動への影響力

とにより部分的には軽減できる。在宅勤務においては，対面による会議に代わって，電話会議が頻繁に行われることになる。ただし，電話会議では対面の会議がもつ豊かさが失われてしまう。さらに，電話会議では，誰が話しているのかを判断することが時として困難である。この結果，遠隔地から参加しているスタッフは著しく不利になる。

　ビデオ会議は数時間の会議を代替する現実的な選択肢として進歩してきた。ビデオ会議の最も有益な点の1つは会議室の状況を描写できることである。普通の会議机の半分が置かれている会議室を想像してみよう。本社スタッフが会議机の半分に半円状に座っている。会議机の残り半分には，ビデオ・スクリーンが置かれ，そこには，遠隔地から会議に参加している参加者が映し出される。同様に，遠隔地からの参加者のコンピュータ・スクリーンには，会議机に座っている本社スタッフが映し出されている。こうしたビデオ会議室には，従来の電話会議に比べて，いくつかの利点がある。ビデオ会議では，同僚の発言が聞こえるだけでなく，相手を見ることができる点で，日常の職場で起こるやり取りをよく再現できる。一方，実行には高額な費用が必要ではない。さらに，移動を伴う短い会議を代替でき，移動を節約できるために，専用のビデオ会議室を整備することは割に合う。

3　その他のすぐれたプログラム

1．「がんばれボールダー！」（Go Boulder!）

　コロラド州ボールダーには，北米で最も進歩的な一般市民向けの輸送乗り換え（公共交通機関）プログラムがある。交通混雑を緩和し，公害を減少させるために，ボールダー市議会は1990年代，最も進んだ持続可能な公共交通機関プログラムに着手した。本プログラムは公共交通機関，および，持続可能な交通システムの利用を妨げる「障害」を識別しようとする，地域社会に関する調査から始まった。調査により，公共交通機関の利用を妨げる多数の「障害」が明らかになった。最大の「障害」の1つは利便性であった。すなわち，バス到着までの待ち時間が大であると感じた時，住民はバスを利用することを躊躇する傾向にあった。そこで，ボールダーでは，より頻繁に運行できるように，大きなバスを多数の小さなバスに入れ替えた（製品，利便性）。この結果，めざすバスが到着するまで，バス停で

乗客が長時間待たされることがなくなった。事実，バス時刻表が不必要となるくらい，バスが頻繁に運行されるようになった。これらの小さなバスはダウンタウンへの通勤者が利用する，運行スケジュールが密な支線で利用された。ボールダー市の調査によれば，住民はバス利用に際して，子供が病気になったり，家族に緊急事態が発生した時に自宅にすぐに戻ることが難しいのではと心配している。この「障害」に取り組むために，「がんばれボールダー！」（Go Boulder！）という名称の乗車券（製品）を発行した。その乗車券は帰宅できることを保証している。家族に緊急事態があった時，乗車券の裏に記載されている番号すれば，バス利用者はタクシーで自宅に戻ることができる。

　ボールダー市では，乗客を増やすために，地元企業やコロラド大学に大口で乗車券を販売した。この結果，この試みがなければ，バス定期券を所持しなかったであろうし，実際，多くの地元企業の従業員やコロラド大学の学生が定期券をもつようになったのである。この施策や他の変化などにより，ボールダー市では，徒歩や自転車による移動とともに，公共交通機関の利用が増加した。自家用車などにより個人が1人で占有する移動手段から，より適切な方法へと全体として6％の輸送手段の変化が発生した。

2．地球温暖化に対する「1・2・3キャンペーン」

　オレゴン州ポートランドにある第1ユニテリアン教会は2001年，気候変動と戦うキャンペーンを開始した（North, 200）。地球温暖化の脅威を提起した集会における報告に続いて（コミュニケーション），教区民は自宅での温度設定を1度下げること，自動車の速度を時速2マイル下げること，3つの白熱灯電球を小さな蛍光灯電球に変えることの取り組みへ参加するように依頼された。このプログラムの運営者によれば，この小さな3つの行動により，1世帯当たり毎年1,300ポンドの二酸化炭素を削減でき，平均90ドルを節約できる。参加者は誓約書への署名に続いて，教会からプログラムに関する資料の提供，教会のスタッフから支援，蛍光灯に関する教会での説明などを受けた。

　412世帯がこの「1・2・3キャンペーン」に参加し，二酸化炭素の排出量を推定で年58万ポンド削減した。追跡調査によれば，参加世帯の98％は，誓約した行動のすべて（全体の55％），ないし，一部（43％）を実行した。

第Ⅲ部　商業部門の行動への影響力

4　まとめ

　本章で検討されたさまざまな事例によれば，念入りに計画されたプログラムは商業部門からの排出量削減へ劇的な影響与える。さらに，前述の事例は，他の組織がプログラム運営にあたって，有益な教訓を得られるように，成功体験を他者へすぐに伝えることの重要性も示している。多くの組織が取り組んでいる解決すべき行動変革は非常に類似している。類似する「障害」と「便益」が組織を越えて存在しているならば，成功事例に関する，すぐに適用すべき情報や資源を容易に共有できるようにすることは適切である。この議論は住宅における有害排出ガスの削減（第4章）においても行った。他で成功し，自分たちのプログラムにすぐに適用できるような外部資源は稀であるために，多くの場合，各組織は内部だけでプログラムを開発しなければならない。

演習問題

① 　組織内でターゲットとされる行動に向けて顕在化する「障害」と「便益」は，住民にとってターゲットとされる行動に向けて顕在化する「障害」と「便益」とは異なるでしょうか？　また，その場合，どのように異なるでしょうか？

② 　プログラムに関するプライベートな情報を公にしたくないとする企業の希望と，学習された教訓を広く，かつ，迅速に共有したいとする社会の要請とをどのように折り合いをつけることができるでしょうか？

参考文献

Aceti, J. (2009). *Bike sharing programs*. Unpublished report.

AT&T. (2010). *Citizenship and sustainability*. Retrieved from http: //www. att. com/gen/corpo rate-citizenship?pid=8506

Atkyns, R., Blazek, M., & Roitz, J. (2002). Measurement of environmental impacts of telework adoption amidst change in complex organizations : AT&T survey methodology and results. *Resources, Conservation and Recycling, 36*, 267-285.

Cairns, S., Sloman, L., Newson, C. Anable, J., Kirkbride, A., & Goodwin, P (2008). Smarter choices : Assessing the potential to achieve traffic reduction using "Soft measures." *Transport Reviews, 28* (5), 593-618.

第10章　有害排出ガスの削減

Canadian Center for Occupational Health and Safety. (2010). *Telework*. Retrieved from http://www.ccohs.ca/oshanswers/hsprograms/telework.html

Carbon Disclosure Project. (2010). *Carbon Disclosure Project transportation report*. Retrieved from https://www.cdproject.net/CDPResults/CDP-Transport-Report.pdf

DeMaio, P. (2009, May). Bike-sharing : History, impacts, models of provision, and future. *Journal of Public Transportation,* 12 (4), 41-56.

DeMaio, P., & Gifford, J. (2004). Will smart bikes succeed as public transportation in the United States ? *Journal of Public Transportation,* 7 (2), 1-15.

Erlanger, S, (2008, July 13). A fashion catches on in Paris : Cheap bicycle rentals : The New York Times.

Gardner, G. (2010). *Power to the pedals*. World Watch report. Retrieved from www. worldwatch.org

New York City Department of City Planning. (2009). *Bike-share opportunities in New York*. New York, New York. Retrieved from http://www.nyc.gov/html/dcp/pdf/transportation/bike_share_complete.pdf

Nortel. (2010). *Nortel IT implementation steps for a comprehensive integrated work environment*. Retrieved from http: //www. nortel. com/corporate/nortel_on_nortel/collateral/teleworking.pdf

North, R. (2002). *1-2-3 Campaign against global warming*. Retrieved from http: //www.cbsm.com/cases/123+campaign+against+global+warming_138

Pucher, J., Dill, J., & Handy, S. (2010). Infrastructure, programs, and policies to increase bicycling : An international review. *Preventive Medicine,* S106-SI25.

Shaheen, S., Guzman, S., & Zhang, H. (2010). *Bikesharing in Europe, the Americas, and Asia : Past, present, and future*. Retrieved from http: //76. 12. 4. 249/artman2/uploads/1/TRB10-Bikesharing.Final.pdf

Sorrell, S. (2007). *The rebound effect : An assessment of the evidence for economy-wide energy savings from improved energy efficiency*. UK Energy Research Centre Report.

Transport Canada. (2010). *Telework in Canada*. Retrieved from http://www.tc.gc.ca/eng/programs/environment-utsp-teleworkcanada-1052.htm

U.S. Office of Personnel Management. (2010). *A guide to telework in the federal government*. Retrieved from http: //www. telework. gov/guidance_and_legislation/telework_guide/ index.aspx

Vernez-Moudon, A. V., Lee, C., Cheadle, A. D., Collier, C. W., Johnson, D., Schmid, T. L., & Weather, R. D. (2005). Cycling and the built environment, a U.S. perspective. *Transportation Research Part D,10,* 245-261.

243

第11章 水使用量の削減

1 問題の所在

　私たちの多くは水を当たり前に使用している。蛇口をひねり，飲用のために，清掃のために，灌漑のために，その他の無数の用途のために，十分な量の水を利用する。そして，そうしたすべての用途に対して，水は利用可能であると思われている。

　一方，世界中で多くの人々が十分な水を得られずに苦しんでいる。イエメン，ヨルダンなどの国々では，水資源が乏しいために，節約しなければならない。水は飲用であろうと，工業用や農業用であろうと，清潔で利用可能でなければならない。

　米国内でさえ水不足がおこる。カリフォルニア州は長年，貴重な水資源の配分に苦慮してきた。カリフォルニア州では，水を大量に必要とする米を栽培すべきであろうか？　また，住民や訪問者に対して，水を節約する機器の設置，シャワーの利用回数の削減，トイレの水を流す回数の削減，その他，水資源を保全する対策の採用を促すべきであろうか？

　水は主として，工業用，および，農業用で利用される。水を利用できなければ，コカ・コーラ社（Coca-Cola）やペプシ・コーラ社（Pepsi-Cola）のような企業は存続できない。自動車メーカーであっても，従業員の飲用や手洗のためのみならず，素材の洗浄，床の清掃などのために，工場では水が必要である。ホテルでは，部屋だけでなく，調理，洗濯，床清掃などのために，水の供給が必要となる。

　商業部門においては，注意深く水が使用されるよう啓蒙されるべきである。商業部門に対して，水を保全するよう説得する必要がある。

第11章　水使用量の削減

2　問題解決を可能にするための行動

　水資源の保全と開発に特に先行している企業がある。例えば，コカ・コーラ社は，自社の未来は良質な水の調達に依存していることを理解している。同社は世界中で水資源の保全と開発に多額の資金を提供してきた。コカ・コーラ社は世界自然保護基金（WWF）と連携し，

- 7つの重要な分水嶺を保護すること，
- 同社の水利用システムの効率性を高めること，
- サトウキビを始め，同社が原料とする農作物のサプライ・チェーンにおける水利用の効率化を支援すること，
- 同社の二酸化炭素の排出量とエネルギー利用量を削減すること，
- 産業界，環境保護団体その他を連携させることにより，世界中の水資源の保全と管理に向けた機運を促していくこと

にともに取り組んできた。[1]

　ITT は水資源の保全に多額の投資を行っている企業である。同社はポンプなどの水利用システムに関する設備を製造しており，ITT ウォーターマークと呼ばれる非常に成功したプログラムを運営している。同社は「ストックホルム水基金」(Stockholm Water Foundation)，「ストックホルム水大賞」(Stockholm Water Prize)，「ストックホルム青少年水大賞」(Stockholm Junior Water Prize) の設立に助力した。ITT のビョルン・フォン・オイラー（Bjorn Von Euler）は，「きれいな水を人々へ」(Water For People) の委員であると同時に，「水環境連盟」(Water Environment Federation) と国際水協会戦略会議（IWA Strategic Council）の委員でもある。

　すべての商業部門は水使用に関する以下の問いを検討する必要がある。すなわち，

- 水の使用量はどの程度か？　また，業務における水の主要な用途は何か？
- 各用途において，水は効率的に利用されているか？　水の遺漏はないか？

245

第Ⅲ部　商業部門の行動への影響力

表11−1　「目標達成段階」における行動野や事例

部　門	採用に向けて選択可能な「目標達成段階」における行動の事例
ホテル	・タオルを交換する必要がない時，タオルをタオル掛けに吊るすように，バスルームに表示すること。 ・泡沫水栓や水量が制限された水栓を備えた低流量シャワーヘッドに交換すること。
製造業・工業	・洗浄機や冷水塔などの加工設備を更新すること。 ・水の遺漏を調査・修復すること。
農　業	・水の消費量が少ない品種を選択すること。 ・水を効率的に使用できる灌漑システムへ改善すること。
オフィス	・1回の使用当たり3.5ガロン（13リットル）流れるトイレから，1.6ガロン（6リットル）しか流れない，より近代的なトイレへ変更すること。 ・低流量の泡沫水栓に変更すること。

水使用量を節約できるような機器や設備はないか？　適当な期間で資金を回収できるような，水使用量を節約するための投資を正当化できるのか？

• 水の使用量を監視し，水の管理に関する改善を助言するような役職・組織・役割を設けているのか？

　表11−1は商業部門における水の使用に際して，水の保全の支援を可能にするような「目標達成段階」における行動のリストである。

　実務的には，都市や農村において，大規模な水の節約が可能となる産業や方法を識別することが必要となる。大量の水を使用する産業にはホテルと農業がある。そこで，商業部門における水使用とその保全について2つの事例を紹介する。最初はワシントン州シアトルでのホテルについて，次はヨルダンにおける農業について，の事例である。

CASE ＃1　ホテルでの水の節約：
米国ワシントン州シアトル[2]

プログラム導入の背景

　1999年，シアトル公益事業局（Seattle Public Utilities：SPU）は水の供給に関する共同事業者とともに，シアトル市内のホテルの水使用量の削減に影響を与えるために何ができるかを調査するプロジェクトを開始した。このプロジェクトのメ

第11章　水使用量の削減

ンバーはフィリップ・パシュケ（Philip Paschke），ロジャー・E. ヴァン・ヘルダー（Roger E. Van Gelder），ハイジ・シーゲルバウム（Heidi Siegelbaum）であった。

　ホテルでは以下のように水が消費されている。

- 客室では，洗面台，シャワー，バスタブ，トイレで水が使用される。
- 厨房では，水の提供，調理，食器洗浄のために水が使用される。
- 清掃員は風呂場と床を清掃するために水を使用する。
- 洗濯室では，シーツなどのリネン，タオル，宿泊客から出された洗濯物を洗濯するために，水や設備を使用する。
- 水の使用量は，ホテル内に製氷機を何カ所設置するかというホテルの意思決定に影響を受ける。
- プールを有するホテルでは，プールに水を補充する必要がある。

　本プロジェクトの目的は，シアトル市内のホテルの参加により，水の使用量を削減すること，および，他地域において資源保護に取り組んでいるホテルが利用できるような達成可能な工程表の提供に向けて，工学と行動的・教育的・組織的な分析との連携効果を評価すること，である。

　調査時点で，シアトル公益事業局はシアトル地域において，130万人以上の市民と企業に水を供給していた。シアトル公益事業局が水の保全について，ホテル業界を対象とした理由は，以下の4つである。

1. シアトル公益事業局の事業エリアにおいて，ホテル業界は，商業部門での使用者数の1％以下であるにもかかわらず，商業部門における水使用量の概ね5％を占める。
2. 北西部の太平洋沿岸地域では，持続可能な行動を試みることへの受容性が高い。
3. ホテル業界は社会的地位が高く，社会的評価に敏感である。
4. 特定の業種・業界に注目することは，取り組むべき多くの「障害」が明らかにされるという点で効果的である。

247

第Ⅲ部　商業部門の行動への影響力

　調査プロジェクト・チームによれば，水の使用量の合計は1日1部屋当たり100ガロン（379リットル）以下から400ガロン（1,516リットル）以上まで，ホテルにより多様であった。古く豪華なホテルやフルサービスのレストランとホテル内に洗濯室があるホテルは1部屋当たりの水使用量は一般的に最大であった。シアトル公益事業局は節約可能な量は全使用量のうち最小ゼロから最大45％であり，多くのホテルでは，10％から20％であると推定した。

　ホテル自身も水を使用する設備を改善することや宿泊客に水使用量の節約を奨励できるならば，費用を大きく削減できることをすでに理解していた。全米2,000のホテルから得られた全国調査によれば，主要なホテルは流水量の小さな設備，タオルやリネンの交換回数を減らすプログラム，オゾンを利用した洗濯システム，ホテルスタッフへの教育など，水使用量を削減する方法を組み合わせて採用している。また，ラ・キンタ・イン（La Quinta Inns），ホリディ・イン（Holiday Inns），ハイアット（Hyatt）などのホテルチェーンやボストン・パーク・プラザ（Boston Park Plaza），コロニー・ホテル（Colony Hotel）などのブティック・ホテルでは，水の保全プログラムが策定されている。シアトル公益事業局では，同様の試みをシアトル市内のホテルに採用してもらおうと考えた。

ターゲット層と望ましい行動

　プロジェクト・チームはシアトル市内のすべてのホテルによって，水を保全するプログラムが採用されることを望んでいた。プログラム作成に先立って，プログラム参加に同意すると思われるホテルを抽出する必要があった。

　シアトル市内のホテルにプログラムへの参加を募ったところ，大半のホテルは水を保全する方法を過去5年間に導入していたことが明らかになった。

- 最も多かった方法は連泊する宿泊客に対して，タオルとリネンを毎日は交換する必要がないという選択肢があることを知らせることである。
- 90％程度のホテルは泡沫水栓や流水量を制限した水栓，低流量シャワーヘッドを設置している。
- 低流量トイレを設置しているホテルは50％だけであった。
- 調査対象ホテルの60％で，空冷冷凍機が使用されていた。
- 効率的であると思われる商業用皿洗い機を導入しているのはわずか5％で

248

第11章　水使用量の削減

あった。

　次に，プロジェクト・チームは，ウェスティン・ホテル（Westin hotel）とウエスト・コースト・グランド・ホテル（West Coast Grand Hotel）の2ホテルとともに，パイロットプログラム（試験的プログラム）を策定した。このパイロットプログラムは現状設備の更新，ないし，著しい改善に関する「設備に関連する対策」（equipment measures）と，設備の維持管理，および，従業員・顧客への教育・啓蒙に関する「行動に関連する対策」（behavioral measures）について，水の保全の可能性を探索しようとしていた。商業部門における水保全に関する研究の多くは主に，設備にだけ注目してきた。しかしながら，従業員に対する適切な教育と日常的な維持管理スケジュールなしに設備を交換しても，水の保全は十分には実行できないだろう。

　水の保全への努力をする以前の，これら2つのホテルの全体の水使用量は，想定される範囲内にあった。すなわち，ウェスティン・ホテルは古いホテルでホテル内に洗濯室を備え，さまざまなバンケットとレストランを有しており，ホテル内に水を再利用する施設はない。同ホテルは8月の調査期間中，1日1部屋当たり212ガロン（概ね800リットル）を消費した。一方，ウエスト・コースト・グランドは低流量トイレなどの新しい設備を備え，複数のバンケットとレストランを有するものの，ホテル内に洗濯室はない。同ホテルの水使用量は1日1部屋当たり129ガロン（490リットル）であった。

　1部屋当たりの水使用量は設備により異なる。厨房・公共空間・客室のシャワーとトイレ・洗濯室は最も多くの水を使用する。比較的水の使用量が少ないのは客室階にある製氷機と客室の洗面台である。

　2つのホテルをそれぞれ調査したところ，現在の水使用量の1/3程度が節約可能であると推定された。ウェスティン・ホテルでは，推定された節約量のうちの90％は主に，トイレ・製氷機・洗濯室などの設備や機器の改善によると思われた。一方，改築されたホテルのウエスト・コースト・グランド・ホテルでは，節約できる量の90％は主に，冷暖房設備の維持管理と運営に関連する「行動による」改善であると思われた。

　本プロジェクトにおけるパートナーシップを促進するために，シアトル公益事業局はパートナーシップの合意草案を作成し，ホテルに署名を依頼した。水保全

249

第Ⅲ部　商業部門の行動への影響力

の可能性を評価する際に考慮された点は1日1部屋当たりの水使用量，ホテルの客室数，ホテルの親会社が用いる投資基準，さらに，パートナーシップへの参加姿勢であった。パートナーシップに参加するホテルは，とりわけ，以下について努力することに合意した。

(1)　水を保全する機器と教育的プログラムを整備する。
(2)　プロジェクトへの参加後3年間はプロジェクト・チームからの勧告を少なくとも年に1つは実行する。

　プロジェクト・チームはホテル運営において，水の使用に影響を与える主な領域を識別した。この時，節約可能な水の量に対する実際の水の使用量と水の保全への投資が正当化され成功裏に実行される時の投資資金の元本回収期間を把握する必要があった。そして，プロジェクト・チームは設備に関連する対策と行動に関連する対策とを識別した。具体的には，効果的である主要な対策として以下を選別した。

　設備に関連する対策：水の保全のかなりの可能性は古い設備の交換，または，継続的なアップ・グレードに依存する。奨励策を勘案すると，設備のアップ・グレードの大半は，元本回収期間が2年以内，である。設備に関する対策として，以下が最も重要である。

・**客室のトイレ**：1回当たりの水使用量が3.5ガロン（13リットル）である古いトイレから，1回当たりの水使用量が6リットルである新しいトイレへと交換する。各階ごとに水使用量を計測するメーターを設置することにより，トイレを流す際に過度に水が流れることに加え，フラッパー（訳注：タンク底面にある，排水を制御する部品）からの水漏を発見できる。
・**客室のシャワー**：毎分水量3.5ガロン（13リットル）の古いシャワーヘッドから，毎分水量2.5ガロン（9.5リットル）以下のシャワーヘッドに交換する。
・**水栓**：毎分水量2.5ガロン（9.5リットル）や3.0ガロン（11.4リットル）る既存の泡沫水栓を，毎分水量1.5ガロン（5.7リットル）以下の泡沫水栓に交換する。
・**水冷式製氷機**：既存の水冷式製氷機を空冷式製氷機へ交換する，または，水

冷式製氷機を既存の循環冷却システムへ接続する。

・**洗濯室**：オゾンによる洗浄や濯ぎ水の再利用により，節水，および，水の過熱や化学的な汚水を削減する。

・**食洗機**：非効率な食洗機を水使用量の少ないものに交換する。ただし，これは食洗機の寿命が近い場合にのみ，費用対効果が見込めるだろう。

行動に関連する対策：維持管理と行動の変革に関する多数の対策が識別された。行動に関連する対策として，以下が最も重要である。

・**トイレの水漏れ**：主要な水漏れ源は，トイレのフラッパーの劣化に関連することが明らかにされている。フラッパーを定期的に交換するようスケジュールをたてる。

・**熱交換器**：すべての熱交換器への水の供給ラインにメーターを設置する。定期的に記録を採取し，必要に応じて熱交換器を修理する。

・**その他のメーター**：食洗機，プール，スパ，洗濯室，貯水システム，厨房など主要な水使用源にメーターを設置する。使用量を記録し，使用量削減の必要性に応じて維持管理を行う。

・**冷却塔**（訳注：水冷式冷凍機などで利用した冷却水は，熱を吸収し温度が上昇するため，再利用できる温度まで空気で冷却する必要がある。冷却塔はそのための装置）：冷却塔を最適な水準で運営する。

・**伝導率の記録**：水の伝導率を少なくとも週1回は測定するべきである（訳注：水の電気伝導率は水質汚染の指標であるため）。

・**食品と飲料**：冷凍食品を解凍し米を洗うために，時として数時間に渡って水が流され続けるなど，厨房において非常に過度な水使用が観察される。正しい方法で冷凍食品を解凍し，洗米するように，厨房スタッフを教育する。冷凍食品は冷蔵室で解凍され，すし用の米は水切りボールの中で洗うべきである。さらに，厨房での水使用量をメーターで記録し，厨房に経費を課金することにより，厨房の運営における無駄への関心が高まる。

・**清掃**：連続して宿泊する顧客向けの，タオルやリネンを再利用するプログラムを告知する。客室清掃の際，トイレの水を流す回数を減らすように，管理スタッフを教育する。

第Ⅲ部　商業部門の行動への影響力

「障害」と「便益」

　前述の問題について，別個に，ホテルと宿泊客の行動変革を促す綿密なプログラムが必要である。設備交換のための多額の費用，宿泊客に不便をかける作業，サービスが低下したと感じる宿泊客，ホテルのイメージが毀損される危険性，ホテルの収益が低下する危険性など，多くの課題が指摘できる。いくつかの例を考えてみよう。

　客室のトイレの交換：調査によれば，古いトイレを新しいトイレと交換することにより，１回の使用当たり２ガロン（7.6リットル）の水を節約できるものの，交換に際してホテルは以下の多くの課題に直面する。

- より効率的なトイレを購入し設置する費用がホテル側の自由に支出できる額を超えてしまうこと。
- ホテルがトイレ交換を望んだとしても，より優先順位の高い他の案件に金銭支出したい親会社が拒否すること。
- トイレ交換の投資回収期間を計算したところ，４年間であった。一方，投資回収期間が１年，ないし，２年でなければ投資しないこと。
- トイレ交換により，客室が一時的に利用できなくなること，工事騒音が発生するなど宿泊客に迷惑がかかること，などの問題がある。

　製氷機：製氷機は大量の水を必要とする。高級ホテルでは，各階に製氷機を設置している。それ以外のホテルでは，１フロアおきに通常，設置している。製氷機の設置数を減らすことはできないだろうか？　ホテルは製氷機の台数を減らす必要があるだろうし，水や氷の消費量も減らせるだろう。しかしながら，以下のような反対がある。

- 氷を多く消費する宿泊客は製氷機の設置台数を減らすと不便であると感じ，将来，他のホテルに宿泊するようになるかもしれない。
- 製氷機を設置してあるフロアが減ると，エレベーターでの移動が増える。これにより，電気消費量が増加するし，エレベーターが利用し難くなる。

　タオル・リネン交換プログラム：毎日タオルとリネンを交換するのではなく，

第11章　水使用量の削減

使用し続けることを宿泊客が同意すると，大量の水を節約できる。多くのホテルでは，このプログラムを導入しているものの，すべてのホテルで導入しているというわけではない。すでに採用しているホテルでさえ，タオルやリネンを使用し続ける宿泊客は，５％から25％である。本プログラムを実施することへの反対は以下である。

- 高級ホテルでは，宿泊客はプログラムに不快感を覚える，または，無視する，ことになるだろう。
- 宿泊客が不平を言う，ないし，すでに不平を言われた。
- 経営陣が本プログラムを「安っぽい」と感じる。
- 清掃部門は日々の清掃をすぐれたサービスの一部であると考える。
- 過去，プログラム実行の狙いに関する適切な説明資料がないままに，プログラムが導入されてきた。
- 企業理念がタオル・リネン交換プログラムと反する。
- 毎日のリネン交換は宿泊料に含まれているはずであるとの考えがある。

シアトル公益事業局は，宿泊客の大半は問題解決に協力したいと思っている，と考えている。もし丁寧なメッセージが前向きな方法で伝えられたならば，ホテルが得られる「便益」(benefits)は上下水道・電気の使用量を減らせるだけにとどまらない。ホテルは資源を浪費せずに，宿泊客へ高質なサービスとホテルの最大の関心である環境的な「便益」とのつながりを提供できる。

「障害」(barriers)について，ソーシャル・マーケッターは，どのような回答や動機が各々の「障害」を解決するのかを検討してきた。時折，「障害」は強調されすぎるかもしれない。例えば，環境意識の高い宿泊客はホテルによってはタオル・リネン交換プログラムがないことに驚かされるかもしれない。「費用」・「利益」と投資回収期間の計算は時に間違うかもしれない。もし正確だとしても，ホテルが採用できる水保全活動を助ける政府からの補助金が利用できるかもしれない。

ホテルは水使用量の監視と水の保全から得られる「便益」を理解するべきである。ホテルへの説得力が最も高い「便益」は，費用を削減してもホテルのサービスの品質や評判に影響を与えない部分での，費用削減である。費用削減に続く

253

第Ⅲ部　商業部門の行動への影響力

「便益」は正しいことをすることと環境にやさしいホテルであると評価されることである。

プログラムの内容

　環境教育，奉仕活動，プログラム活動において，どのような手法を用いるべきかは情報により変化する。行動科学における確立した知見として，環境に影響を与える堅固な習慣を変化させるには，情報だけでは不十分であることが示唆される。

　シアトル公益事業局は周知の情報だけでは不十分であることばかりでなく，マーケティング手法を用いることの必要性を理解していた。シアトル公益事業局は「水の保全プログラム」を実行するようホテルを説得するために，伝統的な4Pフレームワーク（製品，価格，流通，プロモーション）を用いた。

　シアトル公益事業局は水の保全行動（製品）は実行可能であり，利益が出るとの目に見える形での証拠を示さなければならなかった。ホテルが水の保全における投資収益を最大化する行動を採用できるように，投資必要額，節約できる水量，投資回収期間の計算に必要な情報が与えられた。さらに，他のホテルが水の保全を行い，その結果，節約できた経費の情報も提供された。

　シアトル公益事業局は財政的報奨金（価格）として，総量に対する直接的な払い戻しと単位当たりの一定金額の割引を提供した（例えば，報奨金の導入前に決定された水の節約量，プロジェクトへの参加期間，推定された費用などによりプロジェクトは評価される）。ただし，報奨金はプロジェクト全体の費用の50％を上限とする。報奨金の適用例として，洗濯用の水の再利用システムがある。払い戻し，割引のいずれであっても，プロジェクトに対する現地調査と適切な書類提出の後に支払いがなされる。多様な条件と支払オプションが用意されているものの，基本的には完了するまで支払われることはない。

　流通として，プロジェクト・チームは「環境を守る」（going green）ことの重要性を説いた資料をホテルに提供した。資料では，環境を保護し，水を保全することの必要性をホテルは宿泊客に向けてどのように伝えるべきかを示している。

　プロモーションとして，プロジェクト・チームは水の保全を奨励する教材，および，補助教材をホテルに提供する。これらは口頭発表，論文，ワークショップ，ランチ・ミーティング，コンテスト，内部トレーニング，ビデオテープ作品，水

とエネルギーに関するニューズレター，ポスター，プレゼントと賞品，資金援助，外部向けパブリシティ，PR，地元からの支援，などである。

　シアトル公益事業局は伝統的な4P以外に2つのツールを利用した。それは社会規範とプロンプト（リマインダー，想起させるもの）である。

- ホテルのスタッフとマネージャー向けのオリエンテーション素材はホテル経営を水の保全に関する社会的規範に合致させることを目的としていた。水の保全の重要性への認識を高めるように，ホテル経営陣に水処理システムを紹介するイベントをプロジェクト・チームは主催した。
- プロンプト（想起させる素材）として，飲料・食料品を扱う料理人が解凍に際して水を使用せず，冷蔵庫内で解凍することを想起させるポスター，従業員やマネージャーに水漏れを報告することを想起させるポスター，水を注意深く使用することを想起させる給与袋への封入物などがあった。

　各ホテルはどのように環境に配慮するかを決定しなければならなかった。ホテルには，かなりの費用節約につながる設備と記録を改善するための，適切な報奨金が与えられた。各ホテルは「環境にやさしく」を控えめに実行するべきか，もしくは，競争戦略の中心として位置づけるか，を決定しなければならなかった。

　ウェスティン・ホテルは水の保全を実行するためにやや組織的な方法を採用した。ウェスティン・ホテルはホテル全体で1日1部屋当たりの水使用量を25％減少させた。実行された削減量の一部は，全客室の洗面所やトイレを交換したことであった。1ガロン（3.8リットル）の新しい泡沫水栓，毎分2.5ガロン（9.5リットル）の新しいシャワーヘッド，洗濯用水循環システム，効率的な厨房設備，タオル・リネン交換プログラムへの毎日の監視などである。その他，ホテル内のあるレストランで米を洗浄する時の水使用量を削減する，客室清掃の際にトイレを流す回数を削減する，ホテルの搬出・搬入口を清掃する時の水圧を低下させる，などの行動上の試みもあった。

　シアトル公益事業局はウェスティン・ホテルにおける多くのプロジェクトに対して，報奨金を支払った。ウェスティン・ホテルはトイレ，製氷機の交換やその他の厨房設備，泡沫水栓と予備洗浄スプレーヘッドに対する報奨金や払戻金を受け取り，さらに，洗濯用の水再利用システム，多くの技術援助と水量メーターに

255

第Ⅲ部　商業部門の行動への影響力

対する報奨金を受け取った。

評　価

　試験的な実行の後，プロジェクト・チームは他のホテルに以下について対応するよう勧めた。

- 水の保全の試みは CEO，CFO やその他の役員を含む上級管理職からの承認と支援が必要である。
- 各プログラムの基礎的な考え方，「便益」，特徴などを記載した想定問答集が必要である。これは営業支社や予約オフィスを含む全部門に配布される。想定問答集はすべてのスタッフと役員に情報を十分に伝達し，同じ理解レベルで参加することを可能とする。
- 新しく参加したスタッフには，トレーニング教材，ミーティング，従業員マニュアルが必要である。
- 清掃，および，洗濯スタッフはプログラムの受入れと理解を再確認する教育が必要である。
- 環境に関する基準を業務内容に記述し，実行すべき程度を定める必要がある。
- 水保全を推進するためには，報奨金システムが必要である。宿泊客に対する報奨金も必要である。ホテルの一部では，水の使用量削減への特別手当もある。
- 「水の保全プログラム」の採用と進捗に関して，実績を測定し，計画を調整したレポートを投資家向けに四半期ごとに作成する。ホテルのウェブサイト，広告，販売資料を通じて，社会全体とコミュニケーションを行うこと，顧客や見込み顧客と水・他の保護活動について対話することが必要である。

　かなりの量の水を保全する機会を特定できた。2つのホテルを調べた結果，節約可能な水の量は現在の使用量の概ね1/3に等しかった。しかしながら，ウェスティン・ホテルの設備は古く，算定された節約量のうちの90％近くは設備によるものであった。一方，ウエスト・コースト・グランド・ホテルでは，節約量の90％近くは主として，冷暖房の運営に関連する行動によるものであった。

　シアトル公益事業局は「水の保全プロジェクト」を推進するための以下の基本

256

的なガイドラインを発表した。

1. 内部，および，外部の「障害」を変更，除去，最小化するために，「障害」を識別すること。もし，水の保全に非常に効果的だが，高額な支出を禁じる投資収益率（ROI）についての短期的な基準を役員会が有しているならば，その基準を変更するように役員会に働きかけなさい。どのくらい，持続可能な行動が経済的に好ましく，機会や変化を捉える企業文化を創造するのに役立つかについて議論しなさい。

2. 個人と彼らが働く組織に変革に向けての手段を与えなさい。何が問題なのか，問題を解決するために誰に電話をし，何をするのか。連絡先の電話番号を公表し，各部門において各人の地位に応じて，変革する権限を与えるだけでよい。

3. 情報は，聞き手が耳を傾けるような信頼できる情報源からでなければならない。スタッフ会議において，現在の傾向を理解するための信頼できる情報源はエンジニア部門の長，同僚，ホテル雑誌と定期刊行物などである。反政府的な風潮にもかかわらず，地元政府は比較的公平で客観的であることから，すぐれた情報源であると考えられる。

4. すぐれた同業他社から学びなさい。ホテル業界にとって，ホテル以外の宿泊関連企業が行っていることは興味深いだろう。したがって，事例に学ぶことは変革をもたらすことに役立つ。

5. 部門に対応して情報を加工しなさい。また，改革を広く波及させるために，産業ごとに異なると思われる従業員の特徴を利用しなさい。

6. 望ましい行動のために，速やかで定期的なフィードバックを行いなさい。フィードバックが遅れると効果が減じられる。

7. メッセージは頻繁に発信され，肯定的な内容であるべきである。メッセージの受け手に対して，一定の行動を起こさなければ，何かを得るのではなく，何かを失う（水の保全をしなければ失う）と理解させる。

8. 「保全」（conservation）と「効率」（efficiency）が同じ意味であることを確認するために，集団面接調査を利用しなさい。両者の意味が本質的には同じであっても，調査によれば，「保全」という語は何かの価値を犠牲にすると理解されている。したがって，「保全」という概念に個人は抵抗する。

第Ⅲ部　商業部門の行動への影響力

9．個人と組織が日常生活の中で水の効率的使用と水の需要に注意を向けるように，方法と道具を計画しなさい。

10．変革に対する，個人の独自の視点と「障害」について理解しなさい。

11．情報を伝達し，オピニオンリーダーを有効に活用するために，既存の社会的ネットワークを利用しなさい。

論　評

　ここで紹介された事例の最大で明確な問題点はホテル内部の設備（それは，水使用量の1/3程度と関係する）に主として，焦点を当てていることである。一方，これに対応した準備や遺漏のプロセスへの注目が欠けている。さらに，計画した節約量と実行できた節約量とを比較する事後の追跡情報が欠けている。これらの問題点は特定の行動プロセスを正確に検証する，または，結果を正確に測定するために必要な，水を使用する現場における水量測定が欠けていることに関連している。これより，今後の調査においては，水の使用現場で水量測定すべきであること，内部設備の改善が注目されたのと同様にプロセスを改善したり，遺漏地点を探索したりすべきであること，が示唆された。

まとめ

　シアトル公益事業局は1999年にプロジェクトに着手し，シアトル市内のホテルに対して，水の使用量減少に向けて大いに取り組むように情報を伝達し，動機づけてきた。国内の他のホテルが水の保全問題を解決するために行っていることを調査した後，シアトル公益事業局はシアトル市内でソーシャル・マーケティング計画を推進する準備を行った。シアトル市内の2つのホテルが試験的に参加することに合意した。計画では，水の使用量削減のため，設備に関連する対策と行動に関連する対策を採用するように奨励した。これらの対策はホテル内の客室だけでなく，厨房や洗濯室における水の使用と関連していた。シアトル公益事業局はホテルに水保全活動を促すために，マーケティングの4P（製品，価格，流通，プロモーション）を実行した。2つのホテルを各々，精査した結果，節約可能な量は，現在の水使用量の概ね1/3に等しかった。シアトル公益事業（SPU）は，自分たちの努力はシアトル市内の全ホテルに適用するに足る成功を収めた，と認識した。

258

第11章　水使用量の削減

| CASE #2 | 水不足撲滅運動：ヨルダン |

プログラム導入の背景

　現在，水は貴重な資源である。世界人口の40％を占める80カ国で，深刻な水不足が発生している（CIeick, 2009）。過去1世紀に水の需要量が増加した3つの主要な要因として，人口増加，工業発展，灌漑農業の拡大が挙げられる（Collins/The World Bank, 2007）。

　ヨルダン・ハシェミット王国（The Hashemite Kingdom of Jordan）は世界で最も水が乏しい国の1つである。1999年，ヨルダンは過去100年以上の中で最も深刻な干ばつに直面していた。水の供給量を増加させることは不可能であったために，需要を減少させるしかなかった。これは，効率的な技術への投資のみならず，人々の行動変化を促した。

　ヨルダンにおける水不足が続いた要因は多数あり，具体的には以下の通りである。

- 前例のないほど多くの避難民が押し寄せたことによって，出生率の倍増がもたらした人口増加は水資源に過度の負担を与えた。
- ヨルダンの隣国にとって，水は重要な安全保障上の問題となった。水への膨大な需要はヨルダン川を小さな流れへと変えた。
- 古い配管システムと設備により，何百万リットルという水が無駄になった。
- 人口のわずか17％だけしか，廉価な水節約のための設備を理解していなかった。
- 水不足に対して，ヨルダン人の中に無気力で怠惰な雰囲気が浸透していた。
- ヨルダンの家庭では，週にたった1回しか水を使えなかった。水が足りないために，多くのヨルダン人は水販売業者から高価な水を買わざるを得なかった。
- 農業技術は未熟で，最新の灌漑方法は普及しておらず，水は浪費されていた。

　ヨルダンの農業部門は援助と改善を必要とする分野の1つであった。水不足により，ヨルダンの農業生産力は大いに減少した。援助のために，米国・国際開発

259

第Ⅲ部 商業部門の行動への影響力

庁（United states Agency for International Development: USAID）は水と灌漑省
（Ministry of Water and Irrigation: MWI），ヨルダン渓谷局（Jordan Valley Authority:
JVA）と連携し，さらに，教育開発アカデミー（Academy for Educational Develop-
ment: AED）の参加を得て，ヨルダンにおける灌漑水の効率的利用のために，
ソーシャル・マーケティングを行った。農業省・国立農業研究／技術移転セン
ター（Agriculture and the National Center for Agricultural Research and Technology
Transfer）など他の省庁や公的機関，ヨルダン輸出生産者協会（Jordan Export
Producers Association）などの私的機関もまた，土地利用，輸出マーケティング，
情報伝達などにかかわった。3年半に及ぶ本プロジェクトは2003年7月に始まり，
2006年12月まで続いた。

ターゲット層と望ましい行動

表11-2は，プロジェクト・チームが望ましいと考える，農業分野に従事する
ターゲットごとの行動の要約である。

課題はこれらのターゲットの知識・態度・行動を変革することである。2004年，
農地における水の保全に関しての基準を抽出するために，800の農地に対して調
査が行われた。それによる発見は以下の通りである。

- 抽出された農地の1/4以上は，ヨルダン人以外に貸し出され，管理されてい
  た。多くはエジプト人とパキスタン人である。このために，文化的な差異な
  どに注意を払う必要がある。
- 農業労働者は灌漑，施肥，除草，殺虫に関する意思決定を行っている。
- 点滴灌漑が主に行われる。しかし，農家，点滴灌漑用のメディアタイプフィ
  ルタを使用せず，注水・排水を記録もしない（訳注：点滴灌漑とは，配水管な
  どからなる施設を用い，土壌表面に灌漑水を与えることにより，水の消費量を最小限に
  する灌漑方式である。狭い流水路が詰まるのを防ぐため，フィルターが用いられる）。
- 水量計は稀にしか適切に稼働していないために，農地での水使用量を正確に
  測定することは不可能である。点滴灌漑システムのレイアウト，メンテナン
  スの欠如，低い水位などの点で，灌漑システムは貧弱である。
- 政府などに雇用され農家に助言する農業普及指導員（extension agent）への
  トレーニングは具体的ではなく，最新の研究成果が反映されていない。調査

第11章　水使用量の削減

表11-2　ターゲット別の望ましい行動

ターゲット	望ましい行動
土地所有者	• 農地における水の保全に関する具体的な計画の策定と実行
農業管理者	• 土地所有者が策定した水の保全計画の実行
農業労働者	• 灌漑システムにおける水の遺漏箇所の発見と修復
政府等に雇用され，農家に助言する農業顧問	• 農地を訪問し，現代的な「水の保全手法」を教育するための計画の開発と実行
政府における意思決定者	•「水の保全手法」の実行を農家に奨励するためのインセンティブの策定
運送業者や輸出業者	• 国内，および，海外での販売のための，よりよい輸送システムへの投資

研究と助言活動とが関連づけられておらず，技術的資料——トレーニング・マニュアルもほとんどない。
• 多くの貧しい農家は地域の身近な組織，農業団体，婦人会，農業設備・機器の販売業者などに，農業技術に関する情報を依存する。しかしながら，それらは財務管理に関する能力には欠けている。

このプロジェクトは測定可能な結果を生み出す4つの変化を達成するために，組織されたものである。すなわち，

1．新しい態度と行動を広めること。
2．灌漑管理と雨水貯留における新たな地域社会活動を生み出すこと。
3．農業の拡大と農家への技術援助を改善すること。
4．政策決定者と世論に対して，広報キャンペーンを展開すること。

より具体的には，プロジェクト・チームは以下を目的とした。

• 水の使用に関して，より効率的な作物を導入すること（例えば，柑橘類やバナナに代えて，野菜を栽培すること）。
• 灌漑スケジュールと灌漑システムのメンテナンスを改善すること。
• 土壌栄養分の分析結果により，基礎的な施肥を判断すること。
• 作付け地図を整備すること。

261

第Ⅲ部　商業部門の行動への影響力

- 農業拡大のためのトレーニングと農家への技術支援を改善すること。
- 農業労働者へのトレーニングを改善すること。
- 農業団体へ補助金を出すこと。
- データ収集のために，農地に付番されたコードを標準化すること。
- 農業部門のために，適切な法律と政策を整備すること。

「共通基盤の発見」（Discovering Common Ground）と名づけられた，新たに発足したワークショップは情報の共有，優先順位付け，協力の調整，参加の推進などを目的に，政府機関，慈善団体，非政府組織（NGO），任意団体，大学など92の利害関係者のために運営された。ヨルダンの農業を改善するための努力へ向けて協力するために，複数のワークグループ間で合意が幸いも形成できた。

「障害」と「便益」

どんな要因が，ヨルダンにおいて効率的な水使用を阻害しているのだろうか？

- 農家は，水不足とそれへの対応の怠慢について，多くのことを改善できるとは思っていない。
- 農家は現代的な農業実践と技術について，わずかな知識しか有していない
- 効率的な技術の採用は限定的，かつ，高価である。
- 灌漑システムの計画は貧弱であり，灌漑システムを評価する基準も欠けている。

明らかに必要なことは，投資した以上の成果を上げることは可能である，と農業関係者が信じることである。これにより，食糧供給量が増大し，すべての国民が便益を得ることになる。

プログラムの内容

ソーシャル・マーケティングの枠組みに沿って，製品・価格・流通・プロモーションの4Pをみてみよう。

まず，プロジェクト・チームは，ヨルダンの農家が水不足を改善できると思われる適切な装置や用品，農業実践を推奨した（製品）。これを具体化するために，

プロジェクト・チームは水を管理する技術と実践を改善し，従来とは異なる農作物の作付けを推進するために，農家を対象に全国で実施講習会の場を設けた。

次に，プロジェクト・チームは，ヨルダン人農家が設備や必需品の多様な改善に対して，費用を支払うことをどうすれば支援できるかについて考えた（価格）。農家の収入は低いために，補助金をさまざまな政府機関や寄付から募らねばならなかった。

さらに，プロジェクト・チームは灌漑設備の改善，作物管理，農家への教育，拡大する政府による支援に対する信頼の醸成のために，現場で実証実験を実施する基幹要員として，大学卒業生を雇用・訓練のために配置した（流通）。農業支援のためのこれらの農業普及指導員は灌漑のスケジュールを策定すること，水使用量の少ない作物の作付けを推進すること，適当な教材を製作すること，記録を付けること，灌漑システムの維持管理を行うこと，他の同様のプロジェクトと連携すること，などに仕事を集中させた。

最後に，プロジェクト・チームは情報をただ伝達するだけでなく，農家による認知を高めなければならないことを知っていた（プロモーション）。プロジェクト・チームは農家の行動変革に向けての動機，価値，認知度などを調査した。そこでの知見は農家の行動を変化させるためのマス媒体を使ったキャンペーンの制作に有用であった。プロジェクト・チームは農家の情報処理・態度・行動を変化させるために，さまざまなコミュニケーション・ツール用いた。具体的には，事実を知らせるファクト・シート（製品・サービス等の現況報告書），ポスター，教育教材，ラジオ，テレビ，CD，屋外看板などである。異なるターゲットごとに異なるメッセージが作成され，複数のパートナー（例えば，学校，モスク，農業団体など）とラジオ・ドラマ番組，テレビの公共サービス情報，ウェブサイトなどのマス媒体を通じて伝達された。複数の情報伝達手段を通じて，繰り返し伝達されるこれらのメッセージは農業関係者全員に浸透させるために用いられ，野外研究，農業学校，学校のクラブ活動，現地実習，ジャーナリストへの教育，その他の戦略的な試みを通じて改善・強化された。

評　価

2006年11月に，408の農家に対して行った最終評価調査によれば，以下を達成したことが明らかになった。

第Ⅲ部　商業部門の行動への影響力

- 点滴灌漑の利用，灌漑のスケジュールや維持管理など灌漑の質，フィルター
  や圧力計の利用など灌漑システムを管理する技術などが顕著に高まった。
- 輸出マーケティング推進に向けて，すぐれた農業実践に対して関心をもつ農
  家の比率が最近の2耕作期間中で8％から25％に高まった。
- 伝達された情報に対する農家の信頼や信用が高まった。それは農家への指導
  を行う現場実習，野外演習，ワークショップ訓練，印刷媒体とマスメディア
  による技術情報の配布，などにより高められた。
- 水の用途別配分と灌漑についての環境政策にもとづいて，改善がなされた。

　一方，換金作物の選択，水利用の少ない作物，および，海外市場における食品
安全基準に関する農家の知識は依然として低いままであった。

論　評

　本事例では，ヨルダンにおける農業の生産性とヨルダン人の生活と安寧に悪い
影響を与える現実の問題──水不足──を緩和しようとするソーシャル・マーケ
ティングと社会的行動の有用性について紹介した。教育開発アカデミーは経済，
技術，文化，社会，および，政治など多数の問題と関連する水不足問題について，
まず完全に理解する必要があった。農業を改善するためには，目的と標準的な対
策についての合意を形成するために，多くの公的，ないし，私的な組織間の連携
が必要であった。農家ごとの差異を明らかにした後，各々の農家の知識・態度・
行動を明らかにする基礎的な調査が行われた。その後，さまざまなプログラムが
計画され，3年間にわたって実行された。そして，農業生産性と農家の態度・行
動における改善の程度を測定するためにデータが収集された。灌漑，農家への指
導，農家の知識や態度，農業実践における卓越した改善が達成された。

　こうしたプロジェクトのすべてを通じて，どの程度の数の組織が計画と実践に
関与しているのかという疑問が常にあった。例えば，農業省など1つの組織だけ
しか関与していないのは関係者が少なすぎることになる。一方，各組織は自身の
利害をプログラムに反映し，時にはプログラムを妨害しようとするために，多数
の政府機関や民間組織が関与するのは関係者が多すぎることになる。この問題に
関する正解は合意形成能力と社会的規範の構築ということ以外には容易には得ら
れない。

プロジェクトにおいては，必要な能力を有する人物を勧誘すべきである。彼らがプロジェクトへの関与に対して，より個人的，かつ，専門的な成果を得られることを理解しているならば，十分な成果を達成しながら活動を継続することができる。

プロジェクトにおいては，重要，かつ，測定可能な目標を設定すべきである。「農家の満足」「農家の理解」「海外市場向け産品の生産拡大」など主観的な測定指標は避けるべきである。基礎的な表現である農家は明確に定義されるべきである。ヨルダンにおいては，地主の多くは首都アンマンに住んでおり，彼らの農地は複数，かつ，分散している。この点で，小さな農地を有する個人農家とは意味が異なる。

本事例では，灌漑設備と農業用品について適切な意思決定を行うことの重要性と情報を伝達し，相互にコミュニケーションを行い，さらに，社会的規範に従って行動するように促す農業普及指導員の育成の重要性を示した。これらのすべては対象者に応じてメッセージに修正が加えられ，伝統的なマス・コミュニケーション，および，対象ごとに特定化されたコミュニケーションの確固たる情報の流れによって支援されていた。

事例の要約

ヨルダン・ハシェミット王国は世界で最も水資源の乏しい国の1つである。政府は水の供給量の増加が可能ではないこと，それゆえに，需要の削減が必要であることを理解していた。政府はいくつかの分野に注目した。ここでは，その1つである農業分野における政府による水の保全への取り組み内容について紹介した。そこでは，すぐれた技術への適切な投資と地主，農場管理者，農場労働者，農業普及指導員，専門家の行動変革とが求められていた。プロジェクトにおいては，より効率的な水利用がどのように可能であるかを紹介する実践農場が設置された。そこでは，最大限に水を節約するための方策を農業普及指導員に訓練し，水資源を節約した農家に補助金を与え，農家の知識・態度・行動を改善するために，多様なコミュニケーション手段を利用した。プロジェクト・チームはデータ表，ポスター，訓練マニュアル，ラジオ，テレビ，CD，屋外掲示板，学校，モスク，農業組合を通じてメッセージを伝達した。2003年11月，408農家を対象に実施された最終評価によれば，点滴灌漑と改善された水管理技術の利用する農家の割合

第Ⅲ部 商業部門の行動への影響力

の顕著な増加，農産物輸出に向けたすぐれた農業の実践に目覚めた農家の割合の
めざましい増加，さらに，伝達された情報に対する農家の信頼と確信の醸成が明
らかになった。一方，換金作物の選択，水消費の少ない作物，海外市場における
食品安全基準に関する知識は依然として低いままであった。

3 まとめ

水の保全に向けた努力に関するこれら2つの事例——1つは業界（ホテル），も
う1つは国家（ヨルダン）における取り組み——では，水の供給量が不足しかね
ないという潜在的な危機を指摘した。世界の多くの地域において，水資源の欠乏
は多くの影響力のある組織により共有され，議論されている。例えば，米国の7
州がコロラド川下流の人造湖であるミード湖の水利権を要求している。ミード湖
の貯水レベルは低下してきており，ある水準以上に水量が低下した時，水管理者
はレタス，玉ねぎ，小麦の栽培，芝やゴルフコースへの水やり，その他多くの問
題へ影響を与えるより大胆な水利配分を行わなければならない。限られた水資源
を共有する同様の問題は世界中の多くの地域で深刻化している。これらの地域で
は，人口増加や農業化が水の供給量の増加以上に急速に進んでしまっている。今
日，水の保全の努力が不十分であるならば，将来，必然的に水不足となる。マー
ケティング（marketing＝売るマーケティング）やデ・マーケティング（demarketing
＝売らないマーケティング）の理論と実践はどのように無駄な消費を止めさせるの
か，残された水資源を互いに競合する集団間でどのように賢明に配分するかにつ
いて，より健全な助言を提供できるだろう（訳注：「デ・マーケティング」について
－フィリップ・コトラー（Philip Kotler）とシドニー・レヴィ（Sidney Levy）が1971年に
『ハーバード・ビジネス・レビュー（HBR）』に寄稿した「デ・マーケティング戦略」
（11～12月号）の中で使用した用語である。この用語の提唱者コトラーによれば，デ・マー
ケティング（demarketing）とは「顧客全般の，または一定クラスの顧客の需要を一時的
にまたは半永久的に抑制するマーケティング活動」を意味している）。

第11章　水使用量の削減

┌─ 演習問題 ─

① 表11-1には，ホテル，製造業，農業，オフィスにおけるいくつかの望ましい「目標達成段階」における行動が列挙されています。4つのセクター各々について，より望ましい「目標達成段階」における行動を1つ，ないし，2つ追加して下さい。

② ホテルの事例において，シアトル公益事業局が望ましい行動を採用した時に，ホテルに対して提供する報奨金（価格）が列挙されています。シアトル公益事業局は寛大過ぎるか，ないし，十分には寛大ではないのか，という意見があります。これについて，あなたの意見を述べて下さい。シアトル公益事業局が望ましい行動を採用したホテルに提供する報奨金として，他に考えられるものはあるでしょうか？

③ あなたは低流量トイレへの投資が5年間で回収できるとした場合，低流量トイレに交換するようホテルをどのように説得できるでしょうか？

④ ヨルダンにおける農業の事例について，表11-2に，6つのターゲットを列挙しました。ターゲットの1つは農場労働者です。あなたは，貧しい農場労働者が水節約と水漏れ監視に熱心に取り組むように仕向けるためには，どのような提案ができるでしょうか？

⑤ あなたは，1年間に最も水を節約した農家を表彰するコンテストを開催することが可能であると思うでしょうか？　農家はどのように水を節約したことを証明すればよいでしょうか？　水の消費量を節約する行動を促進するパブリシティとしてよい方法であるとあなたは思いますか。これは水使用量の節約行動への動機づけになるでしょうか？

⑥新たな行動に対する動機づけとして，マーケターは時に恐怖を利用する。水危機に関する記事（例えば，「3年以内にヨルダンの農家は水を利用できなくなるだろう」）ばかりを，農家へ提供するべきでしょうか？　これは水節約に機能するでしょうか？　それとも，実際には機能しないでしょうか？

─────────────

注

(1) より詳細な情報は以下を参照のこと。http://www.environmentalieader.com/2010/03/22/world-water-day-roundup-coke-pepsi-nestle-nalco-epa-more/

(2) 本事例はオニール，シーゲルバウム，および，ライス・グループ（O'Neill &

第Ⅲ部 商業部門の行動への影響力

Siegelbaum and the RICE Group）により，2002年 7 月に用意された調査を修正した。レポートは全体で127ページであった。主要部分を選択し，ソーシャル・マーケティングの基本枠組みに適用した。引用であると明示することなく，原著の表現を部分的に利用することの許可を得ている。ここでの目的はソーシャル・マーケティングの枠組みをホテルにおけるよりよい水の保全方法について適用したすぐれた事例を示すことである。

参考文献

Collins/The World Bank. (2007). *Atlas of global development: A visual guide to the world's greatest challenges*. Washington, DC: Author.

Gleick, P. (2009). *The world's water 2008-2009: The biennial report on freshwater resources*. Washington: Island Press.

第12章 エネルギー使用量の削減

　経済活動では，エネルギーが必要となる。小売店は顧客を引きつけるために，快適な室温を維持しようとする。オフィスでは，従業員の生産性を最大限に高めるため十分な照明が灯される。さらに，コンピュータ，プリンター，コピー機など機器は経済活動において不可欠である。そして，これら活動のすべてにエネルギーが必要であり，経済活動におけるエネルギー使用量——主に，電力——は過去25年間，一貫して増加してきた。推定によれば，世界的な需要は2035年まで年1.5%ずつ増加する（International Energy Agency, 2010）。

　エネルギーの使用者は大きく4部門に大別される。(1)家庭部門，(2)工業部門，(3)商業部門，(4)運輸部門である。本章では，例えば，学校・小売店・飲食店・ホテル・オフィスなどサービスを提供している企業，施設，組織を含む商業部門における電力使用に焦点を当てる。それは世界中で消費される電力のうち，大部分は商業部門で消費されることによる（46%）。次いで，家庭部門（34%），工業部門（20%）で電力が使用される。大量のエネルギーが運輸部門で消費されるものの，そのうちの電力使用量はごくわずかであることに留意したい（International Energy Agency, 2010）。

1　問題の所在

　エネルギーは多くの環境問題における最前線のテーマである。本章の目的はグローバルな気候変動，および，気候変動とエネルギー使用との強い関連に注目することである。世界的に，電力の大半は石炭，石油，天然ガスを燃焼することにより生産される。**図12-1**は米国における部門別・エネルギー源別の二酸化炭素排出量である。いずれの部門も環境負荷に関する固有の問題を抱えており，近年，有害排出ガスへの注目が相当に高まりつつある。

第Ⅲ部　商業部門の行動への影響力

有害排出ガスと地球温暖化　入手可能なデータによれば，誇張ではなく，地球は明らかに危機に瀕している（National Academy of Sciences［NAS］, 2010b）。過去100年にわたって，地球の気温は摂氏0.8度（華氏1.4度）上昇し，その大半は最近30年に発生した。自然な天候変動により，気温は年単位，および，十年単位で大きく変化する。しかしながら，そうした自然な気温変動では，気温上昇の長期的傾向を説明できない。地球温暖化は降水量の増大，氷河の減少，海水面の上昇，熱波の発生など多数の天候パターンの変動をもたらすだろう。さらに，こうした気候変動により，利用可能な淡水の減少，農業の混乱，漁業への悪い影響，それらの結果として，人体への健康被害など劇的な変化がもたらされる（NAS, 2010a, 2010b）。

地球温暖化の直接的な原因は人類の活動，特に電力需要の高まりである。石炭，石油，天然ガスなどの化石燃料（fossil fuel）を燃焼させると大量の微粒子を大気中に放出する。これらの排出物のうち，（地球温暖化をもたらす排出ガスは他にも多くあるものの）最も注目すべきは「二酸化炭素」（CO_2）である。大気中に蓄積された炭素ガスや他のガスは地表から放出される温かな空気を閉じ込めてしまう。これにより温室効果が発生し，地表の気温が上昇する。2010年の「米国科学アカデミー」（National Academy of Sciences）の報告書によれば（NAS 2010b），

　　最近数十年の温暖化の大部分は二酸化炭素とその他の温室効果ガスを排出してきた人類の活動に帰する。人類の活動中でエネルギーとしての化石燃料の燃焼は気候変動の最大の原因である（2ページ）。

化石燃料は人類の多くの活動を助けてきた。そのうち最大の貢献は電力の生産である。図12-1によれば，電力生産の大半は化石燃料，特に石炭による。運輸部門はほとんどすべてを石油に頼っており，二酸化炭素排出量で第2位である。次いで，工業部門，家庭部門（主に，暖房と調理のために使用），さらに，商業部門での使用となる。エネルギー使用の効率化や保存により電力消費を削減することは有害排出ガスの削減に大きく貢献できることが明らかであろう。

抑止なき排出が地球に与える影響に関する悲惨な予測に接する時，何かを変えなくてはならないことは明確であろう。人類の活動をより持続可能なものとするための方策は多数ある。われわれの行動を変革させるような何らかの解決策が求められているのである。

図12-1　部門別・燃料別の化石燃料からの二酸化炭素排出量（2006年）

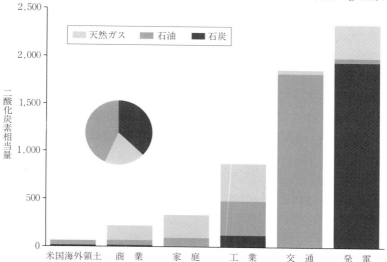

注：発電には，地熱発電による0.5Tg以下の二酸化炭素相当量を含む。
出所：U.S. Environmental Protection Agency, Inventory of U.S. Greenhouse Gas Emissions and Sinks: 1990-2008 (April 2010) U.S. EPA # 430-R-10-006

2　問題解決を可能にするための行動

　ソーシャル・マーケティングはわれわれの行動を変革させる有望なツールを提供する。本書において述べてきたように，「ソーシャル・マーケティング・プログラム」は特定の行動と関連したターゲットの「障害」(barriers) と「便益」(benefits) を識別しようとする課題に対応してきた。そして，製品を開発し，価格を修正し，流通を変更し，さらに，個人の行動を変革させるプロモーションやメッセージを開発してきた（ソーシャル・マーケティングの4P）。第6章では，家庭用エネルギー設備の改造や湯沸かし用の太陽光発電設備の導入など家庭部門における行動を対象とした「ソーシャル・マーケティング・プログラム」を検討した。本章では，商業部門における行動に焦点を当てることにしている。

　商業部門は世界の電力消費の16％を占める最大の消費部門である。電力消費は学校などの教育施設，小売店，飲食店，ホテル，さらに，オフィス・ビルなどで

第Ⅲ部　商業部門の行動への影響力

表 12-1　米国における商業部門でのエネルギー消費

用　途	エネルギー消費量合計の割合	「目標達成段階」における行動の事例
照　明	25%	• LED 電灯や電球型蛍光灯へ交換と使用 • 天窓や窓からの自然光を利用 • 部屋が無人の時に照明を暗くする人感センサー付き照明を導入 • 部屋を出る時に消灯
冷　房	13%	• 冷房に換えて，ファンと自然換気を利用 • 太陽光を遮蔽するために屋外に植林 • ブラインドを下ろす • 白熱灯の消灯
暖　房	12%	• 寒冷地では，ビルの入り口は開き戸や引き戸に換えて回転扉を利用 • 雨風の侵入を防ぐ目詰め材を利用，および，追加 • 必要な場所だけを暖房 • 退出する際，暖房を弱める，または，停止 • 従業員に対して，個人的な暖房器具の使用を止め，それに代えてセーターや暖かい靴の利用するよう働きかける
電　気	7%	• スイッチ付きのテーブルタップを導入し，業務が終了したらスイッチを切る • 電気効率のよい機器を購入し使用
換　気	7%	• オフィスに植物を飾る • 旧式の換気システムを最新の電気効率のよいシステムに交換
温　水	6%	• 低流量水栓を導入 • 温水の設定温度を下げる • 太陽光，または，地熱温水システムを導入
冷凍・冷蔵	4%	• 冷蔵庫の設定温度を高く • 各人，ないし，各部署で冷蔵庫を使用するのではなく，1つの冷蔵庫を皆で共有
コンピュータ	4%	• 夜間はコンピュータの電源を切る • モニターの輝度を下げる
調　理	2%	• 調理や冷蔵する食物を最小にする • その代わり，生の食材を利用
その他	20%	• 太陽電池ソーラーシステムを導入 • 使用しない時，コンセントを外す • タイマーを設置・利用して機器を「待機モード」にする

出典：U.S. Department of Energy. (2010). *Building energy data notebook*. Washington, DC：Author. Retrieved from http://buildingsdatabook.eren.doe.gov/TableView.aspx?table=3.1.4

第12章　エネルギー使用量の削減

の多様な活動から生じる。電力はさまざまな労働環境において広く消費されているものの，電力消費と関連する特定の行動がいくつかある。まず，商業部門におけるエネルギー消費を大まかに分類しよう。これらの分類を**表12-1**で示している。以下，消費につながる特定の行動を識別する。

　これらの行動は，ソーシャル・マーケターが潜在的なターゲットを理解するのに役立つ。ただし，特定の行動の選択に際して，特定の組織や対象者における，行動の「浸透性」（penetration）・「インパクト性」（impact）・「確率性」（probability）を考慮すべきである。例えば，20階建のオフィス・ビルを考えてみよう。ビルのエネルギー評価では，電力消費の相当な部分はエレベーターの運行と関係しているとするかもしれない。従業員やオフィスへの訪問者に，朝，到着した時に階段を利用するよう働きかけることは電力消費への影響という点で，行動変革のターゲットとして適切だろう。さらに，観察によれば，ほとんどの人がエレベーターを利用しており，階段を利用するという行動の「浸透性」は非常に低いだろう。しかしながら，「確率性」の観点からすると，下層階に勤務する従業員とは異なり，上層階に勤務する従業員には大きな「障害」があるために，行動を変革する（階段を利用する）ことはないだろう。ターゲット選択に際しては，どのような「障害」があるのかを考慮する必要がある。また，プログラムを検討する際にはデータを利用すべきである。

　商業部門における行動変革をめざした「ソーシャル・マーケティング・プログラム」の事例を以下で紹介する。これら2つの事例では，行動変革のためのツール，すなわち，行動を効果的に変革させるためのメッセージに注目する。本書でこれまでに紹介した事例では，複数のツールを使用，ないし，マーケティングの4Pのうち複数を同時に操作してきた。しかしながら，「ソーシャル・マーケティング・プログラム」にはさまざまな形態があるために，多額の予算や複雑なプログラムを常に必要とするとは限らないことに留意することは重要である。必要となるのはターゲットとなる行動に関するデータを利用すること，ターゲットとして特定の行動（細分化され，「目標達成段階」における行動が望ましい）に照射すること，そして，行動に関連した「障害」や「便益」のみを対象とした変革をもたらすための戦略を構築することである。

273

第Ⅲ部　商業部門の行動への影響力

CASE #1	消灯を促す表示の利用： スペイン，マドリッド

プログラム導入の背景

　本事例では，行動を変革させる「プロンプト」（prompts）の利用に注目する。「プロンプト」は多くの環境行動の変革を促進してきた。そして，エネルギー分野においても広く用いられてきた。基本的には，「プロンプト」はリマインダー（想起させる要素）として機能するのみならず，個人の価値観に関する社会規範を伝達することにも役立つ。ここで，個人が部屋から退出した時に照明を消すことを促すプロンプトの利用について検討する。

　エネルギー節約の方法を人々に尋ねると，最も多い回答の1つが照明を消すである。この行動は容易に観察可能であり，広く実践されている。多くの企業にとって，照明は電力消費の相当な割合を占めており，わずかな節約であっても環境への貢献は大である。しかしながら，他の行動に比して，部屋を退出時に照明を消すことは，エネルギー節約には小さな効果しかない傾向にあることを理解することは重要である。第6章において述べたように，より効率的な電球へ交換することや明るさを管理するタイマーを利用するなど，一度実行すれば，効果が持続する行動は全体としてより大きな効果がある。しかし，「プロンプト」の利点は比較的に低コストで他のソーシャル・マーケティング・ツールと同時に使用できる可能性があることにある。

ターゲット層と望ましい行動

　本事例は，オセヤ（Oceja）とベレンゲル（Berenguer）による（Oceja and Berenguer, 2009）。彼らのプロジェクトでは，異なる文脈における「プロンプト」の効果の確認と「プロンプト」における言語的表現の相対的比較をめざした。調査はスペインのマドリッドにあるアウトノマ大学（Universidad Autonoma）とファストフード店のトイレで行われた。大学にあるトイレは学生と教職員が利用している。男性用と女性用トイレのいずれでも調査が行われた。

　トイレには窓がなく，ドアの横に手動の照明用スイッチがある。被験者の行動はトイレ退出後に記録され，1人でトイレを使用した場合のデータのみが収集された。

274

調査上の関心は，被験者がトイレから退出する時，照明を消すか否かであった。消灯はこれ以上には細分化できない「目標達成段階の行動」である。比較のために，大学のトイレに加え，ファストフード店のトイレでも観察が実施された。観察全体を通じて，被験者は消灯するより照明をつけたまま立ち去る傾向にあった。ただし，トイレに入った時に照明が消されていた場合，使用後に消灯する傾向が相当に高かった。すなわち，被験者自身がトイレ使用時に照明をつけた時（そうでない時に比べ），退出時に消灯する頻度は2倍近く大であった。

「障害」と「便益」
同様の先行研究は行われていなかったものの，実験者であるオセヤとベレンゲルは先行研究を徹底して検討した。行動の決定における「プロンプト」と「社会的規範」の重要性に関する先行研究は見当たらなかった。

プログラムの内容
このプロジェクトの焦点はトイレから出る際に，消灯を想起させる「プロンプト」の利用にあった。プロジェクトでは，消灯に関連する「社会的規範」への認知に加え，「プロンプト」で用いる異なる言語表現が行動に与える影響の差異が検討された。ここで，「社会的規範」とは，「他人が照明を付けっ放しにする程度に関する個人の信念」を意味する。すなわち，信念とは，個人が「他人はトイレの使用後に，照明を消す（または消さない）」と考えることであり，その信念より「使用後は照明を消すべきである（または，消す必要はない）」との社会的規範が形成される（訳者による補足説明）。この社会的規範には，エネルギー保全に関する概念は含まれていないものの，礼儀正しさや安全に対する関心が含まれているだろう。

実施：複数の種類の「プロンプト」が用意された。トイレを利用した200人の被験者を観察した。男女は半々であった。多くは（85％）は大学生であり残りは教職員であった。

以下の4つの「プロンプト」が異なるトイレに掲示され，評価された（すべての「プロンプト」はスペイン語で表記された）。

・**費用と便益**：無駄にした場合には，電気代を支払うことになります！（"La

第Ⅲ部　商業部門の行動への影響力

electricidad que derrochas la pagas tú.")

- **公共性**：みんなの利益のために電気を節約しましょう！（"Es un bien de todos, ahorra electricidad.")
- **社会的承認**：電気を無駄にして，人々を失望させないようにしましょう！（"No quedes en mal lugar, ahorra electricidad.")
- **正しい行動**：退出前に消灯しましょう！（"Al salir, apaga la luz.")

　なお，5番目のトイレはコントロール群として，「プロンプト」を掲示しなかった。

評　価

　行動観察から得られた結果によれば，「プロンプト」の興味深い効果が見出された。まず，基本的傾向として，被験者は退出時に消灯しない。平均して，退出時に消灯するのは42％に過ぎない。男女差はなかった。次に，事前調査と同様，トイレに入った時，すでに消灯されていた場合，退出時に消灯する傾向にあった。すでに消灯されていた場合には，退出時に54％が消灯する。一方，照明がついていた場合には，退出時に31％しか消灯しなかった。また，結果によれば，「プロンプト」の効果は一様ではなく，「プロンプト」についての興味深い知見が得られた。対照実験の条件（5番目のトイレ）では，39％の被験者が消灯した。対照実験の条件に対して，4つの実験条件のうちたった1つ，「正しい行動」のみで対照条件と有意差が観察できた（65％が消灯した）。「費用と便益」では35％，「公共性」40％，「社会的承認」35％で，対照実験の条件（39％）と有意差はなかった。

論　評

　本事例の結論から，行動に影響を与える「プロンプト」の可能性を強調できる。特に注目すべきは，個人の内的な自己評価や意図を尋ねるのではなく，外形的な行動を観察したことである。

　結果によれば，「プロンプト」は行動に影響を与える。ただ，より重要であることは「プロンプト」における言語表現によって，効果が劇的に異なることである。本事例では，3つの条件において，消灯への何らの行動変容も観察できなかった。顕著な効果をもたらした唯一の「プロンプト」は正しい行動を強調した

第12章　エネルギー使用量の削減

表現——「退出前に消灯しましょう！」——であった。これは「プロンプト」の効果に関する先行研究から得られた知見と一致する（Geller, Winett, & Everett, 1982；Werner, Rhodes, & Partain, 1998）。

　「プロンプト」に関する先行研究に鑑み，その効果を最大とするため以下が示唆される。一般に，「プロンプト」が最大に機能するのは……。

1．プロンプトが単純な行動を対象とする時である。「プロンプト」を検証した多数の先行研究によれば，行動の過程が非常に少ない，または，個人にわずかな努力しか要求しない時，効果が最も発揮されると考えられる。この点で，「プロンプト」はゴミを散らかすことを防ぐ，リサイクルを促進する，エネルギーを保全するための特定の行動を奨励することなどに効果がある。

2．対象が反復行動である時である。「プロンプト」の本質から，「プロンプト」は頻繁に発生する行動に適していることは明白である。

3．個人がすでに行動しようとしている時である。すなわち，「プロンプト」は説得ではなく，想起させることに効果がある。したがって，「プロンプト」は，個人がすでに有している行動への動機づけをより高めるためのツールである。動機づけはエネルギー保全に対する個人的な義務感など内的な要素であるかもしれないし，社会的非難を回避したいという願望など外的な要素であるかもしれない。

4．プロンプトが行動とよく近接している時である。「プロンプト」は単純な行動に最も効果があるために，「プロンプト」と行動とを近接させる時に，効果が高まる。この効果は「プロンプト」によって促された行動を行動時点において，個人が思い浮かべる顕著性効果に起因するかもしれない。または，より時間的に離れた行動を複雑であると個人が考えることにも起因するかもしれない。「プロンプト」のこうした特性は「プロンプト」の一般化を困難にする。例えば，トイレから出る時に照明を消すことを促進したとしても，1日の勤務を終えてオフィスを出る時に照明を消すことを促進できるとは限らない。

5．プロンプトが正しい行動を強調する時である。ここで議論した事例では，オセヤとベレンゲルは，「消灯しましょう！」が最も効果的な「プロンプト」であることを見出した。（Oceja and Berenguer, 2009）これは，「照明をつけた

第Ⅲ部　商業部門の行動への影響力

ままにしないようにしましょう！」という「プロンプト」に比べ，正しい行動を示すメッセージの重要性を強調している。

6．丁寧な言語表現を用いる時である。先行研究によれば，「プロンプト」を通じて，丁寧にお願いした時には効果を高めることができる。

　これらの示唆に加え，「プロンプト」と環境的要素との相互作用が重要である。例えば，「プロンプト」で奨励された行動を誰も採用しないことが明らかである場合，「プロンプト」は逆効果となる。タバコの吸い殻を捨てる場合を考えてみよう。ひどく汚れている場所で喫煙者に灰皿を使うように「プロンプト」で指示しても，誰も吸い殻を適切に処分したりはしない。それどころか，このような「プロンプト」は吸い殻を捨てることを社会的規範としてしまい，その結果，吸い殻を捨てる人が増えてしまうかもしれない（Schultz & Tabanico, 2009, を参照のこと）。

CASE #2　ホテルでのタオルの再利用を促す規範ベースのメッセージ：カリフォルニア州

プログラム導入の背景

　消費に起因する資源問題や環境問題への関心の高まりに合わせて，多くの企業が環境保護のためのプログラムや政策を実行してきた。これらの施策は既存顧客を維持し，新規顧客を獲得するために，環境保護に積極的であると印象づけようとする企業の試みであるようにも幾分は見受けられる。さらに，「環境保護プログラム」（Environmental programs）は例えば，水道光熱費の低減などを通じて，営業費用を削減することにより企業収益にも貢献する。「環境保護プログラム」によりコスト削減が可能な業種として，サービス業がすぐに思い浮かぶ。そして，今日では，宿泊客に環境保護行動を奨励するメッセージがほとんどすべてのホテルで見かけられる。

　本章の2つ目の事例では，ホテルでのタオルの再利用プログラムの効果を検討する。

278

ターゲット層と望ましい行動

本ケースについての記述は，シュルツ（Schultz），カージアン（Khazian），ザレスキー（Zaleski）の一連の研究による（Schultz, Khazian, and Zaleski, 2008）。このケースでのターゲットは，南カリフォルニアにあるタイムシェアリング方式のリゾートホテルに 1 週間滞在する宿泊客である。彼らの大半は休暇中の男女カップル，もしくは，家族であり，他のタイムシェアリング方式のホテルと同様に，宿泊客は部屋を一定時間占有する「所有者」である。追加の「ソーシャル・マーケティング・プログラム」が隣接するホテルの宿泊客と巨大ホテルチェーンのアリゾナにあるホテルの宿泊客に対して実行された（Goldstein, Cialdini, & Griskevicius, 2008；Goldstein, Griskevicius, & Cialdini, 2007, を参照のこと）。

本プロジェクトの目的はバスタオルを再利用する宿泊客の割合を増加させることである。ターゲットとする行動は，ホテルが用意したラックに宿泊客がバスタオルをかけることである。プログラムの開始以前，ホテルは部屋を掃除するたびに，すべての使用済みタオルを交換してきた。ホテルにとって，バスタオルやシーツを交換するコストは労力，設備，エネルギー，洗剤などの諸経費を含め相当の負担である（Fitzmorris, 2003）。宿泊客がタオルを再利用するよう動機づけることは環境への貢献に加えて，ホテルの収益に直接，貢献することになる。

「障害」と「便益」

プログラムの開始前，研究チームはタオル交換に関連した日々の業務を理解するために，ジェネラル・マネジャー，運営ディレクター，客室係などを含め，リゾートホテルのスタッフにインタビューを行った。研究チームはタオルの再利用プログラムへの参加意向を尋ねるために，リゾートホテルの宿泊客にもインタビューを実施した。

プログラムの内容

プロジェクトでは，規範的メッセージと環境保全行動を促す社会的規範の役割に注目した。社会的規範は集団内で共通に受け入れられた行動に対する個人の信念に関連する。行動科学研究において，社会的規範として，「命令的規範」（injunctive norms）と「記述的規範」（descriptive norms）は区別される（Cialdini &Trost, 1998）。命令的規範は，他人が是認する行動についての個人の信念に関す

第Ⅲ部　商業部門の行動への影響力

る概念であり（訳注：……せよ），「記述的規範」は他人の実際の行動——集団の
メンバーに広く共有される行動——に対する個人の信念に関する概念である（訳
注：……している）。先行研究によれば，社会的規範は個人の行動に強い影響を与
え，個人は規範に従う傾向が大であることが示されている（Nolan, Schultz,
Cialdini, Griskeviciusf & Goldstein, 2008）。さらに，先行研究によれば，「命令的規
範」と「記述的規範」とが合致する時，すなわち，他人がその行動を是認，かつ，
採用する時，規範的メッセージは影響力が最も大となる（Cialdini, 2003；Gockeritz
et al., 2010）。

　社会的規範の概念を援用し，宿泊客にタオルの再利用を促すために，客室内に
新しい表示を設置した。2種類のメッセージが作成された。1つは，プログラム
について簡潔に記述し，宿泊客に「タオルを再利用して下さい」と促した。もう
1つ社会的規範メッセージで，「命令的規範」と「記述的規範」を含むプログラ
ムの基礎的な情報であった。メッセージは以下の通りである。

　　「本リゾートホテルの多くの宿泊客様はエネルギー保全の重要性を表明して
　下さっています。私たちのお客様の75％近くは，もし機会があるならば，毎日，
　タオルの再利用を選択なさいます。このように多くのお客様がエネルギー保全
　に関心をもち，大切にしたいとお考えになっていることから，本リゾートホテ
　ルでは「エネルギー保全プログラム」（a conservation program）を開始すること
　と致しました。毎日，タオル洗濯に膨大なエネルギーが消費されています。そ
　のために，タオルの再利用は，お客様ができるエネルギー保全の1つです。も
　しタオル交換をお望みであれば，お使いになったタオルをバスルームの床に置
　いておいて下さい。タオルを再利用されたい時には，タオル掛けに掛けて下さ
　い。タオルの再利用をお願い申し上げます」と。

　図12-2は，バスルームと表示の写真である。

　実行　メッセージは堅いプラスティックの室内案内に印刷され，タオル掛けの
近くの浴室の隅に設置された。タイムシェアリングによる客室は132あり，無作
為に抽出により，そのうち100は実験群として規範的メッセージが提示され，残
り32は対照群として，プログラムの基本的なメッセージだけが提示された。実験

図12−2　ホテル・バスルームの2例

出所：写真は著者提供。

群と対照群のサンプルサイズ（訳注：サンプルの観測データの個数）の差異はプログラムによる節約の効果を最大化しようとするホテルからの要望によった。

　研究チームは案内表示の設置を徹底するため客室係と一緒に行動した。さらに，チームはスタッフの朝礼にたびたび出席し，タオル掛けに残されたタオルが誤って交換されないように清掃係と一緒に働いた。室内表示の効果は，6ヵ月にわたる合計794回の「滞在」により評価された。宿泊客の滞在は7日を単位として定義された。清掃のたびに，研究チームは少なくとも1枚以上のタオルが再利用された部屋に加え（1枚以上再利用された場合＝1，再利用されなかった場合＝0），客室で交換されたタオルの枚数を記録した（0から4枚）。

評　価

　プログラムは規範的メッセージ（実験群）と対照群のメッセージとを直接比較するよう設計されていた。対照群においては，掃除の最初の日に，少なくとも1枚以上のタオルが再利用された部屋は平均57％，平均2.32枚のタオルが交換された。規範的メッセージが提示された部屋では，少なくとも1枚以上のタオルが再利用された部屋は62％，平均1.74枚のタオルが交換された。各部屋で交換されたタオル枚数は実験群では，25％少なかった。実験の効果はこのリゾートホテルの他の客室と同系列のアリゾナにあるホテルで，確認された。（Goldstein et al., 2008）。

第Ⅲ部　商業部門の行動への影響力

　研究計画に従って，従業員はホテル内に規範的メッセージに関する対照実験を行った。ホテル側から提供された収支データによれば，研究チームは従業員の労働時間を節約する以外に，タオル1枚につき20.5セントの費用を削減したと推定した（節約した労働時間は簡単には推定できないものの，相当量である）。原則として部屋ごとに4枚のタオルを交換すると仮定して，タイムシェアリングの客室と一般の客室で，清掃のたびにタオルを交換するためのタオル本体，エネルギー，設備費用は，年間累計で1万8,300ドルと推定された。ホテルでのタオルの再利用プログラムにより，タオルの交換枚数が各部屋で2.32枚に減少した。これより，42％（7,686ドル）の費用が節約できた。規範的メッセージを追加することにより，さらに1.74枚まで削減できた。コストの追加的節約は25％（2,654ドル）で，タオル再利用プログラムと規範的メッセージによる節約はあわせて年間1万340ドルであった。調査のために，200枚の案内表示を作成するコストはわずか370ドルであった。これより，費用削減に成功した。

論　評

　本事例から得られた結果は行動変革を促す規範的メッセージの可能性を示している。実験の結果によれば，一般的なメッセージ（対照群）に比して，社会的規範型メッセージ（実験群）では25％のタオル利用の削減に成功した。ただし，社会的規範型メッセージの制作にあたって，いくつかの重要な検討課題が残されている。

　まず，本ケースでの基準はターゲット対象の行動が選択されることであったことに注意すべきである。実験によれば，タオルを再利用する機会があった時，75％の宿泊客がタオルを再利用した。これは最初の観察とリゾートホテルでの予備実験から得られた事実である。しかしながら，もし規範がターゲット対象の行動と合致していなかった場合，規範型メッセージの利用は逆効果となる。例えば，「オフィスにいるスタッフのうち20％だけが夕方，退社する時に，コンピュータの電源を切らない」というメッセージを単に従業員に伝えるだけでは，コンピュータの電源を切るよう従業員に奨励することにはならない。事実，「問題の深刻さを認識しなさい」などよくあるメッセージは環境保護を推進する意欲をなくさせることにつながる傾向にある。

　2つ目の検討課題は規範型メッセージを制作するとき，どの集団から規範を導出するのかである。ホテルのケースでは，同じホテルに宿泊した他の客を参照し

た。

　しかし，効果を高めるためには，より特定化した集団を参照すべきだったかもしれない。例えば，「お子様をお連れの他のご家族様……」や「このお部屋にお泊りになった他のお客様……」などである。この問題に関する既存の研究によれば，より特定化した集団を参照することは若干ではあるが，効果が高いものの，一般的な集団を参照したとしても十分な効果が期待できることが示唆されている (Schultz, Tabanico, & Rendon, 2008)。重要なことは，外集団（訳注：外集団とは，自身と競争・対立する他者，ないし，集団）を参照しないことである。先行研究によれば，外集団（例えば，競争他社，ライバル校など）に属する個人の規範情報を提供することは逆効果となることもありえるのである (Abrams, Wetherell, Cochrane, Hogg, & Turner, 1990)。

　最後に，社会的規範型メッセージ利用に際しての第3の検討課題は，メッセージは一般に影響力があると思われていないことである。すなわち，規範型メッセージの影響力を質問された時，個人——特に北米や西欧の個人主義の影響を受けた個人——はその効果を過小評価する。これは，規範型メッセージが家庭におけるエネルギー消費の10%削減をもたらしたことから理解できる (Nolan et al., 2008, 第6章)。エネルギー保全に向けてどの程度，動機づけられたかを居住者に尋ねた時，規範型メッセージはほとんど効果を示さなかったように思えた。一方，観察データによれば，環境型メッセージは環境保護活動を引き起こさなかったにもかかわらず，環境型メッセージが最も効果を示したように思われた。この知見からの要点はプログラムを実行する際，行動変革がもたらされたという被験者の自己評価のみに頼るべきではないということである。米国や他の個人主義文化の国々においては，個人が他人の考えや行動に影響を受けることを否定する傾向にあるにもかかわらず，社会的規範は行動変革に影響を与える強力なツールである。

3　その他のすぐれたプログラム

　ここで紹介した2つの調査は行動変革をもたらすことができるソーシャル・マーケティング・ツールのよい事例である。いずれもエネルギー保全に注目しており，かつ，行動変革をもたらす手法を開発し検証した，大規模な適用というより小規模な事例である。一方，商業部門におけるエネルギー保全では，大規模な

第Ⅲ部　商業部門の行動への影響力

プログラムも多い。本節では，多数の成功事例を簡単に紹介する。

1.「エネルギー効率化のための産業パートナーシップ」（Energy-Efficiency Industry Partnership）：メキシコ

　1995年から2003年の期間，「エネルギー節約のための協定」（Alliance to Save Energy）はメキシコの経済活動におけるエネルギー消費の効率化を促進する「ソーシャル・マーケティング・プログラム」を展開した（Auer, 2004）。このプログラムはスタート時点では，多数のメキシコや国際機関から資金援助を受ける「メキシコのための持続可能な都市プログラム」（Mexico Sustainable Cities Program）」と関連していた。このプログラムの目標はエネルギー問題への認知，メキシコ企業による技術の利用，効率的に利用する能力，エネルギーの効率的利用を奨励する政策とプログラム，を推進することであった。最初，プログラムは一連の公開ワークショップ，企業向けのセミナー，エネルギーを効率的に利用できる製品やサービスに関する供給企業からのプレゼンテーションから構成されていた。参加者からの詳細なフィードバックとプログラムに対する評価を通じて，プロジェクトチームはエネルギーの効率利用に向けた交渉や政策に関して，円卓会議の実施，ウェブサイト用素材，週刊で発行されるニュース用資料の用意などプログラムを精緻化していった。

　9年間で，本プログラムでは27のセッションが開設され，200以上のプレゼンテーション，2,000人以上の参加者があった。参加者にはセッション直後に調査が行われ，さらに，一部の参加者には追跡インタビューも行われた。セッション終了直後の調査によれば，高水準の取り組み，セッションに対する概ね高い評価，エネルギー消費の効率化の重要性への高い認知がみられた。参加者からの長期的評価として，利用可能なエネルギー効率化の技術と財政的な選択肢に関する知識の増加があげられた。発表者からは，セミナーでの発表により製品の売上げが増加したとの意見が強かった。追跡インタビューにより，プロジェクトチームはセミナーによる直接的な売上げ効果は280万ドル，節約できた電力量は年間2,000万kWh，天然ガスは年間1,520億Btu（英国熱量単位，1ポンドの水を華氏1度上昇させるのに必要な熱量）と推定した。あるセミナーの参加者の話は囲み資料12−1で紹介されている。

　「エネルギー効率化のための産業パートナーシップ」（Energy-Efficiency Industry

第12章　エネルギー使用量の削減

囲み資料 12-1　コミュニティ・ワークショップの貢献

2002年のセミナーに参加した，メキシコ・プエブラ（Puebla）にある巨大な工具メーカーの上級管理者であるディエゴ・カスティリョ（インタビュー相手の匿名性を保つために偽名を用いている）の事例を考えてみよう。彼はコンピュータ・システムの管理と低コストの施策とを組み合わせることにより，自社の電力消費を実質的に削減できることを知った。セミナーに参加して，彼や他社からの参加者は，どのようにしたら電力消費を削減できるかをより深く理解するために，プエブラにある全国製造業会議所の短期コースにさらに参加したい，と考えた。コースは15時間で，講師陣とともに実際の企業を訪問し，エネルギー節約のための具体的な対策を議論し実行手順を考案した。マルコ・ペーニャ（これも偽名である）は講師の1人で，セミナーでの発表者でもあった。

ペーニャとともに，いくつかの工場を訪問した後，カスティリョは工場における電力需要源をモニターするために，プログラマブル論理制御装置（PLC）をペーニャから購入することにした（なお，現在，カスティリョの工場はこの装置を設置するための最終段階にある）。セミナーを通じてペーニャは機器を間接的に販売した。しかしながら，全国製造業会議所の短期コースへの参加とそれに伴う工場訪問によるカスティリョの経験から直接に生じた取引であるために，（4,000米ドル前後の）当該取引は補遺D，または，Eにあるデータには記載されていない（訳注：訳出時点では，Auer（2004）を参照できないために，補遺D，または，Eの詳細は不明である）。プログラマブル論理制御装置（PLC）は，アイドル時とピーク時の需要を低減することにより，工場の電力需要を10％軽減するだろう（Auer, 2004, pp. 22-23）。

Partnership）の事例では，ターゲットに到達するために，出席者間のコミュニケーションに注目したワークショップとセミナーを利用した。この方法は「ターゲット」（例えば，地元経営者，住民，レストラン経営者などを標的対象者とする）の代表者が議論のために参集する他の多くの環境分野にも適用することに成功した。参加者が相互に情報を交換し，互いに有意義な貢献ができる時，ワークショップは成功する。また，参加者間の合意を形成しようと尽力し，グループ・ディスカッションを通じて社会的規範に関する合意と行動を涵養しようとする参加者により運営される場合には，ワークショップは成功する。グループ・ディスカッションを運営するこうした方法のよい事例については，ワーナーによる一連の著作（Werner, Byerly, & Sansone, 2004 ; Werner & Stanley, 2006）を参考にしてほしい。これらの中で，ワーナーは非毒性家庭用品の使用を促進するためにグループ・ディスカッションを用いた。

第Ⅲ部　商業部門の行動への影響力

2．CB・リチャード・エリス（CBRE）による「グリーン・ナイト・プログラム（緑の騎士プログラム）」──環境保全のための企業の戦士の任命

　CB・リチャード・エリス社（CB Richard Ellis：CBRE）は不動産ビジネスを営む多国籍企業である。世界中で20億平方フィート（１億8,600万平方メートル）以上のビルを管理する世界最大の企業は持続可能性に向けて確固たる取り組みをしており，環境保護を企業目標の１つとしている（www.cbre.com，を参照のこと）。CBRE は役員会での意思決定により，ビジネスを通じて環境問題の解決に直接的に貢献する一方，多くの日常業務を通じて環境に対して配慮する必要があることも認識している。この結果，CBRE は「グリーン・ナイト・プログラム（緑の騎士プログラム」（"Green Knights" program）を開発した。複数の自社オフィスで，１人の社員が「グリーン・ナイト（環境問題解決のための騎士）」に任命される。この社員は持続可能性の基準とプログラムの遵守のために，CBRE の従業員に援助を提供すること，新たなプログラムや新たな成果の創出を助けること，組織内での人的資源として行動すること，巨大企業内において持続可能性を高める行動に従事することなど，持続可能性のための支持者として行動する役割がある。データによれば，全米で113人の「騎士」がいる。「グリーン・ナイト・プログラム（緑の騎士プログラム）」を評価するデータは見当たらないものの，彼らは CBRE の顧客の不動産を維持管理する際，持続可能性に向けての実践を確立・促進しようとする調整や努力の象徴である。

3．「エナジー・スター・プログラム」──オフィス・ビルの認証

　多くのビジネスにとって，環境問題へ取り組もうとする意思決定は売上げとコストに正の影響をもたらしてきた。営業部門からみれば，持続可能性への取り組みはブランド要素であり，新規顧客の獲得を助け，自分たちが提供する製品やサービスの価値を高める。さらに，持続可能性に関する活動──特に，エネルギー保全──は変動費の削減にも役立つ。このような正の成果をもたらす好例として，環境にやさしいビル建設がある。建物の空間における個人の行動はエネルギー消費に劇的な影響を与えると同時に，建物自身のエネルギー効率もエネルギー消費に影響を与える。教室から企業のオフィス・ビルまで，照明・室温・温水・空調などでエネルギーが必要となる。そして，よりエネルギー効率のよい設計・素材・技術により，建物空間によるエネルギー負荷を軽減できる。

建築業者や不動産所有者によりエネルギー効率が良好なビル建築を働きかけるために，米国・環境保護庁（EPA）は，『「エナジー・スター」ベンチマーキング・プログラム』（ENERGY STAR Benchmarking Program）を開始した。本プログラムでは，建物のエネルギー効率を計算し，同種の建物とエネルギー効率を比較するための標準的な方法を提供するポートフォリオ管理を利用する。建物は100点満点で評価され，75点以上の場合，「エナジー・スター」（ENERGY STAR）の資格がある。本プログラムでは，参加する建物に対して，無料の技術診断とエネルギー効率改善のための助言を提供する。プログラムは1999年にスタートし，米国で9,000近い建物が「エナジー・スター」を得た。プログラムに対する最近の評価によれば，ベンチマーク・スコアと助言を得た後，建物所有者は経費と設備投資を含め，改善や修繕の助言の44％を受け入れる（Nexus Market Research, 2009）。これにより，電力と天然ガス消費はかなり削減できる。ミラー（Miller）とポーグ（Pogue）の分析によれば，「エナジー・スター」と認められた建物は同規模の認証されていない建物に比べ，運営コストが廉価であること，入居者はエネルギー効率がよいことを生産的であると考えていること，入居者にとってエネルギー効率を高める活動は重要性を増していることが示唆されている（Miller and Pogue, 2009）。

　米国・環境保護庁による『「エナジー・スター」ベンチマーク・プログラム』は世界的にも多くの建物を評価してきたプログラムの１つであり，評価方法を標準化することに関心が高まってきている。その他の建物環境性能評価手法として，英国の「建築研究財団」（Building Research Establishment）による手法（Building Research Establishment Environmental Assessment Method：BREEAM），オーストラリアの「グリーン・スター」（Green Star），さらに，「米国グリーンビルディング協議会」（USGBC）による手法（Leadership in Energy and Environmental Design：LEED）などがある。企業は運営コストを削減し，環境への負荷が少ない持続可能なビジネス・モデルを利用しようとしている。ベンチマーク・プログラムはエネルギー効率を高めることを促進するために，非常に有用な仕組みを提供する。

4．「チェンジ・ザ・ライト，チェンジ・ザ・ワールド（灯りを換えて世界を変える）」キャンペーン

　1999年，米国・環境保護庁は国内の個人と組織に，よりエネルギー効率のよい

第Ⅲ部　商業部門の行動への影響力

照明器具（例えば，電球型蛍光灯や最近では，LED など）への交換を奨励するキャンペーンを開始した。伝統的な白熱電球に比べ，電球型蛍光灯は75％の電気しか消費せず，少なくとも10倍は長持ちし，LED は白熱電球より80％エネルギー効率がよくて，少なくとも40倍は長持ちすると推定される。「チェンジ・ザ・ライト，チェンジ・ザ・ワールド（The Change-a-Light, Change The World）」（灯りを換えて世界を変える）」キャンペーンは１つの行動に焦点を当て，コミットメントの表明を利用しようとした（US. EPA, 2010）。このキャンペーンは（米国・環境保護庁による広告ではなく）PR，小売店や電力会社による広告，組織間のパートナーシップ，イベントによる訴求などから構成された。キャンペーンは組織や個人がコミットメントを約束することに向けられた。約束した場合には，組織は少なくとも，１つの照明を「エナジー・スター・プログラム」で認証されている照明に交換する。本プログラムは企業からかなりの支援を得て，2005年には７万人以上の個人が少なくとも１つの照明を交換することを約束した。

4　まとめ

エネルギーは多くの環境問題の中でも最重要な問題である。電力生産はエネルギーを消費する最大の活動の１つであり，有害排出ガスの主要な源である。電力は主に石炭と天然ガスから生産され，この時，大気中に膨大な量の排気ガス，特に二酸化炭素を排出する。世界中で放出される有害排出ガスは地球の温室効果と温暖化の主要原因である。本章では，有害排出ガスの多様な排出源について議論した後，商業部門における電力消費に注目した。そして，商業部門において，エネルギー保全を促進してきた２つのケースについて詳述した。最初の事例はオセヤ（Oceja）とベレンゲル（Berenguer）に基づいて，部屋を退出する際の個人の消灯行動について紹介した（Oceja and Berenguer 2009）。彼らの研究によれば，照明スイッチのごく近くに「プロンプト」を設置し，正しい行動を強調することにより，消灯した比率が26ポイント増加した（消灯した比率が対照群においては39％，正しい行動を提示した実験群においては，65％であった）。２つ目の事例では，ホテルの宿泊客にタオルの再利用を促すために，社会的規範メッセージの利用を検討した。結果は，対照群と比較した時，社会的規範に依拠したメッセージの場合，各部屋で交換したタオルの枚数の25％削減が可能となった。本章で紹介した，これら２

288

第12章　エネルギー使用量の削減

つの事例やその他の事例はエネルギー保護を促進するためのプログラム設計と
メッセージの素案作成におけるソーシャル・マーケティングの役割を示している。

演習問題

① 本章で示したデータと素材を利用して，電力分野は温暖化問題にどのように貢献
できるでしょうか？

② あなたは大学の管理部門で働いているとします。そこは，あなたの現在の勤務先
と同様の環境にあるとしましょう。電力消費に貢献すべく，最低必要と思われる
「目標達成段階における行動」を10個列挙して下さい。ソーシャル・マーケティン
グにおけるターゲット行動として，リストのうちどれを選択しますか？　また，そ
の理由を示して下さい。

③ あなたが想定する行動において，行動変革を促進するために，社会的規範アプ
ローチは効果的なツールとなるでしょうか？　また，その理由を示しなさい。

参考文献

Abrams, D., Wetherell, M., Cochrane, S., Hogg, M. A., & Turner, J. C. (1990). Knowing
what to think by knowing who you are : Self-categorization and the nature of norm
formation, conformity and group polarization. *British Journal of Social Psychology,
29,* 97-119.

Auer, M. (2004). *Evaluating the energy efficiency industry partnership in Mexico : A
report for the Alliance to Save Energy.* Retrieved from http://ase.org/files/611_file_
Mexico_EEIP_ Evaluation_2004_04_Full.pdf

Cialdini, R. B. (2003). Crafting normative messages to protect the environment. *Current
Directions in Psychological Science, 12,* 105-109.

Cialdini, R. B., & Trost, M. R. (1998). Social influence : Social norms, conformity, and
compliance. In D. Gilbert, S. Fiske, & G. Lindzey (Eds.), *Handbook of social
psychology* (4th ed., Vol. 2, pp. 151-192). Boston : McGraw-Hill.

Fitzmorris, R. (2003). Hotel and motel laundry cost factors. Retrieved from http:
//www.laundrytoday.com/

Geller, E. S., Winett, R. A., & Everett, P. B. (1982). *Preserving the environment : New
strategies for behavior change.* Elmsford, NY : Pergamon.

Göckeritz, S., Schultz, P. W., Rendón, T., Cialdini, R. B., Goldstein, N., & Griskevicius, V.

第Ⅲ部　商業部門の行動への影響力

(2010). Descriptive normative beliefs and conservation behavior : The moderating role of personal involvement and Injunctive normative beliefs. *European Journal of Social Psychology, 40,* 514-523.

Goldstein, N., Cialdini, R., & Griskevicius, V. (2008). A room with a viewpoint : Using Social norms to motivate environmental conservation in hotels. *Journal of Consumer Research, 35,* 472. -482. Retrieved from http: //www. carlsonschool. umn. edu/ assets/118359.pdf

Goldstein, N. J., Griskevicius, V., & Cialdini, R. (2007). Invoking Social norms : A social psychological perspective on improving hotels' linen-reuse program. *Cornell Hotel and Restaurant Administration Quarterly, 48,* 145-150. Retrieved from http://www. influenceatwork. com/Media/RBC/Cornell%20Quarterly%20-%20Norms.pdf

International Energy Agency. (2010). *World energy outlook.* Bedfordshire, England. Retrieved from http: //www. worldenergyoutlook. org/docs/we02009/WE02009_es_ english.pdf

Miller, N., & Pogue, D. (2009). *Do green buildings make dollars and sense ?* USD-BMC Working Paper 09-11. Retrieved from http://catcher.sandiego.edu/items/business/ Do_Green_Buildings_Make_Dollars_and_Sense_draft_Nov_6_2009.pdf

National Academy of Sciences. (2010a). *America's climate choices. Volume 2 : Adapting to the impacts of climate change.* Washington DC : National Academies Press. Retrieved from http://books.nap.edu/

National Academy of Sciences. (2010b). *America's climate choices. Volume 1 : Advancing the science of climate change.* Washington DC : National Academies Press. Retrieved from http://books.nap.edu/

Nexus Market Research. (2009). *Evaluation of the National Grid and NSTAR ENERGY STAR® Benchmarking programs.* Cambridge, MA. Retrieved from http. //www.env.state.ma,us/dpu/docs/electric/09-64/12409nstrd2ah.pdf

Nolan, J., Schultz, P. W., Cialdini, R. B., Griskevicius, V., & Goldstein, N. (2008). Normative social influence is underdetected. *Personality and Social Psychology Bulletin, 34,* 913-923.

Oceja, L., & Berenguer, J. (2009). Putting text in context : The conflict between pro-ecological messages and anti-ecological descriptive norms. *Spanish Journal of Psychology, 12,* 657-666.

Schultz, P. W., Khazian, A., & Zaleski, A. (2008). Using normative social influence to promote conservation among hotel guests. *Social Influence, 3,* 4-23.

Schultz, P. W., & Tabanico, J. T. (2009). Criminal beware : A Social norms perspective on posting public warning signs. *Criminology, 47,* 1201-1222.

Schultz, P. W., Tabanico, J., & Rendoón, T. (2008). Normative beliefs as agents of influence : Basic processes and real-world applications. In R. Prislin & W. Crano (Eds.), *Attitudes and attitude change* (pp. 385-409). New York ; Psychology Press.

U.S. Environmental Protection Agency. (2010). *About the ENEGY STAR Change a Light Campaign.* Retrieved from http://www.energystar.gov/index.cfm?c=change_light.changealight_about.

Werner, C, Byerly, S., & Sansone, C, (2004). Changing intentions to use toxic household products through guided group discussion. [Special issue.] *18th IAPS Conference,* 147-156.

Werner, C. M., Rhodes, M. U., & Partain, K. K. (1998). Designing effective instructional signs with schema theory : Case studies of polystyrene recycling. *Environment and Behavior, 30,* 709-735.

Werner, C., & Stanley, C. (2006). *Guided group discussion : A strategy for changing behavior.* Presentation at the EPA Community Involvement Conference and Training. Milwaukee, WI. Retrieved from http://www.epa.gov/ciconference/previous/2006/download/presentations/opt_guided.pdf

第IV部

将来への展望

総括と戦略的提案$^{(1)}$

第13章

　結論を述べる本章では，「コミュニティ基点型のソーシャル・マーケティング」（community-based social marketing：CBSM）の活用を促進する一連の提案を行うことにしている。さらに，「投資利益率」（ROI）の測定の重要性とソーシャル・メディアの利用を重点的に提起する。ここでは，5つのステップから構成された「コミュニティ基点型のソーシャル・マーケティング」を提案する。連邦・州・郡（FSP agencies）当局と地方自治体（municipal）で分担が明確に分けられる。具体的には以下を提案したい。すなわち，連邦・州・郡当局は，最初の2つのステップ（「行動」（behaviors）の選択，「障害」〔barriers〕と「便益」〔benefits〕の明示）について主要な責任を有し，第3ステップ（戦略の立案）においてソーシャル・マーケティング上の援助を提供し，さらに，パイロットテスト・プログラムと広範囲なプログラムの実行に対して2段階で資金を提供する。そして，連邦・州・郡当局は効果的なプログラムのための情報交換という点で，重要な役割を果たすことが期待される。

1　行動の選択

　プログラムの計画者が行動の効果的な変革を実行しようとする場合，どのような行動に取り組むのが最も重要であるかについて，信頼できる情報が十分でなければ計画を推進できない。この問題を解決するために，連邦・州・郡当局は——行動を階層的に積み上げていくとよいだろう。すなわち，水・ゴミ・エネルギーなどの各領域において，どの行動を推進することが最も価値があるかを識別するべきである。階層化に際しては，どの行動を選択することが「インパクト性」，「確率性」，「浸透性」についての最適な組み合わせとなるかを検討する（「行動選択」に関する詳細な情報は第1章を参照のこと）。この作業を連邦・州・郡当

294

局が行わなければならない理由は，地方自治体は行動の厳密な選択のための資源を有していないことによる。連邦・州・郡当局は各領域やセクター（例えば，住民のゴミ削減と企業のゴミ削減など）ごとに３つの階層を策定することが適当であるとされる。まず，第１階層（Tier 1）は，「インパクト性」が大で，「浸透性」が低く，「確率性」が高い最善の組み合わせの行動である。第２階層（Tier 2）は，推進すべき重要な行動ではあるが，第１階層ほどには「インパクト性」と「確率性」が高くはなく，「浸透性」が低くない行動である。最後の第３階層（Tier 3）では，第１階層や第２階層である程度まで推進された行動を再び対象とする。

　連邦・州・郡当局（FSP）によって収集された情報は「浸透性」と「確率性」の変化を把握するため定期的に更新すべきである。さらに，ウェブ上での全国的な情報は地方自治体のプログラム計画者に，特定の領域・セクター・地域において，どの行動が直ちに効果があるかをすぐに識別することを支援していく。

2　「障害」と「便益」の洗い出し

　「行動」の選択と同様，地方自治体のプログラム計画者にとって，「目標達成段階」における最低限度の特定行動のための，「障害」と「便益」に関する正確な情報を収集することは難題である。「障害」と「便益」を識別するために厳しく要求される時間・専門知識・費用により，大規模な地方自治体以外の，大部分の自治体はこうした情報を収集できないだろう。さらに，連邦・州・郡当局がこうした情報を調整しながら収集するのではなく，膨大な数の自治体が各々に情報を収集することはあまり意味がない。

　「障害」と「便益」は地域により異なるであろうことから，「障害」と「便益」の地域的な差異が明らかになるように，調査を実行する必要がある。「障害」と「便益」とを識別するために，国全体，ないし，連邦・州・郡単位で地域を特定して実施する調査は多数の地方自治体が個別に実施する調査よりはるかに低コストである。

3　戦略の構築

　さらに，行動変革のためのプログラムを開発する課題は地方自治体当局のみが

第IV部　将来への展望

担うことになる。残念なことに，効果的な行動変革プログラムを開発するための知識を広く収集している組織が存在していないために，各自治体は，自分たちが直面する環境問題を解決するための行動変革プログラムを独力で開発しなければならない。連邦・州・郡は効果的なプログラム開発について，複数の役割を担っている。大半の連邦・州・郡当局は行動変革のためのプログラムを直接的には開発していない。その代わりに，連邦・州・郡当局は市町村などの地方自治体と非営利団体に自分たちが資金提供したプログラムの実行を依存している。連邦・州・郡当局がこれらのプログラムに資金提供するという事実は地方自治体レベルで実行されるプログラムの質に対して，非常に大きな影響を与える。この影響力により，地方自治体レベルでのプログラムが最大の「便益」をもたらす行動（すなわち，「インパクト性」が大，「浸透性」が小，「確率性」が大）をターゲットとするように誘導が可能である。さらに，この影響力を「障害」と「便益」に焦点を当てたプログラムだけが資金を受け取れるようにするために用いることができる。ターゲットの行動の促進，もしくは，抑制に関する明確な理解に基づかないプログラムに資金提供することは意味がない。

　連邦・州・郡当局が実行可能で，最も有益な行動の1つはソーシャル・マーケターの雇用を開始することである。ソーシャル・マーケターは「健康増進プログラム」の開発において長年にわたって，積極的な役割を担ってきたものの，環境分野においては，近年になるまで彼らの貢献はほとんどなかった。ソーシャル・マーケターは行動の選択，「障害」と「便益」に関する調査の実地，それらの地方自治体への効果的な普及などを監督できる。さらに，ソーシャル・マーケターは地方自治体のプログラムを開発し，評価することへの補助ができる。

4　パイロットテストとその広範囲な実施

　連邦・州・郡当局は2段階のプロセスを通じて，資金を提供することが求められる。すなわち，最初は，「パイロットテスト・プログラム」（a pilot）の開発・実行・評価についてのみ資金を提供するべきだろう。次に，プログラムが効果的であることが明らかになった場合のみ，広範囲なプログラムの実行に対して資金を提供すべきである。さらに，相当な額の資金が要求されると思われる広範囲なプログラムでは，複数の「パイロットテスト・プログラム」を評価することが適

当である。

　2段階での資金提供に加え，連邦・州・郡当局は効果的な「行動変革プログラム」に関する全国的なリポジトリ（repositories：情報保管庫）の創設を検討すべきである。第4章において紹介された「アイドリング反対運動」は，「ターンキー・プログラム」（turnkey program：「包括的なプログラム」）が地方自治体にどれほど有効であるかを明らかにしている。最初にトロントでパイロットテストが試行された「アイドリング反対運動」は現在では，カナダの200以上のコミュニティにおいて実行されている。「ターンキー・プログラム」を開発できるか否かは「障害」と「便益」についての比較的一貫した組み合わせが存在するか，または，プログラムにおいて，「障害」と「便益」の異なる組み合わせに対応可能な複数の選択肢を提供できるか，次第である。いずれにせよ，ターンキー・プログラムの開発により，提供されるプログラムの質を大いに改善できる可能性がある。

5　戦略的提案のまとめ

1．連邦・州・郡当局（FSP agencies）は行動の「インパクト性」・「確率性」・「浸透性」に関する情報を収集し，その情報を利用して行動を積み重ねる。

2．連邦・州・郡当局は，こうした情報を定期的に更新し，行動の「インパクト性」・「確率性」・「浸透性」についての変化を把握する。

3．ターゲットとする行動に関する情報は領域（例えば，水資源，エネルギー資源など），セクター（例えば，家庭，商業，農業など），地域などにより検索可能な全国的なデータベースにより共有する。

4．連邦・州・郡当局は「障害」と「便益」に関する情報を地域別に識別する。この情報を収集する優先順位は最初に第1階層（Tier 1），次に第2階層（Tier 2），最後に第3階層（Tier 3）における行動である。

5．連邦・州・郡当局は領域別・セクター別・地域別に検索できる全国的なデータベースに「障害」と「便益」に関する情報を整備する。

6．「インパクト性」・「確率性」・「浸透性」に関する最善の組み合わせとなる行動を地方自治体がめざすことを促すように，連邦・州・郡当局は補助金制度を整備する。

7．連邦・州・郡当局は採用される戦略と行動に向けての「障害」と「便益」

第Ⅳ部　将来への展望

とに明確な対応があるプログラムに対して，選択的に資金を提供する。

8．「コミュニティ基点型のソーシャル・マーケティング」（CBSM）の開発に
際して，連邦・州・郡当局は地方自治体を援助するソーシャル・マーケター
を雇用する。

9．連邦・州・郡当局は2段階でプログラムに資金を提供する。「パイロット
テスト・プログラム」に資金を提供した後，成功した「パイロットテスト・
プログラム」に対して，継続して追加的な資金を提供する。

10．連邦・州・郡当局は効果的な「ターンキー・プログラム」に関する全国的
なリポジトリを構築する。

6　投資収益率（ROI）

「環境プログラム」（Environmental programs）は，多くの場合，キャンペーンに
従って持続可能な行動を採用した人の割合により評価される。これは重要な測定
基準であるものの，真に意味のある評価のためには，プログラムを提供するため
のコストと比較する必要がある。具体的には，「コミュニティ基点型のソーシャ
ル・マーケティング」においてパイロットテスト・プログラムを実施する場合，
プログラムを広範囲に実行する前に，プログラムの「投資収益率」（Return of
Investment：ROI）を把握したい。最近の研究として Lee（2010）によれば，投資
収益率の計算についてのガイドラインは以下の通りである。

1．**総支出**：総支出はプロジェクトに関連するすべてのコストを含む。「コ
ミュニティ基点型のソーシャル・マーケティング」の視点によれば，総支出
には「行動」の選択，「障害」と「便益」の識別，「戦略」の開発とその「パ
イロットテスト・プログラム」の評価など全ての費用が含まれる。

2．**行動を採用した人数**：「パイロットテスト・プログラム」の評価により，
ターゲットとする行動を採用した人数についての信頼できる情報を得る必要
がある。

3．**行動を採用した個人**（1人当たりのコスト）：総支出（1）÷行動を採用した
人数（2）。

4．**行動を採用した個人**（1人当たりの「便益」）：ここでの「便益」とは，持続

可能な行動を採用することにより削減できたコストである。コストには，例えば，ゴミ削減活動によりゴミが減少しなかった場合に，新たなゴミ処理場を建設するコスト，水資源が効率的に保護されなかった場合に，新たな水処理場を建設する時のコストが含まれるだろう。

「投資収益率」（ROI）の計算方法は以下である。

ステップ１：行動を採用した人数（2）×行動を採用した個人１人当たりの便益（4）＝総便益
ステップ２：総便益－総支出＝純便益
ステップ３：純便益÷総支出×100＝投資収益率（ROI）

　相対的な「投資収益率」を検討するために，複数の戦略を評価することは非常に有益である。例えば，ある戦略においては，持続可能な行動を採用する個人が対象者の60％であり，一方，他の戦略では同様の行動を採用する個人が50％であるものの，コストが極端に低いかもしれない。多くの行政機関は行動によっては，行動を採用する人数はわずかに小さくともコストが大いに低い戦略を喜んで採用するかもしれない。最後に，既存の手法によるキャンペーンを採用してきた行政機関にとって，十分に調査され設計された「コミュニティ基点型のソーシャル・マーケティング戦略」（CBSM strategy）の投資収益率は相当に高いことに注意しよう。

7　ソーシャル・メディア

　フェイスブック，ツイッター，ブログなどのソーシャル・メディアの出現やウェブ技術の発展により，持続可能な行動を促進するために，ソーシャル・メディアをどのように利用すべきかについて大いに関心がもたれるようになってきた。実際，ウェブシステムの発注者が開発者に提示する提案依頼（REPs）では，ウェブシステム開発者はソーシャル・メディアの利用に精通してなければならないとたびたび述べられている。さらに，そうした情報資源の開発について，相当の時間と費用を費やすことは行政機関にとって当然のことである。しかしながら，

第Ⅳ部　将来への展望

こうした新たな技術といっても万能薬ではない。これらがどのようにすぐれているのかを技術の視点から捉えるのではなく，行動変革に関連した「障害」と「便益」に対応するために利用したい。第1章において，「コミュニティ基点型ソーシャル・マーケティング」では，まず，「インパクト性」・「浸透性」・「確率性」に関する情報に基づいて行動を注意深く選択し，次に，戦略開発に先立って行動が有する「障害」と「便益」を注意深く識別するようにと説明した。「コミュニティ基点型ソーシャル・マーケティング」では，明らかにされた「障害」と「便益」に対応可能な場合にのみ，ウェブにおける新技術を用いるべきである。もしウェブ技術が「障碍」と「便益」に対応するための役に立たないのであれば，ウェブ技術にこだわる必要はない。

　行政機関はウェブサイトを通じて，どの行動を促進するかを戦略的に検討する必要がある。そして，行政機関はウェブサイトへの訪問者に対して，広範，かつ，多様な行動を奨励することが一般的である。一方，多くの行政機関にとって，ウェブサイトはターゲットと関係をもつことができる唯一の場である。このため，ウェブサイトにおいて行動に関する「障害」と「便益」を十分に強調できない場合には，行動が採用される見込みが非常に低くなってしまう。実行に際して，行政機関がウェブサイトによってのみ行動変革を促進しようとするならば，オンラインを通じて，「障害」と「便益」を十分に訴求可能な行動についてのみ訴求するように，行政機関は自重するべきである。

8　結　論

　本書では，環境プログラムの実行に対する「コミュニティ基点型のソーシャル・マーケティング」について述べてきた。人類が直面している環境問題の重要性を考えると，環境を大きく改善すべく，社会科学の知識を環境問題プログラムの実行に正しく適用する必要がある。筆者たちは，本章における提案を早急に採用することにより，プログラムの実行に成功できると信じている。さらに，プログラムを注意深く検討するだけでなく，プログラムを評価する「投資収益率」にも注目することを推奨する。「投資収益率」を測定することにより，多様な戦略の相対的な効果を把握し，どの「パイロットテスト・プログラム」を広範囲に実行するかについて，的確な意思決定を行うことが可能となるのである。

第13章　総括と戦略的提案

注

(1)　本章における提案は，以下において詳細に述べられている。McKenzie-Mohr, D. (2011) *Fostering sustainable behavior : An introduction to community-based social marketing* (3rd ed.). Gabriola Island, BC : New Society.

引用・参考文献

Lee, N. (2010). Where's the beef? Social marketing in tough times. *Journal of Social Marketing*, 1 (1).

監訳者あとがきにかえて
―環境保護とソーシャル・マーケティングの役割―

はじめに

　米国・ノースウェスタン大学ケロッグ経営大学院のフィリップ・コトラー名誉教授（Philip Kotler）は周知のように，マーケティングを現代企業の戦略的な知的装置へと引き上げた世界的なマーケティング学者であり，現代マーケティング研究の第一人者である。コトラー教授はこれまで，78冊の著作（単著17冊），163本の学術論文を刊行している。とりわけ，日本の研究者や企業家にとっては，『マーケティング・マネジメント（*Marketing Management*）』（1971年～2015年）は15版，さらに，『マーケティング原理（*The Principles of Marketing*）』（1980年～2016年）は17版を重ねているベストセラーであり，マーケティングを学ぶ人たちにとって必読文献となっている。

　今般，日本語版を刊行したのは，コトラー教授のソーシャル・マーケティング理論を基本として，社会的課題解決のためのソーシャル・マーケティングを実践的に適用した実務家とコトラーの共著である原題『環境保護のためのソーシャル・マーケティング（*Social Marketing to Protect the Environment : What Works*）』であるが，この日本語版は『コトラーのソーシャル・マーケティング――地球環境を守るために』に改題している。筆者は1995年に，コトラーと E.L. ロベルト（E.L. Roberto）による「ソーシャル・マーケティング」に関する理論的・実践的な著作『ソーシャル・マーケティング（*Social Marketing : Strategies for Changing Public Behavior*）』（The Free Press, 1989）の翻訳に参加し，井関利明慶應義塾大学教授監訳による『ソーシャル・マーケティング』（ダイヤモンド社）を刊行した。

1．マネジリアル・マーケティングから，ソーシャル・マーケティングへ

　コトラー教授は現代マーケティング，いわゆるマネジリアル・マーケティングの理論的・実践的な大家であるが，彼は営利組織としての企業のためのマーケティング活動だけでなく，非営利組織のためのマーケティング活動としてのソーシャル・マーケティング活動についても上記の著作を刊行する以前から関心をも

303

ち，論文を発表してきている。例えば，コトラーとジェラルド・ザルトマン（Gerald Zaltman）の共著の「計画的な社会変動へのアプローチ（An Approach to Planned Social Change）」（Journal of Marketing, July 1971, Vol. 35, Issue 3），コトラー単著の「非営利組織における広告活動（Advertising in the Nonprofit Sector）」（Advertising and Society ed., Yale Brown, NY : New York University Press 1,1974），コトラーとマイケル・マーレイ（Michael Murray）の共著の「第三セクターのマネジメント——マーケティングの役割（Third Sector Management – The Role of Marketing）」（Public Administration Review, September-October 1975, Vol. 35, Issue 5）などにみられるように，コトラー教授は非営利組織に対するマーケティング手法の適用やマーケティングの社会的役割に関する問題関心を進化させたことで，「ソーシャル・マーケティング」の理論的構築や実践活動に目を向けさせたことが伺える。

　さらに，2005年に刊行したナンシー・リー（Nancy R. Lee）との共著『企業の社会的責任——あなたの会社・あなたの大義のための，そして，最大の善のための実践法（*Corporate Social Responsibility : Doing the Most Good for Your Company and Your Cause*）』（Wiley, 2005 = 2007［邦訳］恩蔵直人『社会的責任のマーケティング』東洋経済新報社）や2009年には，同じくナンシー・リーとの共著『貧困からの脱却——ソーシャル・マーケティングによる解決法（*Up and Out of Poverty : The Social Marketing Solution*）』（Warton School Publishhing, 2009 = 2010［邦訳］塚本一郎監訳『ソーシャル・マーケティング——貧困に克つ7つの視点と10の戦略的取組み』丸善）などが刊行されている。

　このように，従来の営利組織（企業）に対するマネジリアル・マーケティングを基盤とした上で，「社会性」（もしくは，公共性）・「社会的利益」（もしくは，公益性）を基盤とした，社会的存在としての企業の観点から営利組織の「社会的役割」を追求するために創出されたのが「ソーシャル・マーケティング」であるといえよう。換言すれば，貧困・企業不祥事・公衆衛生等に関する社会的課題に加えて，地球環境問題という今日的な課題の解決のために，マーケティング手法を適用したのが「ソーシャル・マーケティング」なのである。こうしたソーシャル・マーケティング概念を基本として，さらに，ミクロなソーシャル・マーケティングの観点，すなわち，コミュニティにおける社会的課題を解決するためのソーシャル・マーケティング手法を適用したのが本書の共著者である，ダグ・

マッケンジー＝モーア（Doug McKenzie-Mohr）の「コミュニティ基点型のソーシャル・マーケティング」（Community-Based Social Marketing＝CBSM）という新しいソーシャル・マーケティング技法である。

2．環境保護とソーシャル・マーケティングの視点

　本書『コトラーのソーシャル・マーケティング――地球環境を守るために』は基本的には，コトラーの「ソーシャル・マーケティング」概念である，「ソーシャル・マーケティングとは，人々の考え方や習慣を変革するプログラムを企画し，管理するためのマネジメント技術である」（Kotler et al., 1995）や「ソーシャル・マーケティングは，ターゲット（標的対象者）と同様に，社会（公衆衛生，安全，環境，そして，コミュニティ）に便益をもたらすターゲットの行動に対して影響を与えるために，価値を創造し，伝達し，提供させるというマーケティングの原理，および，手法を適用させるプロセスである」（Kotler at al., 2009）をベースにした上で，今日の重要な社会的課題である「環境問題」の解決策について，コミュニティ活動を基点とした実践的事例の中で提示したものである。深刻化・多角化しつつある環境問題の解決には，「賢明な消費と廃棄物管理」（smart consumption and waste management）を基本指針として，「ソーシャル・マーケティング・プログラム」の実施によって，環境保護を推進していくための行動へと行政・企業・一般市民を変革させるための手段と方法が必要であること」をコトラーは説いている（日本語版への序文）。

3．コミュニティ基点型のソーシャル・マーケティングとは何か

　本書では，基本的には，ダグ・マッケンジー＝モーアの提唱している「コミュニティ基点型のソーシャル・マーケティング」技法を用いて，家庭部門と商業部門における6つの課題，すなわち，(1)「廃棄物の削減」，(2)「水質保全」，(3)「有害排出ガスの削減」，(4)「水使用量の削減」，(5)「エネルギー使用量の削減」，(6)「魚類と野生生物の生息環境の保護」，における環境負荷を減少させるべく，環境保護や環境保全の観点から営利組織（企業）・非営利組織（NPO／NGO 等）・一般市民（消費者）の価値観や行動を変革させることにある。こうした事例は米国をはじめとした先進国（英国，西ヨーロッパ，カナダ，オランダ，アイルランド）や開発途上国（ヨルダン，ベトナム）におけるグローバルな事例の分析・考察・評価を

305

行っているところが大きな特長である（はしがき）。

　モーアの CBSM は社会科学，とりわけ，社会心理学や環境心理学から，行動変革をもたらすような「ツール」（手段）を用いて人々に行動変革を実践させることである。この CBSM 手法には，次の5つのステップがあり，以下，各ステップについて詳細に述べることにしている（第1章）。

① 　ターゲット（標的）とすべき行動を選択する。
② 　選択された行動への「障害」（barriers），および，「便益」（benefits）を識別する。
③ 　行動への「障害」を減らし，行動の「便益」が目に見える形で自然と増えてくるような戦略を構築する。
④ 　③の戦略を実施する。
⑤ 　その戦略が広範囲に実施される場合には，広範囲な実施・継続的評価の査定を行う。

　環境問題の解決のために必要とされる各ステイクホルダー（利害関係者）の人々の行動変革という目標達成段階に到達していくためには，次の3つの情報，すなわち，(1)その行動にはどれほどの「インパクト性」（影響力）があるのか（impactful），(2)その行動の「浸透性」（penetration）のレベルがすでにどのくらいあるのか，(3)その行動をまだ行っていない人々がそれをどのくらい選択する「確率性」があるのか（probable），が必要とされている。こうした CBSM 手法はどのように，社会的課題（本書では，環境問題）に対して適用されるのだろうか。具体的には，環境問題におけるさまざまな社会的課題，例えば，家庭部門の「廃棄物の削減」対策に対しては，廃棄物の削減を促進させるターゲット対象（一般市民）にとって，廃棄物の削減のための行動を抑止させる要因を「障害」として捉え，それを取り除いていくための方策，さらに，廃棄物の削減を促進することによってターゲット対象が獲得する「便益」について，パイロットテストを通じて明確化し，廃棄物の削減につなげるという考え方である。さらに，こうした CBSM 手法は国家・地方・コミュニティの各段階に対応した内容で展開すべきであるとしている。こうした CBSM 手法が前述の環境問題の6つの課題について，さらに，先進国や開発途上国の各国で展開されている事例について，詳細に

306

示されている。また，最終章（第13章　総括と戦略的提案）では，現代のソーシャルメディアや新しい技術革新がCBSM手法の量的・質的な向上を促進し，環境問題の解決へ大きな役割を果たしていくことが期待されている。

　日本でもプラスティック廃棄物問題やレジ袋有料化に伴う廃棄物処理の問題が日本の小売業者やメーカーにとって，喫緊の政策課題として，広く社会的な論議の対象となっている現状を鑑みると，本書における環境保護に対するさまざまな解決手法の事例はわが国の環境問題の解決のための方策を提示してくれるものと思われる。

4．本書の構成とテーマ：環境保護とソーシャル・マーケティングの役割

　本書では，深刻化する環境問題に対して，ソーシャル・マーケティングの応用的な展開，すなわち，「コミュニティ基点型のソーシャル・マーケティング」（CBSM）手法を適用することによって，環境問題の解決に消極的だった人たち（行政関係者・企業関係者・一般市民等）を積極的な方向に誘因すべく，これまでのような環境問題に対する意識変革段階から，行動変革段階まで移行させようとする新しい試みであり，欧米の先進諸国や開発途上国で成功した事例をもとに，この手法の実践的な妥当性を提示している。

　本書の構成とテーマは以下のとおりである（はしがき）

(1)　**本書の目次構成**
　　第Ⅰ部　序　論
　第1章　持続可能な行動の促進
　　第Ⅱ部　家庭部門の行動への影響力
　第2章　廃棄物の削減
　第3章　水質保全
　第4章　有害排出ガスの削減
　第5章　水使用量の削減
　第6章　エネルギー使用量の削減
　第7章　魚類と野生生物の生息環境の保護
　　第Ⅲ部　商業部門の行動への影響力
　第8章　廃棄物の削減
　第9章　水質保全

第10章　有害排出ガスの削減

第11章　水使用量の削減

第12章　エネルギー使用料の削減

　第Ⅳ部　将来への展望

第13章　総括と戦略的提案

⑵**本書のテーマ**

　本書で取り上げられているテーマは，廃棄物・水質保全・有害排出ガス・水使用量・エネルギーに関する削減に対する CBSM 手法のパイロットテスト・実施・評価・論評，などである。

　本書のテーマについてまとめたものが下記である。（はしがき）

①　いずれの章でも，まず，さまざまな環境問題を提示して，その問題の本質と関連する環境面でのトレンドについて検討することからはじめている。

②　次に，それぞれの章では，問題解決に活用可能な将来性のある行動のための解決策を探っている。

③　対象となる特定の環境問題を解決するために，「有効性のある」事例を明確にするために，各章に２～３の事例研究を盛り込んでいる。これらの事例研究では，次のことを読者に提示している。

④　分析対象となる組織へのプログラム導入の背景情報とそのソーシャル・マーケティングに対する熱意さ。

⑤　ターゲット層と望ましい行動についての評価。

⑥　解決対象となる環境問題に特有の「障害」と「便益」に関する説明。

⑦　実践されたプログラムの内容。

⑧　そのプログラム結果についての論評。

⑨　その章で検討した原理を分析対象となった特定の事例を超えて拡大適用する方法を明確にするために，その他にもすぐれたプログラムをすべての章で取り上げている。

⑩　各章の最後には，その章で分析されたケースの間の関連を読者が理解しやすくなるように，要旨が［まとめ］として集約されている。

⑪　事例について検討するために，また，それぞれの原理を他の環境的な状況に適用する方法を探るために，［演習課題］を設けている。

監訳者あとがきにかえて

このように，環境問題に対するあらゆるステイクホルダー（利害関係者）の行動変革を促進させるべく，さまざまな手法を駆使しているが，その目的は，「私たちの狙いは環境保護のための行動を促進しようと奮闘している現在の実践家，また奮闘しようとする将来の実践家たちにとって，これらの事例やその批判的な検討が有益なものとなり，教訓となり，刺激となること」（はしがき）にあるとともに，「人類が直面している環境問題の重要性を考えると，環境を大きく改善すべく，社会科学の知識を環境問題プログラムの実行に正しく適用する必要がある。……本章における提案を早急に採用することにより，プログラムの実行に成功できると信じている」（第13章）ことにある。

ソーシャル・マーケティングが社会から求められているのは，さまざまな社会的課題を解決していくための手法を開発し，実践してくことである。本書はそうしたソーシャル・マーケティングの今日的な役割を担った希有な著作といえるだろう。

5．本書の翻訳体制について

本書はフィリップ・コトラー，ダグ・マッケンジー＝モーア，ナンシー・R. リー，P. ウェスリー・シュルツによる共著，'Social Marketing to Protect the Environment What Works'（SAGE Publications, Inc, 2012, p. 237）の完全訳である。日本語版として，本のタイトルは『コトラーのソーシャル・マーケティング——地球環境を守るために』とし，本書の内容はコトラー教授の「ソーシャル・マーケティング」理論をベースとして展開されているとともに，コトラー教授から日本語版への序文もご執筆いただいたので，原著では最後の共著者として記載されているコトラー教授を筆頭共著者としたことに留意していただきたい。

本書の翻訳は以下のような翻訳者の分担で構成されており，各翻訳者から提出された原稿を監訳者が修正・加筆した。不明な点等については，監訳者が各執筆者に問い合わせて，可能な限り，正確な訳出を心掛けた。本書は，マネジメント，ソーシャル・マーケティング，環境問題，コミュニティ問題等に関する多角的な専門知識が必要とされるので，各翻訳者には苦労されたようであるが，読者の皆さんに容易に理解されるようなレベルに仕上がったのではないかと安堵している次第である。

309

〔本書の翻訳体制〕

- 日本語版への序文（松野）
- 刊行によせて（岡村）
- はしがき（岡村）
- 第1章〜第3章（合力），第4章〜第6章（山田），第7章〜第9章（岡村），第10章〜第13章（熊倉）

　最後に，ご多忙の中，「日本語版への序文」を寄せられたフィリップ・コトラー教授，「推薦の言葉」を寄稿された，ネスレ日本株式会社代表取締役社長兼CEOの高岡浩三氏，並びに，日本マーケティング学会副会長（前会長）の田中洋教授（中央大学大学院戦略経営研究科）には心より感謝を申し上げたい。また，本書の企画・刊行に賛同された株式会社ミネルヴァ書房の杉田啓三社長，担当編集者の本田康広氏には謝意を表したい。本書が深刻化・多角化しつつある地球環境問題の解決に少しでも貢献するツールになっていただければ監訳者として望外の喜びである。

2019年7月

松野　弘

〔引用・参考文献〕

Philip Kotler, *Strategic Marketing for Nonprofit Organizations*, Prentice-Hall, 1975. (Subsequent editions in 1982, 1987, 1991, 1996, 2003, 2008). Alan Andreasen joined as co-author in 1986.

Philip Kotler and Eduardo Roberto, *Social Marketing : Strategies for Changing Public Behavior*, The Free Press, 1989.2. Philip Kotler and 2. Nancy R. Lee,=1995 ［邦訳］井関利明監訳『ソーシャル・マーケティング』ダイヤモンド社。

Corporate Social Responsibility : Doing the Most Good for Your Company and Your Cause, Wiley, 2005＝2007恩蔵直人監訳『社会的責任のマーケティング』東洋経済新報社。

Philip Kotler and Nancy R. Lee, *Marketing in the Public Sector : A Roadmap for Improved Performance*, Wharton School Publishing, 2006.＝2007［邦訳］スカイライトコンサルティング訳『社会が変わるマーケティング』英治出版。

監訳者あとがきにかえて

Philip Kotler and Nancy R. Lee, *Up and Out of Poverty : The Social Marketing Solution* (Philadelphia : Wharton School Publishing, Spring 2009). (A winner in the 800-CEO-Read Business Book Awards for 2009) = 2010〔邦訳〕塚本一郎監訳『ソーシャル・マーケティング——貧困に克つ7つの視点と10の戦略的取組み』丸善。

Doug McKenzie-Mohr, Nancy R. Lee, P. Wesley Schultz, and Philip Kotler, *Social Marketing to Protect the Environment : What Works.* Sage 2012.

Doug McKenzie-Mohr, *Fostering Sustainable Behavior : An Introduction to Community-Based Social Marketing* (Third Edition), New Society Publishers, 2011.

Philip Kotler and Gerald Zaltman, "Social Marketing : An Approach to Planned Social Change," *Journal of Marketing,* July 1971, Vol. 35, Issue 3, pp. 3-12. (Winner of the 1971 Alpha Kappa Psi Foundation Award for the best 1971 article in the *Journal of Marketing.*)

Philip Kotler, "Advertising in the Nonprofit Sector," in *Advertising and Society,* ed. Yale Brozen, (NY : New York University Press, 1974), pp. 169-189.

Philip Kotler and Michael Murray, "Third Sector Management - The Role of Marketing," *Public Administration Review,* September-October 1975, Vol. 35, Issue 5, pp. 467-472. (Part winner of the Dimock Award, awarded to articles judged to present the most "innovative solutions for the 70s.")

Karen F.A. Fox and Philip Kotler, "The Marketing of Social Causes : The First 10 Years," *Journal of Marketing,* Fall 1980, Vol. 44, No. 4, pp. 24-33.

Takahashi Bruno," A Review of Social Marketing to Protect the Environment : What Works, Applied Environmental Education & Communication, Routlwdge, 2012.

311

索 引   *は人名

あ 行

アースデイ（Earth Day）　198

*アームストロング，ゲイリー（Gary Armstrong）　201

アイデアによる品質と卓越のパートナー（Partnars in Quality and Excellence Thru Ideas）　198

アイドリング　86-91,98,99

アウトリーチ活動　132,137

アウトリーチ・プログラム　121

アクション・カード（Action Card）　154

アクション・キット（Action Kit）　154,156

アクティブな移動手段　96

アズダ（ウォルマート社）　168

アドヴォケート・プログラム（Advocates Program）　154

アバデア（Aberdare）　162

雨水排水溝謄写プログラム（storm drain stenciling program）　77

アメリカ復興・再投資法案　136

アラマーク社（ARAMARK）　158

アルミニウム　200

アンハイザー・ブッシュ社（Anheuser-Busch）　181,196

Eメール　198

EU（European Union: 欧州連合）　183

意思決定者　217

規制当局　186

1日の最大限度の総量（Total Maximum Daily Load：TMDL）　208

1トン・チャレンジ　122,123

1トン・チャレンジ・プログラム　122,124-127,137

印刷広告　193

印刷物　221

印象（impressions）　201

インセンティブ　186,192,195

インパクト性（impact）　40,273,295

ウィン・ウィン・ウィン　188

*ウィンフリー，オプラ（Oprah Winfrey）　153

ウェイストワイズ（WasteWise）　181

『ウェイストワイズ・アップデート』（WasteWise Update）　199

ウェイストワイズ・プログラム　196,199

ウェイストワイズの殿堂　196

ウェザリゼーション（耐候化）　121

ウェブサイト　71,151,155,169,192,195

ウォーター・フットプリント　103

ウォンツとニーズの聞き取り　196

埋め立て処理　180

売上高の減少　218

売上高の増加　184

影響観察測定法　106

営利企業　181

エクソン・バルティーズ号事件　117

エコアンバラージュ社（Eco-Emballages）　187

エコチーム（EcoTeams）　51,108-112

エコドライブ　86

エコ認証　159

エコルーフ（ecoroofs）　79

エナジー・スター（ENERGY STAR）　134,135,202

エネルギー・アドバイザー　131

エネルギー・フットプリント　117

エネルギー
　——監査　129
　——効率　108,110,136,138
　——需要　118
　——消費　128,131,133,140
　——消費量　109,118,137

索　引

——使用量　110, 117
——保全　133
——保全プログラム（a conservation program）　280
MSC 認証　159
LED 技術　117
エンターテインメント教育（entertainment-education）　214
エンパワーメント研究所　109
欧州委員会（European Commission）　185
欧州議会（European Parliament）　185
『オーバー・ザ・レインボウ』　168
OPOWER プログラム　133
オーパワー社（OPOWER）　134
屋外広告　71
汚染物質　151, 221
オゾン損傷　117
オピニオン・リーダー　149
オレゴン・フード・バンク（Oregon Food Bank）　192
温室効果ガス（greenhouse gas：GHG）　86, 117, 121-123, 125-127, 130, 181, 200
オンタリオ州　224

か　行

カートプログラム　47
カーブサイド型有機廃棄物収集プログラム（The Curbside Organic Collection Program）　47, 48
海岸の生態系　144
害虫　211
開発途上国　206
海洋　144, 147
海洋汚染　206, 208
海洋生物　222
外来種　145, 147, 175
科学館　149
化学物質　145, 211
化学物質による汚染（有機物）　207
化学物質による汚染（無機物）　207

価格プレミアム　135
確率性（probability）　40, 273, 295
可視性　219
化石燃料　86, 116, 117
カタログ　71
家畜　218
活字メディア　71
カナダ環境省　121
カナダ住宅貸付協会　102
カナダ天然資源省　121
カナダ水・排水連盟　102
カリフォルニア州水資源管理局（the California State Water Resources Control Board）　222
火力発電所　129
灌漑　221
環境エネルギー　130
環境エネルギー・プログラム　130, 131
環境対策チーム　198
環境的利益　139
環境にやさしい活動　110
環境にやさしい企業（green company）　188
環境保護プログラム（Environmental programs）　278
環境を守る（going green）　254
監視（monitoring）　219
監視・強制プログラム　219
感情（feelings）　201
看板　169
飢餓　189
気候変動　86, 89, 101, 117, 121, 122, 125, 126
気候変動防止活動基金　121
記事　72
記述統計（descriptive statistics）　14
記述的規範（descriptive norms）　279
規制　218
寄贈者　192
規範的訴求（norm appeal）　194
寄付　189
キャッチフレーズ　193

313

救世軍　190

教会　190

供給業者　175

容器包装の連鎖（the packaging chain）　183

競合品　170

強制（enforcement）　219

強制可能性　219

共通の言い回し　212

協定　218

京都認定書（Kyoto Protocol）　121

儀礼（protocol）　165

近隣地域グリーン化プログラム（A Green Neighbor program）　69

クライメートスマート（ClimateSmart）　136

クリーン・エネルギー　136

グリーン・コンシューマー（Green Consumer）　149

グリーン・ドット®（Green Dot®）　181, 202

グリーン・ドット®のロゴ　183

グリーン・ラベル（green label）　160

グリーン電力　138

経済的圧力　216

故意による火事（deliberate fires）　167

故意による野火　146

公開イベント　71

公共政策　218

広告用掲示板　221

行動科学　126

行動観察　214, 223

行動における変化　175

行動に関連する対策（behavioral measures）　249

行動変革　108, 110, 113, 118, 121, 123, 127

行動様式　212

公正性　219

小売業者　175

コーン社（Corn, Inc.）　201

固形廃棄物　197, 198

コスト　175

コストの削減　184

＊コトラー，フィリップ（Philip Kotler）　201

ゴミ処理従量制有料制度プログラム（PAYT）　52

コミュニティ基点型のソーシャル・マーケティング（community-based social marketing：CBSM）　2, 3, 11, 14, 15, 24, 26, 86, 87, 98, 106, 113, 222, 294

コメ農家　210, 211

娯楽産業　216

コンパスグループ・ノースアメリカ社（the U.S. Compass Group North America）　158

さ　行

再生可能なエネルギー源　137

再生資源（secondary materials）　199

再生不可能なエネルギー源　117

在来野生生物種　145

在来植物　172

最良のマネジメント活動（best management practices：BMPs）　223, 224

サウスウェールズ消防局（South Wales Fire and Rescue Service：SWFRS）　161

柵　216, 217

殺虫剤　210-212, 220

三角測量　12

産業廃棄物　198

産業プロセス　208

酸性雨　117

サンディエゴ　221

サンプル抽出　214

シーフード・ウォッチ・プログラム（the Seafood Watch program）　148

試験（pilot）　212

試験区（pilot area）　162

事後調査　212

支持者　156

市場セグメント　122, 123

自制（abstain）　170

事前・事後の比較　215

事前調査　212

自然づくりホットライン　61

自然な庭づくりのための近隣地域コンソーシアム」（the Natural Yard Care Neighborhood Consortium）　64

自然な庭づくりのための近隣地域プログラム（the Natural Yard Care Neighborhood program）　61

自然保護委員会（the Nature Conservancy）　145

持続可能性　2, 4, 206, 219

実行者対非実行者（doer vs. nondoer）分析　188

市民調査（Citizenship Survey）　201

社会的拡散　19, 22

社会的規範（norm）　133, 164, 214, 275, 279

社会的企業　202

社会的圧力　219

収穫量　212

従業員　192, 197, 198, 209

集団通学　97

準政府組織　149

省エネ型電気製品　134

浄化衛生施設　206

商業チャネル　209

消費者包装（consumer packaging）　184

上流の消費者層　148

初期採用者（early adopters）　194

食品廃棄物　180, 189

食糧救援機関　192

食糧救援プログラム（Food Rescue Programs）　189

食糧難　189

処置地域（treatment community）　223

シンク・ブルー（Think Blue）キャンペーン　221

人口学　212

浸透性（penetration）　40, 273, 295

新聞広告　168

水産業　151

水質汚濁　206

水質保全　215

水生生態系（aquatic system）　148

水生生物　207, 216

水族館　149

水利活動　221

スチュワート，マーサ（Martha Stewart）　153

ステッカー　37, 223

ステンシル　168

スバル（Subaru）　201

スマート・アバウト・ソルト（Smart About Salt）プログラム　224

スモッグ　86, 117

3R3G プログラム（Three Reduction, Three Gains Program）　215

3R3Gキャンペーン　220

制裁（sanctions）　220

生産性　210

政治家　217

政治的な抵抗　220

青少年助言委員会（Youth Advisory Panel）　165

生息環境　145

セーフウェイ社（Safeway）　157

世界自然保護基金（WWF）　139

世界水の日（The World Water Day）　56

節水　105, 106

設備に関連する対策（equipment measures）　249

宣伝材料　212

全米科学アカデミー（National Academy of Sciences）　121

全米携帯電話リサイクル週間（National Cell Phone Recycling Week）　52

ソーシャル・マーケター　120, 128, 296

ソーシャル・マーケティング　125, 126, 131, 140, 207, 209, 214-216

ソーシャル・マーケティング・プログラム　118, 121, 130, 133, 138, 161, 224, 271, 279

ソーシャル・マーケティング活動　117, 118, 128

ソーシャル・メディア　71

ソーラー・システム　137

た　行

ターゲット市場　124

ターゲット社（Target）　157

ターゲット層　120, 122, 126, 130

ターン・イット・オフ　86, 91, 98

ターン・イット・オフ・プログラム　99

対照区（control area）　161, 223

対照集団　215

代替品（a substitute product）　165, 170

台所容器プログラム　47

『タイム』（Time）　151

対面式運動促進　72

太陽熱給湯器　136

ダイレクト・メール　72

多変量統計（multi statistics）　14

ダム　145

ため池のシステム（a pond system）　217

淡水汚染　206

炭素税　136

地域行事　221

地域の参画　214

誓い（commitment）　187

地球温暖化　270

窒素系肥料　220

地表水（surface water）　206

中継地（stopover）　171

中流の消費者層　148

調査データ　212, 214

貯水池　216

チラシ　71, 169

追跡システム　181

ツイッター　153

詰め替え容器　185

TV　221

DSD 社（Duales System Deutschland：Dual

systems of Germany）　184

定量的調査　170

データ管理・報告システム　200

手数料　185, 186

点汚染源（point source）　207, 216, 225

電気消費量　134

点源汚染（points）　56

電子掲示板　198

天然資源局（Department of Natural Resources）　181

東岸部在来植物植林（the Plant Eastern Shore Natives）キャンペーン　171

統合的な害虫管理（Integrated Pest Management）　211

投資利益率（Return of Investment：ROI）　294, 298

動物園　149

動物廃水　216

特定生物保護地区（an Area of Special Biological Significance：ASBS）　222

トニーパンディ（Tonypandy）　161

トラベルスマート　92, 93, 94, 96

トリップチェーン　94, 95

な　行

二酸化炭素（CO_2）　270

2 次調査　170

ニュージーランドの農林水産省　218

ニュージーランドの地方議会　218

ニュージーランドの環境省　218

ニューズレター　198

『ニューヨーク・タイムス』（New York Times）　153

認知（perceptions）　201

認知度　187, 196

Nu Spaarpas プログラム　138

年次報告書　199

農業地帯　207

農薬　210

野火　167

は 行

バージニア沿岸部管理プログラム（the Virginia Coastal Zone Management Program）　171

バーニー（Bernei）　165, 168

廃棄費用　195

廃棄物の分別　187

バイク・シェアリング運動（bike sharing programs）　229

排水　207

排泄物　216

パイロットテスト　24, 26

罰金（fines）　186, 218, 220

『ハッピー・フィート』（Happy Feet）　155

パブリック・リレーションズ　187

払い戻し　175

ハリファックス広域自治体（HRM）　45

犯罪ストッパー（Crime Stoppers）　164

パンフレット　221, 223

非影響観察測定法　106

非営利組織（nongovernmental organization：NGO）　223

非金銭的インセンティブ　192

非政府組織（nongovernmental organization：NGO）　181

微生物汚染　222

非点汚染源（nonpoint source）　207, 208, 216, 225

非点源汚染（nonpoints）　56

肥満率　97

ヒューマンサイン（人文字）　38

病原体　207

標識　71

表彰　198, 199

肥料　210, 216

フィッシュ・アンド・ゲーム・ニュージーランド（Fish and Game New Zealand）　216

フィッシュ・ファクト・カード（Fish Fact Card）　154

フード川保護プロジェクト　129, 130

フードバンク（food bank：食糧銀行）　189

フェイスブック　153, 169

フォーカスグループ　12-14, 221

フォーク・イット・オーバー！（Fork It Over!）　181, 193, 203

フォーラム　199

フォンテッラ　218

普及　198

『不都合な真実』（Inconvenient Truth）　38

不法な伐採　145

ブランド・ロゴ　186

ブランド競争　165

ブランド選考　202

ブリティッシュ・ペトロリアム（BP）社　117

フレックス・ユア・パワー運動　137

プロ・ヨーロッパ（PRO EUROPE：Packaging Recovery Organization Europe）　183

プロクター＆ギャンブル（Procter & Gamble）　185

プロダクト・スチュワードシップ（製品の受託者責任）（product stewardship）　199

プロンプト（prompts：リマインダー，想起させるもの）　15, 17, 18, 22, 63, 255, 274

米国・環境保護庁（U. S. Environmental Protection Agency：EPA）　56, 145, 181, 196, 203

ベスト・バイ社（Best Buy）　202

ベター・ワールド・ブックス社（Better World Books）　202

ベトナム　220

変革主体（change agent）　180

放火　161

奉仕活動　222

包装，および，包装廃棄物に関する指令（Packaging and Packaging Waste Directive）　183

包装廃棄物　183

放送メディア　71

317

報道発表　169
ボーイズ・アンド・ガールズ・クラブ（Boys
　　& Girls Club）　190
ホーソン効果　95,96
ホーソン実験効果　106
ホーム・ウォーターワイズ運動　112
ポケットガイド　150,154
保険業者　224
保護団体　149
補助金　175,192

ま 行

マーケティング行動計画　123
マーケティングの 4Ps の価格（price）　167
マーケティングの 4Ps の製品（product）
　　185,192,198
マーケティングの 4Ps の場所（place）
　　153,186,192,198,199
マーケティングの 4Ps のプロモーション
　　（promotion）　153,186
マーケティング素材　173
マスコット　71
マスメディア　215
まとめ買い割引き　175
ミード,マーガレット（Margaret Mead）　39
水効率　101,102,104,106,108,110,113
水資源　101,113
水需要　103
水使用　103,104,110,113
水使用量　101-107,109,110
無作為抽出　221
無料メディア（earned media）　193
命令的規範（injunctive norms）　279
メコン・デルタ地帯　220
メッセージ　172
メディア・キャンペーン　221
メディア・メッセージ　218
メディア配置　221
面接調査　163,210,217,221
目標達成段階における行動（end-state

behavior）　208
モバイルアプリ　153
モントレー湾水族館（Monterey Bay
　　Aquarium）　146

や 行

山火事（mountain fire）　167
やるべき正しいこと（the right thing to do）
　　191
有害汚染物質　117
有害排出ガス（emissions）　229,269
有機廃棄物　207
輸送量　185
容器包装法令　183
容器包装再生プログラム　183
養殖　150
養殖海産物　148
養殖業　151
溶存酸素　207
抑止力（非金銭的阻害要因）　167

ら・わ行

ライセンス料　185
酪農業　216
ラッフィングカウチーズ社　202
リサイクル（Recycle：廃棄物の有効活用）
　　197,200
リサイクル製品　199
リサイクル大使（recycling ambassodor）
　　187
「リサイクルで社会貢献を！」
　　（RECYCLE FOR GOOD）　50
リサイクルバンク　138
リジレント・ホーム　138
Re-TRAC システム　200
リデュース（Reduce：廃棄物の減少）　33,
　　181
リデュース・リユース・リサイクル　197
リバウンド効果　118
リマインダー（想起させる要素）　274

318

索 引

リユース（Reuse：廃棄物の再利用）　33.
　　35.181
流通チャネル　149
旅行業　216
リン　216
レジ袋税　40
連続ドラマ（serial dramas）　214
環境保護局（Department of Ecology）　181
ロゴ　193.196

ロンザ・カノン・タフ（Rhondda Cynon
　　Taf.）　162
ワーナー・ブラザーズ・スタジオ（Warner
　　Brothers Studios）　155
ワイルドファイア（wildfire）　167
ワシントン州有害物連合（WTC）　61
渡り鳥　172
割引クーポン　175

319

《著者紹介》

フィリップ・コトラー（Philip Kotler）

　世界的に著名なマーケティングの専門家で，「マーケティングの神様（ないし，父）」と呼ばれているほどの卓越したマーケティング学者である。米国イリノイ州エバンストンにある世界有数のビジネススクールとして有名なノースウェスタン大学経営大学院ケロッグスクールの S.C. ジョンソン・エンド・ジョンソン冠講座の特別招聘教授を務める（現在は，名誉教授）。コトラー教授はこれまでに78冊の著作，163本の学術論文等を発表している。とりわけ，彼の長年のベストセラーである『マーケティング・マネジメント』（Marketing Management）は15版，『マーケティング原理』（Principles of Marketing）は17版を重ね，世界の研究者やビジネスマンに読まれている。近年は世界の貧困問題や環境問題にソーシャル・マーケティング的アプローチで取り組み，これらの問題を解決していくための方策を導いている。本書，『コトナーのソーシャル・マーケティング──地球環境を守るために』はその１つといえる。

　彼の研究範囲は戦略的マーケティング，コンシューマーマーケティング，ビジネスマーケティング，E-マーケティング，ソーシャル・マーケティングといったように広範な領域を対象としている。さらに，彼は米国・マーケティング協会（AMA）の「卓越したマーケティング教育者賞」（Distinguished Marketing Educator Award, 1985）をはじめとして多くの受賞歴がある。また，企業コンサルティング活動でも，IBM，GE，AT&T，ハネウェル，バンク・オブ・アメリカ，メルク，などの世界のグローバル企業のコンサルタントとして活躍している。

　また，コトラー教授は「世界マーケティング・サミット」（World Marketing Summit=WMS）を立ち上げ，2012年には，バングラディッシュのダッカ，2013年には，マレーシアのクアラルンプール，2014年から2019年に至るまで，日本の東京で開催し，「マーケティングを通じてよりよき世界の創造を！」を理念として，世界のトップクラスの経営者による講演を行ってきた。この成果をもとに，2020年からは，全世界の各地で，オンラインの「Kotler Business Program」や「Kotler Business School」を順次，展開していく予定になっている（注－コトラー教授の研究成果や活動については，ご本人からの資料に基づいて，最新のものを盛り込んでいる）。

ダグ・マッケンジー＝モーア（Doug McKenzie-Mohr）

　20年以上にわたって，行動変革に関する科学的な知をコミュニティ・プログラムの設計・提供に組み込むために尽力してきた。彼は「コミュニティ基点型のソーシャル・マーケティング」（Community-Based Social Marketing：CBSM）の創始者であり，彼の著作『持続可能な行動の促進──コミュニティ基点型のソーシャル・マーケティング入門』（Fostering Sustainable Behavior: An Introduction to Community-Based Social Marketing）は，さまざまなプログラムを持続可能な行動へと導く必読の著作となっている。

　マッケンジー＝モーア博士は多種多様な政府機関，並びに，非営利組織と協働して，行動変革の障壁を明確化し，それらの障壁を克服するための「コミュニティ基点型のソーシャル・マーケティング」の推進・評価などの活動を行ってきた。マッケンジー＝モーア博士が国際的に推進してきた「コミュニティ基点型のソーシャル・マーケティング」のワークショップには５万人以上の環境プログラム担当のマネージャーが参加してきた。彼はまた，カナダにおける気候変動に関する一般大衆向けの教育活動のアドバイザー，国際的な組織の Holis＝「持続可能な未来協会」（The Society for a Sustainable Future）のコーディネーター，さらに，「カナダ環境と経済に関する国家円卓

会議」(Canada's National Round Table) のメンバーとしても貢献してきた。彼はカナダ，ニューブランズウィックのセント・トーマス大学の心理学担当の元教授でもある。

ナンシー・R. リー (Nancy R. Lee)

ソーシャル・マーケティングのスペシャリストとして，25年以上マーケティングの専門家として活動。ワシントン大学，南フロリダ大学の特任教授であり，ワシントン州シアトルで，ソーシャル・マーケティング株式会社という小規模のコンサルティング会社を経営している。また，ソーシャル・マーケティングのセミナーやワークショップを運営しているばかりでなく，100以上のソーシャル・マーケティング・キャンペーン活動に参加してきた。さらに，南アフリカのケープタウン大学の客員講師，シンガポールの「健康促進会議」(the Health Promotion Board) のメンバー，オーストラリアのメルボルン大学，アイルランド西部・ゴールウェイの国立アイルランド大学，イェール大学，オックスフォード大学の客員講師としても活躍している。また彼女は2,000以上の公共セクターの従業員向けにソーシャル・マーケティング・ワークショップを行ってきたが，このワークショップに参加した人たちは近年のヨルダンにおけるエイズ問題を含めた，一般市民の行動変革のためのキャンペーンを推進していくものであった。さらに，公衆衛生，権利侵害防止，環境保護に関する会議において，ソーシャル・マーケティングに関する基調講演者として発言してきた。

P. ウェスリー・シュルツ (P. Wesley Schultz)

カリフォルニア州立大学サンマルコス校心理学担当の教授。研究領域は応用社会心理学，とりわけ，持続可能な行動に関するテーマである。最近の著作としては，『社会心理学――応用研究的な展望，持続可能な発展・態度・意見の心理学』(*Social Psychology : An Applied Perspectives and Psychology of Sustainable Development, Attitudes and Opinions*) がある。現在の研究関心は社会規範と持続可能な行動を促進するための社会規範の重要性である。彼はまた，米国・環境保護庁 (the U.S. Environmental Protection Agency)，国立総合医科学研究所 (National Institute of General Medical Science)，国立司法研究所 (National Institute of Justice)，カリフォルニア州総合廃棄物管理委員会 (the California Integrated Waste Board) といったさまざまな組織のプロジェクトの仕事を行ってきた。

シュルツ教授は，ソーシャル・マーケターとして，20年以上，ソーシャル・マーケティングのプログラムの設計・戦略・評価に携わってきた。最近の仕事としては，「ブルー・サンディエゴ―暴風による水質汚染防止プログラムを考える会」(Think Blue San Diego storm water pollution prevention program)，「家庭エネルギーの改善推進によって，カリフォルニアのエネルギーを向上させる会」(Energy Upgrade California to promote residential energy retrofits)，「廃棄物行為の放棄によるリサイクルプログラムの会」(Stop Waste, Org's recycling program)，「汚染魚類の流通を減らすための魚類消費教育共同プログラム」(the Fish Consumption Education Collaborative to reduce exposure to contaminated fish) などの活動や，家庭の危険な廃棄物の適切な処理を推進するために，カリフォルニア環境庁と一緒に活動もしている。

《訳者紹介》（翻訳・執筆分担，所属，主要著書 ＊は監訳者）

＊松野 弘（まつの ひろし）

全体の調整，日本語版への序文，監訳者あとがきにかえて
経営学者・環境学者・社会学者（次頁参照）

合力知工（ごうりき ちこう）

第1章，第2章，第3章
1962年　生まれ。
1993年　上智大学大学院経済学研究科経営学専攻博士課程単位取得満期退学。
現　在　福岡大学商学部経営学科教授。
主　著　『「逆転の発想」の経営学——理念と連携が生み出す力』同友館，2010年。
　　　　『現代経営戦略の論理と展開——持続的成長のための経営戦略』同友館，2004年。
　　　　『「企業の社会的責任論」の形成と展開』（共編著）ミネルヴァ書房，2006年。

山田雅敏（やまだ まさとし）

第4章，第5章，第6章
1976年　生まれ。
2010年　中央大学大学院商学研究科商学専攻博士課程後期課程修了，博士（経営学）。
現　在　玉川大学経営学部国際経営学科教授。
主　著　「環境経営の研究方法論——環境経営システムという視点」『工業経営研究』第31巻 No. 2,
　　　　工業経営研究学会，2017年。
　　　　『現代の産業・企業と地域経済——持続可能な発展の追求』（共著）晃洋書房，2018年。
　　　　"Ecological Modernization of Business Management : The Innovation of Environmental
　　　　Management for Changing into Sustainable Society", *Industrial Renaissance : New Business
　　　　Ideas for the Japanese Company*, Chuo University Press, 2017, pp 71-97.

岡村 龍輝（おかむら りょうき）

刊行によせて，はしがき，第7章，第8章，第9章
1976年　生まれ。
2007年　中央大学大学院商学研究科博士後期課程修了，博士（経営学）。
現　在　明海大学大学院経済学研究科准教授。
主　著　『環境経営とイノベーション——経済と環境の調和を求めて』（共著）ミネルヴァ書房，2017
　　　　年。
　　　　「『共通価値の創造（CSV）』に関する一考察」『明海大学経済学論集』第28巻第2号，2016年。
　　　　『現代企業の社会性——理論と実態』（共著）ミネルヴァ書房，2012年。

熊倉広志（くまくらひろし）

第10章，第11章，第12章，第13章

1961年　生まれ。

2002年　東京工業大学大学院理工学研究科価値システム専攻博士後期課程修了，博士（学術）。

現　在　中央大学商学部教授

主　著　「ニューロマーケティングの現状，課題そして展望」『オペレーションズ・リサーチ』61巻7号，日本オペレーションズ・リサーチ学会，2016年。

「連続テレビ・ドラマに対する視聴者の脳波測定——初回視聴時の反応が以後の行動を説明できるか」『企業研究』25号，中央大学，2014年。

「Market Structure Analysis by Birth and Asymmetric Growth of Products Based on a Mechanism of the 20/80 Law : Why and How the 80/20 Law Emerges ?」『商学研究所報』42巻2号，専修大学，2010年。

《監訳者紹介》

松野　弘（まつの　ひろし）

岡山県生まれ。経営学者・環境学者・社会学者，博士（人間科学）。現代社会総合研究所所長・大学未来総合研究所所長。一般社団法人 ソーシャルプロダクツ普及推進協会副会長他。

早稲田大学第一文学部社会学専攻卒業。山梨学院大学経営情報学部助教授，日本大学文理学部教授／大学院文学研究科教授／大学院総合社会情報研究科教授，千葉大学大学院人文社会科学研究科教授／千葉大学 CSR 研究センター長，千葉商科大学人間社会学部教授等を経て，現職。日本学術会議第20期・第21期連携会員（特任―環境学委員会）。千葉大学大学院客員教授，東京農業大学客員教授，日本大学大学院講師（兼任），放送大学教養学部講師（兼任）を歴任。その他，「企業と社会」フォーラム（学会）の理事，環境経営学会の理事・評議員も歴任。

専門領域としては，環境思想論／環境社会論，産業社会論／CSR 論・「企業と社会」論，地域社会論／まちづくり論。現代社会を思想・政策の視点から，多角的に分析し，さまざまな社会的課題解決のための方策を政策的に提示していくことを基本としている。

1995年に，コトラー他『ソーシャル・マーケティング』（井関利明監訳，拙共訳，ダイヤモンド社）を刊行以来，コトラー教授と交流を続けている。環境問題に対しては，(1)思想史的アプローチとしての環境思想論，(2)社会学的アプローチとしての環境社会学・環境政策論，(3)経営学的アプローチとしての CSR 論／ソーシャル・マーケティング，などの学際的観点から，環境問題を解決しいくてくための政策方策を見出している。

コトラーの『ソーシャル・マーケティング』にかかわる「ソーシャルプロダクツ」（社会的製品）を手がかりとして，社会貢献型の商品・サービスの普及と推進を目的とした公益法人，一般社団法人ソーシャルプロダクツ普及推進協会を 6 年前に立ち上げ，副会長として，持続可能な社会に向けて，社会貢献型の商品・サービスの研究・開発に尽力している。（一般社団法人ソーシャルプロダクツ普及推進協会のホームページは http://www.apsp.or.jp となっている）

[主要著訳書]

『「企業と社会」論とは何か』ミネルヴァ書房，2019年。

『講座 社会人教授入門』ミネルヴァ書房，2019年。

『現代社会論』（編著）ミネルヴァ書房，2017年。

『現代環境思想論』ミネルヴァ書房，2014年。

『大学教授の資格』NTT 出版，2010年。

『大学生のための知的勉強術』講談社現代新書，講談社，2010年。

『環境思想と何か』ちくま新書，筑摩書房，2009年。

『現代地域問題の研究』ミネルヴァ書房，2009年。

『「企業の社会的責任論」の形成と展開』（編著）ミネルヴァ書房，2006年。

『環境思想キーワード』（共著）青木書店，2005年。

『地域社会形成の思想と論理』ミネルヴァ書房，2004年。

『エコロジズム』B. Baxter（監修・監訳）ミネルヴァ書房，2019年。

『脱文明のユートピアを求めて』（R.T. Schaeffer 他（監訳）筑摩書房，2015年。

『産業文明の死』J. Kassiola（監訳）ミネルヴァ書房，2014年。

『企業と社会（上・下）』J.E. Post 他（監訳）ミネルヴァ書房，2012年。

『ユートピア政治の終焉』J. Gray（監訳）岩波書店，2011年。

『緑の国家論』R. Eckersley（監訳）岩波書店，2010年。

『ハイパーカルチャー』S. Bertman（監訳）ミネルヴァ書房，2010年，他多数。

コトラーのソーシャル・マーケティング
――地球環境を守るために――

| 2019年10月31日　初版第1刷発行 | 〈検印省略〉 |

定価はカバーに
表示しています

監 訳 者　　松　野　　　弘

発 行 者　　杉　田　啓　三

印 刷 者　　坂　本　喜　杏

発行所　株式会社　ミネルヴァ書房

607-8494　京都市山科区日ノ岡堤谷町1
電話代表 075-581-5191
振替口座 01020-0-8076

Ⓒ 松野　弘ほか，2019　　　冨山房インターナショナル

ISBN 978-4-623-08729-7

Printed in Japan

ケースで学ぶマーケティング〔第2版〕

———— 井原久光著　**A5判　288頁　本体3150円**

マーケティング関連の基礎的用語や概念・理論を簡潔に解説しながら「マーケティングのエッセンス」についてわかりやすく紹介。マーケティングの定義と変遷→核心的テーマ（戦略論）→新しい分野→個別マーケティング論という構成で、全体にストーリー性をもたせ、多くのケーススタディを盛り込み、読みやすく、わかりやすい。独学にも最適。今回、「広告」の章を設け増補改訂。

よくわかるスポーツマーケティング

———— 仲澤　眞・吉田政幸編著　**B5判　196頁　本体2400円**

スポーツの文化性、公共性をふまえ、スポーツマーケティングの基礎理論と応用事例をわかりやすく解説する。「これからのスポーツマーケティングに必要な情報と基本的考え方」が身に付くテキスト。

実践的グローバル・マーケティング

———— 大石芳裕著　**四六判　268頁　本体2000円**

こうすれば海外事業展開は成功する！　花王、ハウス食品、LVMH、日本電産、ダイキン工業、Jリーグ、コカ・コーラ、資生堂、コマツ、イトーヨーカ堂、ユニリーバ……生きた成功事例18から地球規模のマーケティング戦略を学ぶ。

サービス・マーケティング概論

———— 神原　理編著　**A5判　244頁　本体2800円**

サービス・マーケティングの基礎的な概念や理論を紹介するとともに、サービスの生産から消費に至るまでのプロセスを包括的な視点で解説。スポーツビジネスやNPOのサービスなどケーススタディも充実した役立つ教科書。

———— ミネルヴァ書房 ————

http://www.minervashobo.co.jp/